WESTEND

AF627890

KEREM SCHAMBERGER
MICHAEL MEYEN

DIE KURDEN

Ein Volk zwischen Unterdrückung und Rebellion

WESTEND

Mehr über unsere Autoren und Bücher:
www.westendverlag.de

Die Deutsche Nationalbibliothek verzeichnet diese Publikation in der Deutschen Nationalbibliografie; detaillierte bibliografische Daten sind im Internet über http://dnb.d-nb.de abrufbar.

Das Werk einschließlich aller seiner Teile ist urheberrechtlich geschützt. Jede Verwertung ist ohne Zustimmung des Verlags unzulässig. Das gilt insbesondere für Vervielfältigungen, Übersetzungen, Mikroverfilmungen und die Einspeicherung und Verarbeitung in elektronischen Systemen.

MIX
Papier aus verantwortungsvollen Quellen
FSC® C083411

ISBN 978-3-86489-207-3

2. Auflage 2018

© Westend Verlag GmbH, Frankfurt/Main 2018
Umschlaggestaltung: Buchgut, Berlin
Satz: Publikations Atelier, Dreieich
Druck und Bindung: CPI – Clausen & Bosse, Leck
Printed in Germany

Inhalt

Für Mehmet Aksoy, Anna Campbell und all die anderen

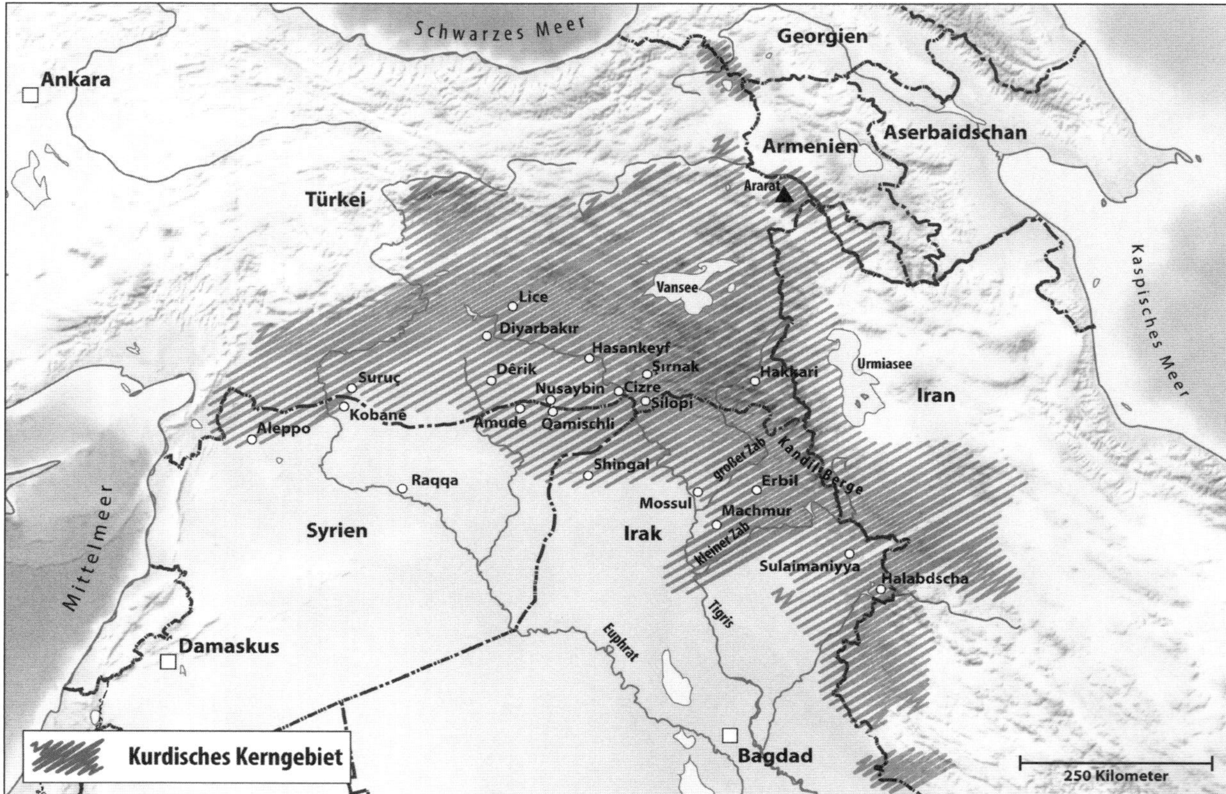
Schwarzes Meer
Georgien
Ankara
Armenien
Aserbaidschan
Ararat
Türkei
Kaspisches Meer
Vansee
Lice
Diyarbakır
Hasankeyf
Şırnak
Hakkari
Urmiasee
Dêrik
Suruç
Nusaybin
Cizre
Silopi
Iran
Kobanê
Amude
Qamischli
Aleppo
Kandil-Berge
Shingal
großer Zab
Raqqa
Erbil
Mossul
Machmur
Mittelmeer
Syrien
Irak
Kleiner Zab
Sulaimaniyya
Halabdscha
Tigris
Euphrat
Damaskus
Bagdad
Kurdisches Kerngebiet
250 Kilometer

Vorwort

Die Kurden sind das größte staatenlose Volk der Welt. Mehr als 30 Millionen Menschen, die bei uns als Türken, Syrer, Iraner oder Iraker gelten (um nur die vier wichtigsten Siedlungsgebiete zu nennen), weil sie einen entsprechenden Pass haben. Dieses Buch erzählt die Geschichte dieser Menschen. Es erzählt, wie sich die Westmächte den Nahen und Mittleren Osten nach dem Ersten Weltkrieg zurechtgeschnitten haben und warum die neuen Staaten in der Region kein Interesse an einer kurdischen Nation hatten. Im Gegenteil. Sie haben alles getan, damit Sprache, Kultur und Identität verschwinden.

Geschichte wiederholt sich nicht, sagt man. Die Unterdrückung der Kurden aber geht weiter. Die Türkei führt seit Sommer 2015 Krieg im eigenen Land. Sie zerstört kurdische Städte und Dörfer, bringt dabei Zivilisten um, sperrt gewählte Bürgermeister ein. Die Türkei trägt diesen Krieg auch nach Europa. Allein in Deutschland sollen mehr als eine Million Kurden leben. Wenn diese Menschen hier auf die Straße gehen, ist der türkische Geheimdienst nicht weit. Der Mord an drei Kurdinnen im Januar 2013 in Paris ist nur die Spitze des Eisbergs.[1]

Die Türkei kann diesen Krieg führen, weil die Weltöffentlichkeit wegschaut. Weil Deutschland diesen Krieg durch die Brille der Regierung in Ankara sieht. Die PKK bleibt verboten, weil die Türkei von Terroristen spricht. Deutsche Polizisten verfolgen Menschen, die Symbole dieser Partei zeigen oder von Organisationen, die mit der PKK verbandelt sein sollen. Deutsche Firmen liefern Waffen in die Türkei, die in der Nato ist und überhaupt ein Paradies für Investoren. Die Türkei war schon immer unser Partner. Das zählt mehr als alle Menschenrechte.

Eigentlich sollte dieses Buch »Das vergessene Volk« heißen. Zu negativ, haben die Experten gesagt, mit denen wir gesprochen haben. Und: nicht mehr zeitgemäß. Spätestens seit der Befreiung von Kobanê im Februar 2015 stehen die Kurden im Scheinwerferlicht. Sie haben dem Islamischen Staat getrotzt. Ihre Frauen vor allem. Und sie versuchen, etwas Neues aufzubauen, eine neue Form der Demokratie jenseits aller Staatlichkeit, in Rojava, im Norden Syriens, mitten im Krieg, bekämpft von allen Seiten.

Wir sind für dieses Buch nach Rojava gefahren und in den Nordirak. Wir haben in Deutschland Journalistinnen und Wissenschaftler interviewt, Deutsche, Türken, Kurden, die gegen den Mainstream schwimmen. Und wir haben zwei Blickwinkel zusammengebracht: Kerem Schamberger, halb Deutscher, halb Türke, politischer Aktivist und Streiter für Gerechtigkeit, dem die kurdische Frage schon lange auf den Nägeln brennt, und Michael Meyen, als Ostdeutscher und als Kommunikationswissenschaftler bisher weit weg von dieser Frage, als gelernter Journalist aber in der Lage, Schambergers Wissen in eine lesbare Fassung zu gießen. Und wir haben zwei Fotografen gefunden, die den Text nicht kannten und trotzdem Bilder hatten, die wunderbar dazu passen. Ein Dank an Willi Effenberger und Flo Smith,[2] ein Dank an alle, die mit uns gesprochen haben.

1 Auftakt in Kassel. Oder: Was gehen uns die Kurden an? Und was will dieses Buch?

Es ist heiß an diesem 29. August 2017 in Kassel. Noch einmal über 30 Grad, selbst nach Feierabend. Man könnte an der Fulda sitzen oder am Parthenon der Bücher auf der documenta. Im Sandershaus, weit weg von Fluss und Bier, spricht Ercan Ayboğa über Rojava. 45 Minuten und ganz viele frische Bilder, sagt er in die Schwüle hinein. Bilder aus Diyarbakir in der Türkei, wo er zwei Jahre in der Provinzverwaltung gearbeitet hat, Bilder aus den Kurdengebieten im Norden Syriens, wo er 2014 unterwegs war und gerade jetzt erst wieder. Vielleicht werden es auch 55 Minuten, okay. »Demokratischer Konföderalismus« steht an der Wand. Die Vision der Kurden für die Region und vielleicht auch für den Rest der Welt, zumindest der Kurden, die auf Abdullah Öcalan schwören, seine Bücher kennen und fordern, Öcalan endlich, endlich freizulassen. Ein Thema, das zu groß ist für eine knappe Stunde. Ercan Ayboğa übersieht die Uhren, die im Saal hin und wieder hochgehalten werden. Ein bisschen schwitzen für die Befreiung. Wenn es damit nur getan wäre.

Eigentlich wird im Sandershaus heute Geburtstag gefeiert. Kassel liest seit genau einem Jahr *Jenseits von Staat, Macht und Gewalt*.[1] Nicht ganz Kassel natürlich. Man muss vermieten für die documenta und überhaupt: ein Buch von diesem Öcalan, der seit 1999 auf der Insel Imrali im Marmarameer sitzt und lange die PKK geführt hat, die Arbeiterpartei Kurdistans, die in Deutschland seit 1993 verboten ist. Terroristen, sagt die Türkei. Terroristen, sagen auch die EU, die USA, Großbritannien. In Kassel diskutieren die Kurden und ihre Sympathisantinnen gerade, was mit den Fahnen von YPG und YPJ ist, mit den Symbolen ihrer Kämpferinnen und Kämpfer in Syrien. Roter Stern auf Gelb und Grün: Wer darf das wann und wo noch zeigen, ohne sich strafbar zu machen? Kein Nährboden für einen Bestseller.

Leyla ist trotzdem stolz. Ein Jahr Lesekreis, jeden Montag um 19 Uhr. Ein harter Kern, der immer kommt, plus Laufkundschaft. 130 Teilnehmer stehen auf Leylas Liste. Dazu ein Ableger in Rostock. *Jenseits von Staat, Macht und Gewalt* ist harte Kost, selbst für Akademiker. 600 Seiten Abrechnung und Neuanfang. Eine Eingabe an den Europäischen Gerichtshof für Menschenrechte, in der Öcalan mit der marxistisch-leninistischen Vergangenheit der PKK bricht und den Staat als Wurzel allen Übels ausmacht. »Manchmal lesen wir nur drei oder vier Zeilen und reden dann zwei Stunden«, sagt Leyla, eine Kurdin, Ende 20 ungefähr, deren Vater in den 1980er Jahren nach Deutschland fliehen musste und auch hier wegen seiner politischen Überzeugungen verfolgt wurde. Heute scheint die Sonne. Heute ist Ercan Ayboğa nach Kassel gekommen, Mitautor von *Revolution in Rojava*.[2] Er wird erklären, wie Öcalan sich das alles gedacht hat und was bisher daraus geworden ist. Dem Baby Lesekreis soll es besser gehen als einst der kleinen Leyla.

Vermutlich gibt es in Kassel keinen besseren Ort für diesen Geburtstag. Ein Fabrikgebäude aus der Weimarer Zeit, ganz auf neu getrimmt, aber so schwer zu finden, dass das Einzelzimmer selbst in diesem Sommer nur 37,50 Euro kostet. Billiger geht die documenta nicht. Im Internet wirbt das Sandershaus mit Goethe (»Hier bin ich Mensch, hier darf ich's sein«), mit Tango und mit der Nähe zu Menschen, die nach Deutschland geflohen sind. Neben dem Hostel gibt es eine Gemeinschaftsunterkunft, die Amal heißt. Hoffnung auf Arabisch. Jan ist heute zum ersten Mal hier. Er hat Ercan Ayboğa mit dem Auto vom Bahnhof abgeholt und ihn zuerst ins Kurdische Kulturzentrum gebracht. Es gab Tee, Joghurt und Menemen – Eier mit Zwiebeln, Paprika und Tomaten. Den Tee hat Jan genommen. Straight Edge, sagt er. Keine Drogen, kein Alkohol, nichts vom Tier. Also auch keine Eier und keine Milch. Wenn er Ercan Ayboğa in der Nacht zum Schlafplatz fährt, wird die Polizei ihn trotzdem anhalten. So ein Punk, komisch gekleidet, mit Piercings in der Nase. Man weiß ja nie. Jan macht seinen Bachelor in Kassel. Politik und Soziologie. Nicht so schlecht, sagt er. Ein Seminar über die Kurden und auch eins zu den Zapatisten in Mexiko. Morgen geht Jan ins Rathaus und kreuzt die DKP an. Die Bundestagswahl ist zwar erst in knapp vier Wochen, aber er ist sich jetzt schon ganz sicher.

Jenseits aller Grenzen: die Unterdrückung der Kurden

Dieses Buch handelt von Menschen wie Jan, Leyla und Ercan Ayboğa. Von Menschen, die die kurdische Frage in Deutschland stellen – weil sie selbst Kurden sind, weil sie sich den Kurden verbunden fühlen, weil sie wissen, dass es weder in der Türkei noch in den anderen Staaten der Region so etwas wie Demokratie geben kann, wenn ein ganzes Volk unterdrückt, ausgegrenzt, entrechtet wird. Dieses Buch zeigt, dass die kurdische Frage älter ist als alle Politiker, über die wir heute streiten und schimpfen. Kein Zweifel: Die Regierung Erdoğan sprengt im Südosten der Türkei spätestens seit Juli 2015 alle Grenzen. Ausgangssperren, Belagerungen und zerstörte Städte. Vereine verboten und Zeitungen geschlossen, ohne jeden Gerichtsbeschluss. Gewählte Volksvertreter im Gefängnis, Folter und Hunderte toter Zivilisten.

Eine Woche nach dem Auftritt von Ercan Ayboğa in Kassel liegt eine Mail mit dem Betreff »Westliche Werte gefunden!« im Postfach. Absenderin: Mely Kiyak, Kurdin, 1976 in der Nähe von Bremen geboren. Thema ihrer Kolumne für das Maxim Gorki Theater in Berlin diesmal: die »deutsche Panzerfabrik Rheinmetall mitten in der Türkei«. Besser kann man das Thema nicht auf den Punkt bringen: »In der Türkei sagt man zum Krieg nicht Krieg. Man nennt es ›Operation‹ und begründet die Angriffe damit, dass man Terroristen fangen will. Dafür legt man ganze Städte in Schutt und Asche. Zündet Wälder an. Schiebt den Schutt beiseite, planiert. Die Bewohner werden enteignet, vertrieben. Wenige Meter weiter wird ein neues Dorf mit neuem Namen gegründet, zerlegt, planiert. Ich fasse gerade die letzten dreieinhalb Jahrzehnte zusammen. Anschließend wird neu kartographiert.«[3]

Von diesem Krieg wird schon deshalb zu sprechen sein, weil die deutschen Medien oft schweigen und weil dieser Krieg auch mit deutschen Panzern und mit deutscher Munition geführt wird. Nur: Die Kurden werden nicht erst seit gestern verfolgt und keineswegs nur in der Türkei. Auch in Syrien, im Irak und im Iran war dieses Volk zu groß, um einfach aufgesaugt zu werden von Staaten, die nach dem Ersten Weltkrieg am Reißbrett der Weltpolitik entstanden sind, und zu klein, um im Westen Gehör zu finden.

Heute überhört die Kurden niemand mehr. Spätestens seit Kobanê nicht mehr. »Wer weiß nicht, was Rojava ist?«, fragt Ercan Ayboğa im Sandershaus. Ein rhetorischer Trick. Die Schlacht gegen den Islamischen Staat, die Evakuierung der Stadt Kobanê an der Grenze zwischen Syrien und der Türkei, ihre Befreiung im Februar 2015: All das war auch in Kassel Thema. Im Oktober 2014 hat sogar Volker Kauder öffentlich darüber nachgedacht, Waffen an die PKK zu liefern: »Die Hauptgefahr sind doch diese unmenschlichen IS-Terroristen.« Volker Kauder: Das ist fast Angela Merkel. Chef der Unionsfraktion im Bundestag, seit November 2005, länger als jeder andere vor ihm. Was Kauder sagt, wird normalerweise schnell Gesetz. In jenem heißen Herbst 2014 hat er via *Spiegel Online* Ankara gerügt. Es sei »nicht akzeptabel«, dass die Türkei den IS-Nachschub nicht stoppe, Kurden die Flucht aus

Kobanê erschwere und obendrein »Stellungen der PKK« bombardiere. Zurück an den Verhandlungstisch, bitte.[4] Ein paar Wochen vorher hatte die Bundesregierung beschlossen, die Peschmerga auszurüsten, die Armee von Masud Barzani, seit 2005 Präsident der Region Kurdistan im Irak. Die guten Kurden sozusagen, wenn denn die »Terroristen« von der PKK die schlechten sind.

Ohne Grenzen: die kurdische Frage

Auch darum geht es in diesem Buch: um die große Politik, für die die Kurden oft nur Spielball waren. Die genauer hinschaut, wenn es gerade passt, meist aber einfach wegsieht, Menschenrechte hin oder her. Die Türkei ist schließlich in der Nato und irgendwie schon immer Deutschlands Partner. Warum bekommen die einen Waffen, während die anderen nicht einmal ihre Fahnen zeigen dürfen? Wer sind die einen und wer die anderen? Wer entscheidet über Gut und Böse? Und: Was hat das alles mit uns in Deutschland zu tun? Niemand weiß genau, wie viele Kurden hier leben. Flüchtlinge zum Beispiel werden als Syrer registriert, als Türken, als Iraker. Berlin sieht die Kurden nicht anders als Ankara, Damaskus, Bagdad. Es bringt also nichts, deutsche Behörden zu fragen. Die Kurdische Gemeinde Deutschland schätzt die Zahl der Kurden im Land auf über eine Million. Eine Million Menschen, die in Deutschland studieren wollten oder arbeiten, die wegen der Familie fort sind, wegen des Krieges, wegen der Politik. Eine Million Menschen, die im Moment nicht zurückkönnen und oft auch gar nicht mehr zurückwollen. Viele haben inzwischen einen deutschen Pass, viele sind aber trotzdem auf der Straße, wenn es um ihre Heimat geht, um ihre Sprache, um ihre Kultur.

Kurdistan ist mitten in Deutschland. Ercan Ayboğa spricht in Kassel von Repressionen. Der Staat, die Polizei. »Wer sich engagiert, kann schnell mit Verfahren überzogen und inhaftiert werden.« Ercan Ayboğa ist nicht als Kämpfer auf die Welt gekommen. »Rüsselsheim«, sagt er und lächelt. »Opel«. Und der Main. Das Wasser. »Als Kind bin ich jeden zweiten Sommer nach Dersim gefahren, in den Urlaub.« Ercans Eltern sind aus dieser kurdischen Provinz vor einem halben Jahrhundert nach Deutschland gekommen. Unpolitische Leute. Wo Ercan aufwächst, in dem kurdischen Migrantenmilieu in Hessen, gibt es zwar Aktivisten, er selbst sagt aber heute, dass er damals nicht sehr kritisch gewesen sei. Wasser: Das war sein Thema. »Ich liebe das Schwimmen. In den Ferien haben wir im Fluss Munzur gebadet. Mich hat interessiert, wie das Wasser die Natur formt.« Nach dem Abitur schreibt er sich an der TU Darmstadt als Bauingenieur ein, beschäftigt sich mit Wasserbau, mit Wasserwirtschaft, mit Menschenrechten und mit Internationalismus. »Ich war sehr lange im AStA. Politisch schon engagiert, links. Der Wendepunkt kam dann 2000, als der Ilisu-Staudamm gebaut werden sollte, mit deutscher Beteiligung.«

Staat und Wirtschaft produzieren sich ihre Gegner selbst. Nicht nur in der Türkei oder in Syrien, sondern auch in Deutschland. Auch darum geht es in diesem Buch. Wir haben mit Menschen gesprochen, die in den 1990er Jahren gegen die neuen Rechten demonstriert haben, gegen Kriege und gegen Weltwirtschaftsgipfel, in München, in Coburg, und die dabei erlebt haben, dass die Polizei nicht die Nazis verprügelt, sondern sie, die Antifaschisten. Von da war es nicht mehr weit bis zu den »schnauzbärtigen Männern mit den bunten Fahnen« (Nikolaus Brauns). Wir haben mit Reimar Heider gesprochen, Arzt und katholisch erzogen, der solche Männer 1993 in der Hochschulgemeinde traf und in der Kirche. »Der Krieg in der Türkei war damals auf dem Höhepunkt. In Göttingen suchten die Kurden Räume für Sprachkurse. So habe ich mitbekommen, dass wir da ein Problem haben.«

1994 fuhr Heider in die Türkei, um Wahlen zu beobachten und Newroz, das kurdische Neujahrsfest, bei dem es ein Jahr zuvor in

Cizre ein Massaker gegeben hatte. »Was ich dort gesehen habe, hat mich politisiert. Deutsche Panzer, deutsche Waffen überall. Morde auf offener Straße, abgebrannte Dörfer. Wir haben die noch richtig rauchen sehen. Und dann die Berichterstattung daheim. Nein, das stimmt nicht. Die Regierung sagt, es gibt dort keine deutschen Waffen.« Heider hat Türkisch gelernt und bei einem Praktikum in Diyarbakir erlebt, wie Soldaten seine Kollegen im Krankenhaus zwangen, Folteropfern Atteste zu schreiben. Nichts zu sehen an den geschundenen Körpern. »Die kamen mit Kalaschnikows in die Notaufnahme.« Heute übersetzt Heider die Bücher von Abdullah Öcalan, auch *Jenseits von Staat, Macht und Gewalt*. Der deutsche Staat macht aus Antifaschisten, radikalen Demokraten und christlich motivierten Menschenrechtlern Vorkämpfer für die kurdische Bewegung, weil er die kurdische Frage durch die Brille der türkischen Regierung sieht.

Grenzenlos: Wasser, Umwelt, Geschichte, Krieg

Bei Ercan Ayboğa war es das Wasser. Dieser riesige Staudamm, der den Tigris kurz vor der Grenze zum Irak und zu Syrien stoppen soll. Ein Projekt, bei dem es um mehr geht als nur um das kostbare Nass, das knapp ist in der Region und schon deshalb heiß umkämpft. Beim Projekt Ilisu geht es um alles. Um die Wiege der Menschheit im Zweistromland und um Hasankeyf, die Felsenstadt der Römer, um Zehntausende Landbewohner, die das Wasser in die Städte spülen würde und damit in die Arme jener Türken, die Atatürks Diktum von der einen und einzigen Nation verinnerlicht haben, um den Rückzugsraum der PKK-Kämpfer, den der Stausee schrumpfen lässt, um die Beziehungen zwischen der Türkei und der EU. »Wir haben geschafft, dass die Europäer 2009 aussteigen mussten«, sagt Ercan Ayboğa. »Deutschland, Österreich und die Schweiz hatten ja Hermes-Bürgschaften gewährt. Züblin war zum Beispiel dabei, das Bauunternehmen, die DekaBank, Alstom, Andritz. Wir haben Unterschriften gesammelt, Veranstaltungen gemacht und so viele der großen Medien auf unsere Seite gebracht.«

Dass die Türkei später alleine gebaut hat, dass auch der Trumpf Hasankeyf nicht mehr stach? Ercan Ayboğa schüttelt den Kopf und murmelt etwas von einem historischen Erfolg. Er ist ein ruhiger und bedächtiger Mann, der auch in dem kleinen Saal im Sandershaus von Kassel lieber mit Mikro spricht. »Das gab es noch nie in der Geschichte. Dass eine Exportbürgschaft, die schon beschlossen war, wieder zurückgezogen wurde.« Dieses Gefühl, ein Projekt hinausschieben zu können, mehr als anderthalb Jahrzehnte. Die türkische Regierung zu zwingen, Gesetze zu ändern, und Menschen zusammenzubringen, die am Anfang vielleicht nur die Umwelt schützen wollten oder einen archäologisch einmaligen Ort und dann gemerkt haben, dass alles mit allem zusammenhängt. »Die Kampagne hat das Bewusstsein der Leute verändert, sozial, ökologisch, kulturell. Wir haben über Energiepolitik diskutiert und über Entwicklung. Müssen wir alles zubauen, müssen wir alles austrocknen? Wie können wir die Menschen vor Ort besser unterstützen? Wie wollen wir eigentlich leben?«

Im Rückblick war der Weg das Ziel. Das Netzwerk, das sich um Ilisu und Hasankeyf gebildet hat und das seitdem auch um die kurdische Frage weiß. Gewerkschaften, Frauen- und Umweltgruppen, Berufsorganisationen, NGOs, Kommunalverwaltungen. Die Erfahrung, nicht ganz ohnmächtig zu sein, auch wenn der Gegner bis an die Zähne bewaffnet ist. »Der Staat baut trotzdem, was er will«, sagt Ercan Ayboğa. »Aber verspätet und mit extremer Gewalt. Diese Regierung ist immer repressiver geworden. Ein Militärregime.« Ercan Ayboğa erzählt, wie Ankara den Krieg in Nordkurdistan genutzt hat, um die Arbeiter unter Druck zu setzen. Vorher habe es immer wieder Streiks gegeben und auch mal eine Entführung durch die Guerilla der PKK. »Zwei Unternehmer, die die Arbeit organisieren sollten. 2014. Da wurde das Ganze für ein halbes Jahr gestoppt.«

In diesem Sommer 2017 ist Hasankeyf Sicherheitszone. Das heißt: viel Polizei. Sehr viel Polizei. Keine Einreise für Aktivisten wie Ercan Ayboğa, keine Demos. »Wenn zehn Menschen zusammenkommen, werden sie festgenommen. Auch Mathias Depardon war ja in Haft, der französische Journalist, der das für den *National Geographic* fotografiert hat, zwei Jahre lang. Der musste von Macron rausgeholt werden. Eine Woche vorher hatten wir noch mit ihm gesprochen. Da ist es unheimlich schwierig, etwas auf die Beine zu stellen. Ich war ab Januar 2015 wieder dort. Wir hatten in diesem Jahr sechs Demonstrationen. Es gab Klagen, Anträge, internationale Unterstützung. Aber der Putsch hat dann alles viel, viel schwieriger gemacht. Ich meine nicht den Putschversuch, sondern den Putsch der Regierung. Den Ausnahmezustand. Da will kaum noch jemand protestieren. Es bringt ja nichts, mit fünf Leuten dazustehen.«

Grenzen sprengen: Rojava

Vom Wasser ist Ercan Ayboğa nach Rojava gekommen. Im Sandershaus von Kassel muss er nicht erklären, dass dieser Name für die kurdischen Gebiete im Norden Syriens steht und für das, was er in seinem Buch eine »Revolution« nennt. Eine Demokratie, in der tatsächlich jeder mitmacht und in der die Frauen eigene Räte haben, eigene bewaffnete Verbände und einen Platz in jeder Doppelspitze. »Demokratischer Konföderalismus«, sagt Ercan Ayboğa. Kommunen, die zusammenarbeiten und trotzdem selbstständig bleiben, die sich selbst versorgen, Schulen, Krankenhäuser und Kooperativen betreiben und dafür keinen

Staat brauchen, keinen eigenen jedenfalls. Kein Groß-Kurdistan, keine neuen Grenzen.

Das ist nicht Straight Edge. Jan hat auf der documenta ein Video von Köken Ergun gesehen. »I, soldier«. Sieben Minuten auf zwei Leinwänden im Fridericianum. Grusel pur. Junge Türken im Stechschritt vor einem Stadionpublikum, martialische Musik und ein Kommandeur, der das noch toppt: »Der Soldat ist unsterblich. Sein Blut ist das Rot unserer Flagge. Kommt her, ihr Mutigen! Kommt her und lasst den Boden zittern! Versprich mir das eine, mein mutiger Junge. Es ist ein Segen zu sagen: Ich bin ein Türke.«[5] Umso utopischer scheint die Idee Rojava.

Im Sandershaus neben Jan: viel junges Volk. Drei Nirvana-Shirts und ein paar blonde Studenten, die vorhin im Kurdischen Kulturzentrum schon dabei waren. Dennis schreibt gerade seine Masterarbeit über Räte in der Geschichte. München 1918/19 zum Beispiel. Kurt Eisner und der Versuch, in Bayern nach dem Ende des Krieges eine Rätedemokratie aufzubauen. Im Frühjahr 2017 war Dennis im Norden des Irak unterwegs. Schauen, wie das bei den Kurden heute läuft. Ob es tatsächlich so läuft, wie Abdullah Öcalan in seinen Büchern schreibt. Ja, sagt Ercan Ayboğa in Kassel. Es läuft so. Nicht alle machen mit, aber viele. Mindestens 50 Prozent. Sogar einige Araber. Es bleibt ihnen eigentlich auch gar nichts anderes übrig. Diesel, Bulgur, Zucker: am besten über die Kommunen. Diesel für neun Cent pro Liter. Ohne Diesel gibt es kaum Strom, und die Winter sind kalt in der Gegend.

»Diese Revolution stinkt nach Diesel«, sagt Ercan Ayboğa und schmunzelt. Im Sandershaus hat er ein Heimspiel und kann von all dem schwärmen, was sich seit 2014 getan hat. Schulunterricht auf Kurdisch, neue Lehrpläne, zwei Universitäten. Gesundheit? Jede Kommune bildet zwei Ärzte aus. Justiz? Die Friedenskomitees lösen 80 Prozent der Konflikte, ganz ohne Richter und Gefängnis. Essen? Genug für alle, auch für die vielen Flüchtlinge, die nach Rojava kommen. Und das alles, obwohl Krieg ist, obwohl es ein

Embargo gibt und selbst die kurdischen Nachbarn nur das über die Grenze lassen, was ihnen passt, obwohl die Region einst das Armenhaus Syriens war und die Verteidigung heute 70 Prozent der Ressourcen frisst. »Wir probieren und experimentieren viel«, sagt Ercan Ayboğa. »Wir haben keine Lösung für alle Fragen der Gesellschaft. So viele Beispiele gibt es auf der Welt ja auch nicht.«

Das Beispiel Rojava wird in Deutschland übersehen. 15 Treffer hat die Schlagworte-Suche im Online-Archiv der *Süddeutschen Zeitung* Ende 2017 ergeben. 15 Texte, in denen das Wort Rojava steht. 15 Erwähnungen in dreieinhalb Jahren. Für die *Süddeutsche Zeitung* existiert Rojava nicht. Vielleicht wären sonst mehr als 40 Menschen ins Sandershaus gekommen. Selbst diese 40 haben Zweifel. Wie funktioniert das mit den Räten? Wie wird gesichert, dass tatsächlich alle zum Zug kommen, auch die, die keine Lust auf Sitzungen haben? Und vor allem: Wer kontrolliert das Öl und wer verhandelt mit Trump, mit Putin? Ercan Ayboğa kennt diese Zweifel. Er lächelt auch die Frage nach den Ehemännern weg. Wie kann es sein, dass manchmal nur Frauen bestimmen? Ist das im Einklang mit den Gesetzen?

Ercan Ayboğa erzählt von den Bergen und von der Guerilla, von den Kämpferinnen und Kämpfern der PKK. Seit 30 Jahren lebe man dort in Natur und Gemeinschaft. Insgesamt vielleicht 50 000 in all der Zeit. »Wenn du dich dort bewegst, triffst du Menschen, die ohne Kapitalismus auskommen.« Und dann die Erfahrungen, die die Kurden in der Türkei gesammelt haben, vor dem Sommer 2015, bevor die Regierung in Ankara die Friedensgespräche abbrach und die Waffen sprechen ließ. »Eine Form von Autonomie«, sagt Ercan Ayboğa. De facto, nicht de jure, weil der Gesetzgeber nichts wissen wollte von Selbstverwaltung und Doppelspitzen, von Stadtteilräten und Stadtteilhäusern, von Delegierten, die entscheiden, was der Apparat zu tun hat. »Es hat Jahre gedauert, bis wir einen Modus gefunden haben. Wie viele gewählte Vertreter, wie viele Menschen aus den sozialen Bewegungen, aus NGOs, von den Gewerkschaften? Wie bringen wir die Verwaltung dann dazu, Dinge umzusetzen, zu denen sie gesetzlich gar nicht verpflichtet ist? Ein großes Problem war der Kapitalismus. Es ist wahnsinnig viel Geld nach Nordkurdistan gekommen in den letzten 15 Jahren. Die Leute wollen investieren. Da stört es, wenn zu viele mitreden.«

Grenzen überwinden: Wie eine Nation geschaffen wird

Man könnte ein eigenes Buch schreiben über das, was da im Südosten der Türkei gerade läuft, und über die Hoffnungen, die Ercan Ayboğa trotzdem hat. »Wenn der Krieg aufhört, dann würde es schnell gehen mit dem Wiederaufbau. Innerhalb eines Jahres. Viele Menschen sind ja noch da. Die Frauenbewegung, die Ökologiebewegung. Das Bewusstsein ist noch da, auch wenn viele im Gefängnis sind.« Man könnte ein Buch nur über Rojava schreiben. Über die Utopie und über das, was dort wirklich passiert. Über junge Leute zum Beispiel, die von jetzt auf gleich mehr verdienen und besser leben wollen und deshalb fortgehen. Oder über Gleichaltrige, die Lehrer werden, obwohl ihre Eltern Kurdisch oft nicht schreiben und manchmal auch nicht sprechen können. Rojava würde schon deshalb ein Buch füllen, weil dieser Name bis nach Kassel strahlt, bis ins Sandershaus. Eine Insel der Demokratie im Meer der Krieger, Fundamentalisten, Dschihadisten. Ein Hoffnungsschimmer für Menschen wie den Studenten Jan, die DKP wählen, weil ihnen selbst die Linkspartei zu tief drinsteckt in dem System, das Geld und Wohlstand vermehrt und dabei die Welt zerstört.[6] »Rojava muss unterstützt werden«, sagt Ercan Ayboğa. »Sonst gibt es keine halbwegs demokratische Lösung für die Region. Sonst gibt es dort nur noch Nationalisten und Islamisten.«

Die kurdische Frage ist größer als Rojava. Kurdistan gehört zusammen, selbst wenn Aktivisten wie Ercan Ayboğa sagen, dass sie keinen kurdischen Staat brauchen und wollen. Rojava ist nicht denkbar ohne das, was gerade in der Türkei und im Irak passiert und schon gar nicht ohne die Geschichte von Unterdrückung und Rebellion. Kardo Bokani, ein Politikwissenschaftler, geht einen Schritt weiter und sagt, dass das kurdische Nationalbewusstsein relativ jung sei, ermöglicht erst durch Internet und Satellitenfernsehen.[7] Was uns als kurdische Geschichte präsentiert wird, ist in dieser Lesart nur das Futter, das jede gute Story braucht. Bokani ist selbst ein Propagandist der kurdischen Sache. Er erzählt von Bergen, Tälern und Schluchten, von einer Geografie, die lange verhindert habe, dass man sich trifft, miteinander spricht und so weiß, dass man zusammengehört. Keine Nation ohne Austausch. Keine Nation ohne ein dichtes Kommunikationsnetzwerk und (mindestens genauso wichtig) keine Nation ohne Orte, wo man die anderen Mitglieder sehen und körperlich spüren kann.

Normalerweise sorgen Staaten selbst für diese beiden Voraussetzungen: Sie bauen Straßen und Eisenbahnnetze, sie verordnen Zugehörigkeiten (etwa über Verwaltungen oder Schulen), sie regulieren Massenmedien oder besitzen diese gleich selbst (mindestens das Fernsehen). Benedict Anderson hat das Lesen von Zeitungen als »außergewöhnliche Massenzeremonie« beschrieben: Man sitzt zwar meist irgendwo allein mit seinem Blättchen, aber weiß doch, dass viele andere (fast) zur gleichen Zeit dasselbe lesen.[8] Zeitungen ließen die Vielfalt der Sprachen und Dialekte schrumpfen, um möglichst viele Leser zu erreichen, und machten so das möglich, was Anderson als Nation definiert: eine »vorgestellte Gemeinschaft«, der die Medien unaufhörlich sagen, wer alles dazugehört und was es außerhalb dieser Gemeinschaft sonst noch so gibt.

Was das mit den Kurden zu tun hat? Vorhin im Kurdischen Kulturzentrum, als sich Ercan Ayboğa auf seinen Vortrag vorbereitet hat, lief Sterk TV im Hintergrund. Schrille Bilder, irgendeine Seifenoper. Egal. Die Kurden sehen dieses Programm. Sie sehen Kurden, die vielleicht eine andere Sprache sprechen, aber die gleichen Feste feiern, die gleichen Lieder singen. Ab wann sagt man zu einer Gruppe von Menschen Volk oder Nation? Die Wissenschaft ist sich da nicht einig, wie so oft. Heilige Orte braucht es, meinen manche. Ein Territorium, eine gemeinsame Kultur.[9] Vor allem aber braucht es eine Sprache. Eine kurdische Einheitssprache gibt es nicht. Wird es nie geben. Wer Kurmandschi spricht (wie die meisten Kurden, die in der Türkei und in Syrien leben), versteht Sorani- (Iran, Irak) und Zazaki-Sprecher (Türkei, Diaspora) nur schwer. Grammatikalisch ist der Abstand so groß wie zwischen dem Deutschen und dem Holländischen.[10]

Also Satellitenfernsehen. Med TV, der erste kurdische Sender, gegründet 1994 in Großbritannien, erzählt schon mit seinem Namen eine nationale Geschichte: die der Meder, die lange vor Christus in Mesopotamien ein Reich gründeten und von manchen (auch von Kardo Bokani) heute als Vorfahren der Kurden gesehen werden. Und dann erst das, was da gesendet wurde. Trickfilme, ins Kurdische übersetzt. Foren zu nationalen Fragen, die vorher tabu waren, mit Anrufern, zu denen auch Abdullah Öcalan gehörte. Vielleicht noch wichtiger: das Nebeneinander der kurdischen Sprachen und Dialekte und entsprechenden Lerneffekte.[11] Med TV hat 1999 seine Lizenz verloren, wie viele Nachfolger auch.[12] Druck aus Ankara. Das nächste Kapitel wird zeigen, dass der türkische Staat seit seiner Gründung 1923 alles getan hat, um genau das zu verhindern, was die Kommunikationsrevolution ans Licht brachte: eine kurdische Nation. Was einmal online ist, lässt sich schwer kontrollieren und noch schwerer löschen.

Dass tatsächlich eine »vorgestellte Gemeinschaft« entstehen konnte, hat bei Kardo Bokani noch einen zweiten Grund: die Straße. Von der PKK umfunktioniert zu einem Ort, an dem sich Kurden begegnen können. Das beginnt mit Newroz, dem Neu-

Machmur, Südkurdistan, 2017: Newroz-Fest
Foto: Kerem Schamberger

Machmur, Südkurdistan, 2017: »Apo« steht für Abdullah Öcalan
Foto: Kerem Schamberger

jahrsfest, wie die Meder ein Anker in der Erzählung über die kurdische Nation. Einst privat gefeiert und daheim, ist der 21. März seit den frühen 1990er Jahren ein Event, oft von kolossalen Dimensionen. Bei Bokani im gleichen Atemzug genannt: Märtyrerumzüge in der Türkei, die großen Demonstrationen in Westeuropa (allein in Bonn 1995 mit rund 200 000 Teilnehmern), Kulturfestivals. Die Straße habe dafür gesorgt, dass es bei der Diaspora und Kurdistan nicht einfach nur um Erinnerungen gehe, sondern um das Hier und Jetzt.[13]

So gesehen, hat sich die Fahrt nach Kassel für Ercan Ayboğa gelohnt. Er sei ein Vermittler, sagt er. Ein Aufklärer. Teil der kurdischen Freiheitsbewegung, solidarisch. »Aber schon auch kritisch. Ich will ja keine Propaganda machen. Das merken die Menschen.« Morgen wird er in der Schweiz sprechen und übermorgen wieder woanders. Verstehen, was in der Türkei passiert und was in Rojava, und das dann weitergeben. Westeuropa über das informieren, was nicht in den Zeitungen steht. Genau das will auch dieses Buch.

2 Die kurdische Frage, von Duisburg aus gesehen

Ismail Küpeli hat Jonas mitgebracht. Es sind noch Ferien in Duisburg. Jonas ist blond und hat ein Buch dabei. *Im Tal der Dinosaurier*. Er kennt das auswendig, aber man weiß ja nie. Wird vielleicht langweilig, wenn die Erwachsenen reden. Sein Vater wird ihn dann einmal kurz fortschicken aus dem kleinen Garten, hinein zum Wirt. Jonas soll diese Sachen nicht hören, noch nicht. Er kommt erst in die vierte Klasse.

Vielleicht hätten wir doch zurückgehen sollen bis zu den Gründungsmythen, die sich die Kurden erzählen. Nicht ganz bis zu den Dinosauriern, aber fast. In einer dieser Geschichten gibt es einen Drachenkönig, Sohak, Herrscher im Land Schahrazur, der jeden Tag zwei Kinderhirne fordert. Seine Untertanen können da nicht viel machen, denn dieser Sohak hat Schultern, aus denen Schlangen wachsen. Eine rechts und eine links, für jede ein Kinderhirn am Tag. Nicht ganz so gut sind offenbar Sohaks Augen und sein Kopf. Jedenfalls merkt er nicht, dass ihm die Menschen in seinem Palast hin und wieder Lammhirn unterjubeln. Kinder gerettet, in die Berge geschickt und dort ein Volk gegründet: die Kurden. Dieser Sohak wird übrigens von einem Schmied erschlagen, von Kawa, der all seine Lieben an den Drachenkönig verloren hatte und mit dem neuen Bergvolk ausgezogen war, das Monster zu töten. Die Kurden wissen auch, wann Kawa zum Hammer griff: am 21. März im Jahr 612 vor unserer Zeit.[1] Die Saurier sind da schon fort, wie man weiß, aber Jonas hätte diese Geschichte bestimmt gefallen, zumal sie auch von den Freudenfeuern handelt, die die frohe Kunde vom Tod des Tyrannen überall verbreiten.

Die Kurden feiern am 21. März Newroz, ihr Neujahrsfest, ihr Frühlingsfest. Mit Feuer, wie sonst. Der Tag des Neuanfangs, der Tag, an dem Sohak starb, der Tag auch, an dem die Meder Ninive erobert und zerstört haben sollen, die Hauptstadt der Assyrer am Tigris, fast dort, wo heute Mossul liegt, die größte Stadt, die der Islamische Staat je kontrolliert hat. Das mit den Medern ist so eine Sache und das mit Sohak, dem Drachenkönig, natürlich erst recht. Geschichte verspricht Legitimation, eine lange und ruhmreiche Geschichte vor allem. Die Meder haben lange geherrscht in der Region, die heute teilweise Iran heißt und teilweise Irak. Die »Herren von Asien«, schreibt Kardo Bokani.[2] Solche Vorfahren wünscht sich jeder. Nur: So ganz genau kann das niemand wissen. Was Archäologen finden, kann von diesem Stamm sein oder von jenem, und was später aufgeschrieben wurde, von Herodot zum Beispiel, könnte wie das Dinosaurier-Buch von Jonas gut und gern in der Reihe *Das magische Baumhaus* erscheinen, mit ein paar hübschen Bildern, versteht sich.

Nationen sind nicht einfach da. Nationen werden geschaffen. Nationen sind ein »kulturelles Produkt«, entstanden Ende des 18. Jahrhunderts, als Bücher (richtige Bücher) alte Gewissheiten verschwinden ließen. Dass Herrschaft naturgegeben ist zum Beispiel und von Gottes Gnaden oder dass die Gelehrten die Wahrheit gepachtet haben. Benedict Anderson hat die Nation als »Erfindung« beschrieben, als eine Gemeinschaft, die sich vor allem auf Sprache stützt, auf eine gemeinsame Sprache, und als ein »Produkt unserer Vorstellungskraft«.[3] Das stimmt, einerseits, weil keine Deutsche alle anderen Deutschen kennt und auch niemals kennenlernen wird. Die deutsche Nation gibt es nur in unseren Köpfen. Andererseits verwischen Begriffe wie »Erfindung« oder »Vorstellungskraft« den Link zur Macht. Das Interesse, das die Herrschenden an der Idee haben, es gebe so etwas wie einen »kameradschaftlichen

Machmur, Südkurdistan, 2017: Newroz-Demonstration
Foto: Kerem Schamberger

Machmur, Südkurdistan, 2017: Newroz-Feuer
Foto: Kerem Schamberger

Machmur, Südkurdistan, 2017: Newroz-Feuer
Foto: Willi Effenberger

Verbund von Gleichen«, trotz aller sozialer Ungleichheit, trotz aller Ausbeutung des einen durch den anderen. Die Nation: Dafür ziehen Menschen in den Krieg und sterben. Einfache Menschen. Die Nation weist über uns selbst hinaus in alle Ewigkeit. Eine Gemeinschaft, die selbstlos zu sein scheint, so natürlich wie die eigene Hautfarbe. Man wird als Frau geboren, weiß, Ende des 20. Jahrhunderts. Und als Deutsche, Russin, Kurdin. Kein Neugeborenes wählt bewusst die Nation, zu der es gehört. Nationen werden von oben geschaffen, sagt Eric Hobsbawm (von Staaten, von charismatischen Führern, von intellektuellen Eliten), müssen aber trotzdem von unten analysiert werden, weil sich die Hoffnungen, Interessen und Bedürfnisse der kleinen Leute mit ihnen verbinden. Wenn Sohak zur Universität gegangen wäre, dann hätte er wahrscheinlich eine Nation erfunden und kein Hirn fressen wollen.[4]

Die Geschichte des Volkes, das von den Medern abstammt und vielleicht sogar von Kindern geschaffen wurde, die einem Ungeheuer entkamen, ist eine schöne Geschichte. »Eine der ältesten Gemeinschaften der Welt«, schreibt Kardo Bokani über sein Volk. Kurdistan: Das sei das Zweistromland. Der Ort, an dem Ackerbau und Viehzucht erfunden wurden. Der Ort, an dem das anfing, was wir Zivilisation nennen, an dem später Babylon stand und an dem sich die großen Handels- und Verkehrswege des Altertums kreuzten.[5] Sohak und die Meder: Das ist auch Rebellion. Ein Aufstand gegen überirdische Mächte und gegen hegemoniale Herrscher wie die Assyrer. Rebellion und Aufstände sind das Thema von Ismail Küpeli, dem Vater von Jonas, der gerade eine Dissertation schreibt über die ersten Jahre der modernen Türkei, über die 1920er und 1930er Jahre. Dazu gleich mehr. Was Ismail Küpeli herausgefunden hat, passt nicht wirklich in die Traditionslinie, die mit einem Drachen und den ruhmreichen Medern anfängt und bis zu Saddam Hussein, Recep Tayyip Erdoğan und dem Islamischen Staat reicht.

Geschichte als Geografie

Vorher ist etwas zu Kurdistan zu sagen, zu einem Wort, das nach Staat klingt (Afghanistan! Turkmenistan!) und doch nie für einen Staat stand und auch die Geografen eher zu verwirren scheint. Die Landkarten jedenfalls, die Google auswirft, sehen alle irgendwie verschieden aus. Mal gibt es ein Stück Mittelmeer-Küste und mal nicht, mal ist etwas mehr von der Türkei weg und mal etwas weniger. Karl May ließ seine Helden Kara Ben Nemsi und Hadschi Halef Omar »durchs wilde Kurdistan« reisen und mit den Jesiden gegen die Türken kämpfen, aber das gehört eher in die Kategorie Dinosaurier und magisches Baumhaus. Sicher ist: Eine »Region oder Landschaft« mit dem Namen Kurdistan gibt es seit etwa eintausend Jahren. Die Perser hatten eine Provinz, die so hieß, und die Osmanen auch.[6]

Für Kardo Bokani beginnt das Problem schon da, mit der »ersten Teilung« Kurdistans, wie es bei ihm heißt, ausgelöst durch die Schlacht bei Tschaldiran 1514 und besiegelt 1639 im Vertrag von Quasr-e Schirn 1639, nach mehr als hundert Jahren Krieg.[7] Was damals als Grenze festgelegt wurde, hat sich bis heute fast komplett auf den Landkarten gehalten. Iran auf der einen Seite, die Türkei und der Irak auf der anderen. Kardo Bokani schiebt das alles auf die Geografie. Die Geografie erklärt, warum sich die großen Reiche genau dort in die Quere kamen, wo Kurdistan liegt, und warum diese Gegend immer wieder von Eindringlingen, Nomaden und plündernden Horden heimgesucht wurde. Die Geografie erklärt, warum die Araber die Kurden mit Gewalt zum Islam bekehren konnten und warum der Widerstand trotzdem nicht wirklich zu brechen war. Die Geografie: Das sind vor allem die Berge. Hunderte Gipfel, von denen die gewaltigsten über 5 000 Meter hoch sind. Am Ararat soll die Arche von Noah gestrandet sein. Noch so eine Geschichte. Karl May jedenfalls hat nicht umsonst vom »wilden Kurdistan« gesprochen. Abgelegen, unwegsam, unzugänglich. Tiefe Schluchten, lange, lange Schnee und winzige Dörfer, die sich an Abhänge klammern. Schwer zu erreichen für jede Regierung, für jede Verwaltung, für jeden religiösen Führer. Dort, wo überhaupt niemand hinkam, außer Helden wie Kara Ben Nemsi und Hadschi Halef Omar vielleicht, dort konnten einheimische Glaubensgruppen wie die Jesiden überleben, schreibt Kardo Bokani.[8]

Es braucht keinen Mythos, um zu verstehen, warum die Kurden bis heute anders sind als ihre Nachbarn, trotz all der Heerscharen und wandernden Völker, die ihre Spuren im Erbgut hinterlassen haben. Man muss nur diese Berge sehen und sich vorstellen, dort zu leben. Schon das Nachbartal unerhört fern, es sei denn, man steht auf tagelange Fußmärsche oder nimmt den elend langen Umweg über das Provinzzentrum. In den Bergen Kurdistans ist man für sich. In diesen Bergen braucht man keine Armee. Es dauert, bis eine neue Idee hierherkommt oder eine neue Technologie. Und wenn sich doch ein Reisender verirrt und nach dem Weg ins nächste Dorf fragt, dann zuckt man mit den Schultern und sagt: »Ich weiß nicht.«[9]

Kandil-Berge 2016: Straßenkontrolle durch Kämpfer der Volksverteidigungseinheiten (HPG). Foto: Willi Effenberger

Kardo Bokani hat das Transportsystem der Osmanen und der Perser mit Kolonien in Afrika verglichen. Für die Herrscher gebaut und nicht für die Bevölkerung. Ganz anders als in Frankreich, Italien oder Deutschland, wo sich die Routen immer wieder kreuzten oder wo es eine Hauptstadt gab, um die sich alles drehte, und wo deshalb viel eher die Vorstellung wachsen konnte, dass man zusammengehört. Nationale Identität, nationales Bewusstsein, eine nationalistische Bewegung: In Kurdistan findet Kardo Bokani das alles erst um 1880[10] und liegt damit immer noch früher als die meisten anderen Chronisten. Nikolaus Brauns und Brigitte

Kiechle etwa haben für das Ende des 19. Jahrhunderts »ein Bild der Auflösung, Zersplitterung und Stammeskonflikte« gezeichnet. Die muslimischen Kurden in diesem Gemälde: untereinander verfeindet, frustriert von den christlichen Missionaren, die sich im Osmanischen Reich breitmachten, und auch deshalb beteiligt am Dschihad gegen die Ungläubigen, am Völkermord an den Armeniern.[11]

Von Bursa nach Duisburg und über Portugal zurück in die Türkei

Ismail Küpeli ist kein Kurde und in Bursa geboren, weit weg von den Bergen, etwas südlich von Istanbul. Die kurdische Frage gehört trotzdem zu seiner DNA, zu seiner Familiengeschichte. »Meine Eltern sind Aktivisten, Linke. Sie sind nach Deutschland geflohen, mit mir und mit meinen Geschwistern. Hierher, nach Duisburg.« Er erzählt von dem blutigen Krieg, den es seit 1984 in der Türkei gab, nicht nur in den kurdischen Gebieten im Südosten des Landes, sondern auch im Westen. »Es gab Angriffe auf Oppositionelle jeder Art. Sogar Hinrichtungen auf offener Straße.« Das ist noch nicht die Geschichte, die Jonas nicht hören soll. Fortgeschickt wird er erst, als es um das geht, was in den 1920er Jahren passiert ist. Um das, was Ismail Küpeli in den Akten gefunden hat, in den Dokumenten von Staat und Armeeführung, die aus der Türkei herausgebracht worden sind.

Zurück in die frühen 1990er Jahre. Ismails Eltern sind in einer leninistischen Partei. In Istanbul müssen sie um ihr Leben fürchten. Die Flucht bringt den Teenager zur deutschen Antifa, mit 14 oder 15, als er die neue Sprache endlich sprechen kann. »Solingen, Mölln, Rostock-Lichtenhagen und all das, was danach noch kam. Ich wollte etwas tun. Hier in Deutschland und nicht in der

Türkei. Diese Angriffe abwehren. Ich habe mich als Antifaschist verstanden.« Die Geografie schlägt jetzt einen Purzelbaum: Von der Antifa in Duisburg ist es nicht mehr ganz so weit zu den Kurden wie von Bursa oder Istanbul. »Ein Teil der Leute, die ich hier kannte, sind nach Kurdistan gegangen, um mit der PKK zu kämpfen. Einige sind dafür auch gestorben. Das hat viel mit uns zu tun, mit türkischen Antifaschisten, die versucht haben, sich mit den Deutschen zu verbünden. So kam diese Weltregion hier überhaupt erst auf die Landkarte.«

Die deutsche Antifa bringt Ismail Küpeli wieder in die Türkei, gedanklich zumindest. »Die Themen sind nicht voneinander zu trennen. Wenn man hier eine Gedenkaktion für PKK-Kämpfer organisiert, bekommt man Schwierigkeiten, weil der Staat das nicht mag. Umgekehrt ist man schnell bei der Türkei, wenn man sich für die Dritte Welt einsetzt und für soziale Bewegungen.« Merkwürdig: In diesen 1990er Jahren kennt sich kaum jemand aus mit der Türkei, zumindest nicht in dem Milieu, in dem sich Ismail Küpeli in und um Duisburg bewegt. Kaum jemand beschäftigt sich intensiv mit der Türkei, kaum jemand spricht Türkisch. Ismail Küpeli ist so Türkei-Experte geworden, gegen seinen Willen, ein bisschen zumindest. »Wenn die Grauen Wölfe hier in Nordrhein-Westfalen einen Kongress haben und die hiesigen Antifas nicht in der Lage sind, die Inhalte zu verfolgen, dann hast du ein Problem. Dann beginnst du zu vermitteln. Wer sind diese Grauen Wölfe, wie stark ist die Gruppe, was steckt hinter ihrer Ideologie?« Die Wikipedia-Antworten: türkische Rechtsextremisten, Todfeinde der PKK und aller Kurden, in Deutschland von drei Dachorganisationen vertreten, 2017 immerhin knapp 20 000 Mitglieder, die die Türkei als Kern einer Nation sehen, zu der alle Turkvölker gehören und damit weite Teile Asiens.

Ismail Küpeli sagt: »Die Türkei muss sich verändern. Zentralstaat, Einheitsstaat, Staat nur der Türken: Das hat keine Zukunft. Wenn es so weitergeht, haben wir alle 20, 30 Jahre bewaffnete

Konflikte und eine Autokratie auch für die Türken. Wir müssen das Zusammenleben anders strukturieren. Wir brauchen eine Gesellschaft, in der man fair und friedlich miteinander umgeht und in der ethnische Fragen unwichtig werden. Du kannst nicht in einem Teil des Landes Demokratie spielen und andere Teile massiv unterdrücken.«

Für Ismail Küpeli ist die kurdische Frage auch eine soziale Frage. Vielleicht geht das gar nicht anders, wenn man als Türke in Duisburg lebt und die Eltern linke Aktivisten sind. »Das ist keine schöne Stadt. Man findet auch nichts Positives in den Medien.« Vier Jahre war er mit der Familie in Portugal, auch mit Jonas, dem blonden Jungen. Seine Mutter hat dort als Lehrerin gearbeitet. Von Ismail Küpeli gibt es ein Buch über diese Zeit: *Nelkenrevolution reloaded? Krise und soziale Kämpfe in Portugal.*[12] Auch wieder »Vermittlungsarbeit«, sagt er heute. »Du bist dort und siehst, wie sich die Menschen organisieren, wie sie sich wehren, wie sie sich für ihre Interessen einsetzen. Und dann siehst du, dass es in Deutschland keine Berichterstattung gibt, auch in den linken Medien nicht. Es passt einfach nicht, und es fehlt ganz viel. Also fängst du an zu schreiben. Mein Motiv ist immer das gleiche. Ob da nun Bomben explodieren oder nicht, ist gar nicht so entscheidend.«

Ismail Küpeli hat erst Islamwissenschaft und Politik in Bochum studiert und dann Internationale Beziehungen in Duisburg-Essen. Die Doktorarbeit jetzt schreibt er bei den Historikern, am Bochumer Institut für Diaspora- und Genozidforschung. Eine kleine Odyssee durch die akademischen Disziplinen. »Als ich angefangen habe, zu den kurdischen Aufständen in der Türkei zu arbeiten, gab es kaum Professoren, die so ein Thema angenommen hätten. Das hat damals nicht zum Zeitgeist gepasst. Zu kritisch gegenüber der Türkei. Als Professor gefährdest du damit deine Zusammenarbeit mit den Universitäten und mit dem Bildungsministerium in Ankara. Viele wollten das nicht. Sie haben gesagt, ich soll mein Thema abschwächen. Vorsichtiger sein, wegkommen von radikalen Einschätzungen.« Ismail Küpeli hat Mihran Dabag gefunden, einen Historiker, »der sich wirklich gut auskennt mit den Osmanen. Wie wurde aus einem multiethnischen und multireligiösen Reich ein Nationalstaat?« Überhaupt: die großen Linien. Die Politikwissenschaft ist Ismail Küpeli zu stark fixiert auf die Gegenwart. »Für die Kurdenfrage reicht es nicht, 20 oder 30 Jahre zurückzugehen. Damit kannst du nichts erklären.«

Noch einmal Geschichte: Kurdistan und die westlichen Mächte

Ismail Küpeli sagt heute nicht mehr »Aufstand« zu dem, was in den 1920er und 1930er Jahren dutzendfach passiert ist in der Türkei. Er weiß, dass kurdische Nationalisten den Kopf schütteln könnten. Die Linie der Rebellion, diese wirklich große Linie von Sohak und den Medern über die Zwischenkriegszeit und legendäre Führer wie Mustafa Barzani bis zur PKK-Guerilla in den Bergen und weiter nach Kobanê: einfach futsch. »Ich finde das gar nicht schlimm. Die Kurden waren damals keine Nation, die um ihre Unabhängigkeit gekämpft hat, aber sie sind ja trotzdem als soziale Gruppe unterdrückt worden. Du kannst nachweisen, dass es in der türkischen Republik von Anfang an keine Gleichberechtigung gab. Die Kurden waren keine normalen Bürger. Ihre Identität sollte weggewischt werden. Es ging um Ausgrenzung, um Vernichtung. Für die Kurden gab es keinen Grund, sich als Bürger der Türkei zu fühlen.«

Jonas sitzt da schon woanders mit seinem Dinosaurier-Buch. Die Kurden und das Ende des Osmanischen Reichs: Das wäre wahrscheinlich selbst dann nichts für ihn gewesen, wenn sein Vater nicht hätte berichten wollen, was er in den Akten über das gelesen hat, was die offiziellen Geschichtsschreiber in der Türkei bis heute genauso »Aufstand« nennen wie ihre kurdischen Gegenspieler. Ziemlich einig ist sich die Literatur dagegen bei dem Weg, der dorthin führt. Bei der Rolle, die der Westen dabei spielt. Der 14-Punkte-Plan von Woodrow Wilson, das Sykes-Picot-Abkommen, die Verträge von Sèvres (1920) und von Lausanne (1923).[13] Alles lange her, natürlich. Aber Ismail Küpeli hat recht: Unter dem ist die Antwort auf die kurdische Frage nicht zu haben.

Also der Reihe nach, angefangen mit dem Ersten Weltkrieg, der nicht nur Deutschland und Österreich als Verlierer sieht, sondern auch das Osmanische Reich, ihren Verbündeten. Istanbul ist längst nicht mehr so groß und so mächtig wie 1683, als Wien sich Sorgen machen musste, herrscht aber immer noch über weite Teile des Gebiets, das bei uns bis heute Naher Osten heißt. Eine regionale Größe, mindestens das. Syrien, Jordanien, Libanon, Irak, dazu der Streifen von Saudi-Arabien und vom Jemen, der am Roten Meer liegt. Ein islamisches Reich. Genauer: ein sunnitisches Reich, das auch deshalb Kriege gegen die Perser geführt hatte, weil dort die Schia galt, die andere Konfession des Islam. Da dieser Konflikt nicht taugt als Schlüssel für die kurdische Frage, hier nur so viel: Während die einen (die Sunniten) an das glauben, was der Prophet Mohammed gelehrt hat, folgen die anderen (die Schiiten) seinem Nachfolger Ali.[14] An dieser Stelle wichtiger: Die meisten Kurden sehen sich damals nur sehr bedingt als Kurden. Sie sind Muslime, Sunniten selbstverständlich, und Osmanen.[15] Als Mustafa Kemal zum Befreiungskampf ruft, stehen sie an seiner Seite, an der Seite der islamischen Brüder, für einen gemeinsamen Staat der Türken und der Kurden, gegen die Ungläubigen und gegen den Imperialismus.[16]

In Paris und London weiß man schon lange vor dem Weltkriegsende, was aus dem Osmanischen Reich werden soll. Es geht um Öl, auch damals schon, mehr aber um den Weg nach Indien, um Einfluss überhaupt, auch auf den Iran, wo die Briten seit 1908 Erdöl fördern. Also wird der Nahe Osten aufgeteilt, per Lineal und streng geheim, unterschrieben 1916 von Mark Sykes und François Georges-Picot und dann von Russland und Italien abgenickt, weil der Zar in St. Petersburg und der König in Rom ein Stück vom Kuchen haben wollen, hier jeweils ein Stück von der Türkei. Deshalb Mustafa Kemal und sein Befreiungskrieg, deshalb die Mandatsgebiete für Großbritannien (Irak, Palästina) und Frankreich (Syrien, Libanon), deshalb kein kurdischer Staat, auch später nicht. Den Westmächten ist egal, dass da ein Volk auf vier Länder aufgeteilt wird, die es vorher so nicht gab und die es so nicht hätte geben dürfen, wenn religiöse oder ethnische Fragen eine Rolle gespielt hätten. Die Macht spricht Französisch und Englisch, und diese Macht sagt, wo ein Staat anfängt und wo er aufhört.

Dass diese Macht Mustafa Kemal dann erlaubt, zu Atatürk zu werden, zum Vater aller Türken, steht so nicht im Drehbuch. Natürlich: Woodrow Wilson verspricht den Türken im Januar 1918 genauso Selbstständigkeit wie allen anderen Volksgruppen im Osmanischen Reich. Genauer wird der US-Präsident an dieser Stelle nicht. Vielleicht will er gar nicht genauer werden. Selbstbestimmungsrecht: Das ist die Formel für seine 14 Punkte auf dem Weg zum Frieden, an die sich alle klammern können. Türken, Griechen, Armenier, Aramäer, Assyrer, Tscherkessen, Kurden. Wilsons Formel ist aber schon hohl, als er sie zum ersten Mal verkündet. Die Welt weiß da längst von Sykes und Georges-Picot, aus Lenins *Prawda*. Der Vertrag von Sèvres, unterschrieben im August 1920 in einem der Pariser Vororte, die so in die Weltgeschichte eingehen, ist ein bisschen Sykes-Picot, ein bisschen Wilson und ganz viel Machtdemonstration. In Kurzform: die Türkei schwer bestraft und für die Kurden ein eigener Staat am Horizont, aber nur ein kleiner und auch das nur, wenn sie sich innerhalb eines Jahres tatsächlich zur Unabhängigkeit von der Türkei bekennen. Das Kurdistan von Sèvres: ein Drittel der Region, die diesen Namen verdient – ohne die Gebiete, die Briten und Franzosen schon unter sich aufgeteilt haben, und ohne die Gebiete im Iran. Für kurdische Nationalisten ist dieser Vertrag trotzdem bis heute fast ein Heiligtum und auf jeden Fall ein Durchbruch. Zum ersten Mal erscheint das, was sie am meisten wünschen, in einem internationalen Dokument.[17]

Knapp drei Jahre später, im Juli 1923, ist der Vertrag von Sèvres Makulatur und mit ihm selbst der kurdische Rumpfstaat, den die Artikel 62 und 64 dort skizziert hatten. Am Verhandlungstisch in Lausanne sitzt Ismet Pascha, Mustafa Kemals Oberbefehlshaber an der griechisch-türkischen Front, Gewinner der beiden Schlachten von Inönü. Die Westmächte sind da, was sonst. Dazu Japan, Rumänien und Griechenland, Serbien, Kroatien und Slowenien. Die Sowjetunion: Beobachter und Drohkulisse. Wenn die Türkei ihren Willen nicht bekommt, dann könnte sie mit Moskau gehen. Die Kurden fehlen in Lausanne – auch im Vertrag, der dort unterschrieben wird. Mehr noch: Sie gehen nicht einmal als eine der Minderheiten durch, denen Bewegungsfreiheit zugestanden wird und das Recht, vor Gericht die eigene Sprache zu nutzen, in der Presse oder in sonstigen Publikationen. Die Kurden sind Muslime und damit durch die Brille von Lausanne fast schon Türken. Keine Minderheit jedenfalls, die es zu schützen gilt. Von Ankara nicht, aber auch von den Briten nicht, die nichts vom Selbstbestimmungsrecht und schon gar nichts von einem eigenen kurdischen Staat mehr wissen wollen, weil das die Kurden im Irak womöglich nur auf dumme Gedanken bringt.

Sykes-Picot, Sèvres, Lausanne: Für den Nahen Osten und für die Kurden ist das die Dreifaltigkeit des Teufels. Alles Übel beginnt hier. Bei willkürlich gezogenen Grenzen, bei Staaten wie Syrien und dem Irak, die nur zusammengehalten werden können, wenn man Woodrow Wilsons Grundprinzip der Selbstbestimmung ignoriert, bei der Gewöhnung an Bevölkerungsaustausch, Vertreibung, Zwangsumsiedlung. Christliche Türken nach Griechenland, muslimische Griechen in die Türkei. Ob sie wollen oder nicht. Manche werden nie die Sprache ihrer neuen Heimat sprechen. Die Kurden will Ankara nicht hinauswerfen. Die Kurden sollen Türken werden.

Ein Staat, eine Sprache, eine Nation – und die Kurden

In Duisburg wird Ismail Küpeli gleich emotional. Es nimmt ihn mit, immer noch, was die junge Republik Türkei mit Menschen gemacht hat, die keine Türken waren und auch keine werden wollten. »Es ging gar nicht nur um die Kurden«, sagt er. »Es ging um die Idee der Türkei als Nationalstaat.« Das Wort Gewalt ist viel zu schwach, um zu beschreiben, wie diese Idee Realität wurde. Ismail Küpeli erzählt von den Jungtürken, ab 1908 an der Macht, durch Bildung aufgestiegen in den Bürokratien und von dem Gedanken beseelt, dass ein türkischer Nationalstaat die beste Medizin ist für das schwächelnde Osmanische Reich. Er erzählt vom Genozid an den Armeniern und von den Versuchen, die muslimische Bevölkerung zu türkisieren.[18] Bei Küpeli führt von da eine direkte Linie zu Mustafa Kemal und seinem Befreiungskrieg, zur Vertreibung der Christen, aus Westanatolien zum Beispiel und aus Thrakien. »Das alles wurde von den muslimischen Eliten und der muslimischen Bevölkerung getragen. Auch der Genozid 1915. Mit der Gründung der Republik 1923 wird diese muslimische Einheit abgelöst durch die Vorstellung von einer einheitlichen türkischen Nation. Von einer Nation, neben der es keinen Platz gibt für andere Gruppen.«

Ein Staat, eine Flagge, eine Sprache, eine Nation: Das ist die Antwort Mustafa Kemals auf den Niedergang des Osmanischen Reichs. Eine Nation, von oben zu schaffen, von ihm zu schaffen, damit diese Türkei so bleiben kann, wie sie ist, und nicht weiter Region um Region verliert. Eine Nation, die so stark ist wie Frankreich. Ankara soll das Paris der Türkei werden. Eine Zentrale, die bis in den letzten Winkel Ostanatoliens hineinregiert und keine Herren neben sich duldet, auch die Führer der kurdischen Stämme nicht, die im Osmanischen Reich meist machen konnten, was sie wollten. Istanbul war weit, die Kontrolle schwach und die Grenze zu den Persern nicht das, was man heute Grenze nennt. Kein Schlagbaum, keine Wache, nicht einmal ein Pfahl, der Achtung ruft.[19]

Der Nationalstaat mit festen, oft schwer durchlässigen Grenzen wird erst genau in diesem Moment »die legitime internationale Norm«, mit dem Abtritt der Habsburger und der Hohenzollern, der Romanows und der Ottomanen, mit dem Völkerbund, der auf Englisch *League of Nations* heißt und in dem auch die Kolonialmächte in »Nationaltracht« auftreten »und nicht in der imperialen Uniform«.[20]

Die Nation ist für Mustafa Kemal wichtiger als der Glaube, einerseits. Da ist die Buchstabenrevolution, verkündet 1928 vom Präsidenten höchstselbst. Weg mit der arabischen Schrift, weg mit einer jahrhundertealten Tradition. Der Vater aller Türken weiß, dass jede Nation auf Sprache baut. 1932 wird ein Institut für türkische Sprache gegründet, das nach arabischen und nach persischen Wörtern fahndet und neue Wörter erfindet. Türkisch pur, wenn man so will, eine Sprache, die in der Presse sowie in Schulen der Nation verkündet wird (die heißen tatsächlich so), eine Sprache, die manchmal auch Französisch klingt. Zur Hose sagt man Pantalon und zum Aufzug Asansör. Andererseits ist das, was die Kemalisten fast zeitgleich als Säkularisierung und Laizismus verkaufen, als Trennung von Staat und Religion, als Neutralität in Sachen Religion, eher das Gegenteil – die Verstaatlichung der Religion. 1924 verschwinden islamische Gerichte, islamische Schulen und das Kalifat. Vier Jahre später streicht die Türkei den Islam als Staatsreligion aus der Verfassung.[21] Seit 1924 gibt es aber auch das Diyanet, das Präsidium für Religionsangelegenheiten, das dem Ministerpräsidenten untersteht und die Imame in den Moscheen zu Beamten macht. Das heißt: Der Staat sagt, wie die Religion zu praktizieren ist, in welcher Kleidung beispielsweise. Religiöse Gewänder, Fes (die orientalische Kopfbedeckung aus Filz, meist rot, mit flachem Deckel), Kopftuch, Schleier? Rückständig. Allenfalls noch geduldet in der neuen Türkei. Mann hatte Hut zu tragen, wie überall in der modernen Welt.

»Die Kurden waren das größte Hindernis«, sagt Ismail Küpeli. »Sie waren eindeutig anders und vor allem nicht türkisch. Sie haben andere Sprachen gesprochen. Und sie waren zu stark, um mit ihnen das Gleiche zu machen wie mit den Armeniern oder wie mit den Griechen, mit den Tscherkessen, mit den Aussiedlern aus Osteuropa. All diese Gruppen sind nach und nach verschwunden. Die Türken waren ja lange in vielen Gebieten eine Minderheit. Die Kurden waren wichtig im alten Reich, im Machtkampf mit den Persern. Ihre Eliten waren politisch und militärisch erfahren. Und sie stellten die Mehrheit im Osten des Landes.«

Wer verstehen will, wie die Türkei auf dieses große Hindernis losgegangen ist, muss beides sehen: das Trauma, das aus dem Schrumpfen des alten Reichs wächst, und die Angst, die eine Volksgruppe wie die Kurden deshalb allein ob ihrer schieren Größe verbreiten kann. Also: Kein Nationalbewusstsein zulassen, um keinen Preis. Alles verbieten, was nach kurdischer Identität aussieht. Kurdische Namen zum Beispiel (vor allem solche, die auf »o« enden) und sogar die Pluderhosen, bequem gerade in den Bergen. Mit aller Macht türkifizieren. Über die Schulen natürlich. Plätze, Dörfer und Berge umbenennen. Die neue Ideologie und die neue Sprache verbreiten, wo immer es geht. Kardo Bokani hat in seinem Buch ein Foto aus jenen Tagen: ein Fels irgendwo in Ostanatolien mit Halbmond, Stern und einem Slogan: *Ne mutlu türküm diyene*. Glücklich derjenige, der sagt: Ich bin ein Türke. So weit oben und so groß, dass man es kilometerweit lesen kann.[22] Dieser Slogan ziert bis heute jede kurdische Stadt in der Türkei, genau wie sein Urheber Mustafa Kemal, in Stein gegossen.

»Zur türkischen Republik gehört der Versuch, die kurdische Identität auszulöschen«, sagt Ismail Küpeli. »Schon immer, von Anfang an.« Zu dieser Republik gehört auch ein Angebot an die kurdischen Eliten. In einem der Texte von Ismail Küpeli heißt das »unausgesprochene Kompromissformel«:[23] Wir lassen euch ein wenig von eurer Macht daheim, als Abgeordnete etwa oder in den Verwaltungen, wenn ihr denn loyal seid zum neuen Staat. Wenn ihr vor allem nicht an Atatürks Formel von der einen und einzigen Türkei rüttelt. Wenn ihr also nicht von den Kurden sprecht. Sonst? Das werdet ihr schon sehen. Gestützt wird diese Homogenisierungspolitik über ein eingängiges Narrativ: ohne nationale Einheit keine Modernisierung, kein Aufschließen an die zivilisierten Länder des Westens.

Die »Aufstände« der Kurden

»Die offizielle Geschichtsschreibung spricht von einer säkularen, modernen Republik und von Aufständen, die es gegen diese Republik gab, von reaktionären islamistischen Kräften«, sagt Ismail Küpeli. »Es wird ein Kampf konstruiert zwischen der Moderne und der Barbarei, zwischen Demokratie und Zurückgebliebenen. Das beginnt mit dem Scheich-Said-Aufstand 1925. Ein paradigmatisches Beispiel, genau wie die Pilotinnen.« Eine Frau in einem Kampfflugzeug: Das gibt es zuerst in der Türkei. Sabiha Gökçen, eine Adoptivtochter Atatürks, bombardiert 1937 und 1938 Kurden in Dersim. Mehr Symbolik geht nicht. Die geballte Moderne zerstört das Herz Ostanatoliens. Als diese Schlacht geschlagen ist, scheint die kurdische Frage gelöst. Es herrscht Friedhofsruhe, bis in die späten 1960er Jahre, bis kurdische Studenten in Istanbul und Ankara anfangen, mit türkischen Linken auch über ihre eigenen Anliegen zu diskutieren und über den Irak, wo Mustafa Barzani inzwischen eine Autonomie für die Kurden fordert. Noch einmal zehn Jahre weiter und diese Studenten werden zurück in der Heimat sein und dort die PKK gründen.

Ismail Küpeli glaubt die Geschichte von den Aufständen nicht. Er kann diese Geschichte nicht mehr glauben, weil er gelesen hat, was dort wirklich passiert ist. Was das Militär darüber aufgeschrieben hat. »Der Staat hat eine Legitimation gebraucht, um die kurdischen Gebiete säubern zu können. Also hat man von einer Rebellion gesprochen und die Soldaten losgeschickt.« Ein Aufstand braucht Anführer, ein Aufstand braucht Planung und Organisation, ein Aufstand braucht ein Ziel. Nichts davon hat Ismail Küpeli in den Akten gefunden. »Manchmal hat ein Stamm seine Steuern nicht bezahlt. Manchmal haben Leute den Militärdienst verweigert oder Vieh gestohlen. Manchmal haben sie eine Brücke zerstört. Das war schon das Schlimmste, was passiert ist.«

Die Kurden leben einfach so weiter, wie sie vor der Gründung der Republik gelebt haben. Sie kennen keinen Staat, der Steuern eintreibt. Sie kennen ein Reich, das sich raushält aus ihren Angelegenheiten. Sie kennen Stämme, mit denen man verfeindet ist oder verbündet und mit denen man alleine klarkommen muss, so oder so. Ismail Küpeli dreht die Geschichte von den Aufständen deshalb um: »Der Staat wollte etwas durchsetzen, auf das sich die Betroffenen nicht eingelassen haben, und hat daraus eine Rebellion gemacht. Er hat nicht versucht, das politisch zu lösen oder zu verhandeln. Er schlägt einfach zu. Er setzt ein Zeichen, damit andere gar nicht erst auf den Gedanken kommen, dem Beispiel zu folgen.« Das Zeichen wird verstanden, aber nicht unbedingt so, wie man sich das in Ankara wünscht. Selbst der berühmte Aufstand am Ararat 1930, wo eine kurdische Regierung eingesetzt werden sollte, ist für Ismail Küpeli »eine Reaktion auf das, was vorher passiert ist. Die Leute lernen aus der Erfahrung. Sie verstehen, dass sie sich organisieren müssen, dass sie etwas wagen müssen. Dass sie sich militärisch wehren müssen. Also bereiten sie sich vor. Das wird dann Aufstand genannt, selbst wenn die Kurden noch gar nichts unternommen haben.«

Seinen Sohn Jonas könnte verstören, was die türkischen Soldaten damals gemacht haben. Es verstört auch Erwachsene. »Zuerst sagt man: Das ist ein Rebellengebiet. Wir mobilisieren Truppen und kreisen das Gebiet ein. Dann kommt das, was sie Befriedung nennen. Alle Männer erschießen, die Frauen und die Kinder vertreiben. Es gibt auch Fälle, wo Hunderte und Tausende Menschen gleich vor Ort umgebracht werden. Auch die Frauen und die Kinder, etwas später vielleicht, weil sie sich angeblich geweigert haben zu gehen. Manchmal wird auch einfach bombardiert, mit Kampfflugzeugen. Nicht viel anders als heute. Die Gebäude zerstört, das Land zerstört. Man darf das Gebiet dann viele Jahre nicht betreten.«

Was das Militär mit den »Rebellen« macht, soll sich nicht nur herumsprechen bei denen, die vielleicht gerade einen Aufstand planen. Es legitimiert auch, kurdischen Stämmen ihre Waffen wegzunehmen und ihr Vieh sowie Hunderttausende von Menschen aus ihrer Heimat herauszureißen. Von den Toten ganz zu schweigen. 1925, nach dem Ereignis, das in den Geschichtsbüchern als Scheich-Said-Aufstand steht, beginnt die zweite große Deportationswelle. 1915, noch unter den Jungtürken, waren schon einmal rund 700 000 Kurden in die Großstädte im Westen geschickt worden, nach Istanbul und Izmir, nach Ankara, Antalya und Konya. Im Gegenzug kamen türkische Einwanderer aus Bulgarien, Albanien und Bosnien nach Kurdistan. Jetzt, 1925, geht es um Eliten, um Kinder und um Frauen. Junge Menschen dorthin bringen, wo sie schneller Türken werden können, und in den kurdischen Gebieten verhindern, dass die einheimischen Traditionen weitergetragen werden, von Müttern, von Stammesführern, von Erziehern. George Clerk, der britische

Botschafter, soll sich an das Schicksal der Armenier erinnert gefühlt haben.[24]

Die Regierung in Ankara nutzt den Scheich-Said-Aufstand für ein »Gesetz zur Aufrechterhaltung von Ruhe und Ordnung«. Dieser Name ist Programm. Was für Unruhe sorgen könnte, wird ausgeschaltet, für lange Zeit. Opposition, freie Presse. Ismet Pascha wird Ministerpräsident, und es gibt wieder Unabhängigkeitsgerichte, wie im Befreiungskrieg. Tod den Vaterlandsverrätern, Tod allen, die der neuen Türkei gefährlich werden könnten. Das Hutgesetz, das den Fes verbietet, kommt im Herbst 1925. Nieder mit den reaktionären religiösen Kräften, nieder mit all jenen, die sich dem Fortschritt entgegenstellen, zum Beispiel die »Rebellen« in Kurdistan. Die türkischen Machthaber sprechen nicht von Assimilation, sondern sagen *tendem*. Zivilisierung. 1934 legalisieren sie ihre Vertreibungspolitik. Nun gibt es ein Gesetz, das erlaubt, alle Personen umzusiedeln und zu zerstreuen, die sich nicht der türkischen Kultur verbunden fühlen. Erklärtes Ziel des Gesetzgebers: Türken sollen überall in der Mehrheit sein, auch in den kurdischen Gebieten.[25]

Ein Staat, aber doch mehr als eine Sprache und mehr als ein Volk

Funktioniert hat das nicht, bis heute nicht. In den 1960er Jahren belegen Umfragen, dass drei von vier Kurden immer noch kein Türkisch können. Für Kardo Bokani, der sein Volk in die denkbar längste Ahnenreihe stellt, zu Sohak und zu den Medern, ist die Sprache das Ein und Alles – das Merkmal, das die Identität gewissermaßen offensichtlich macht, weil die Kurden es mit keinem anderen Volk der Welt teilen.[26] Dass die Kurden verschiedene Sprachen sprechen, Kurmandschi, Sorani, Zazaki, und dass der eine den anderen deshalb gar nicht unbedingt versteht, übergeht er dabei galant und verweist dafür auf den großen Unterschied zum Türkischen. Zwei ganz verschiedene Sprachfamilien, indoeuropäisch die eine, altaisch die andere. Kurdisch und Türkisch: Da gibt es keine Brücken wie von Rumänisch zu Französisch zu Italienisch oder von Deutsch zu Englisch zu Schwedisch. Wer Kurdisch spricht, muss für Türkisch ganz von vorn anfangen.[27] Abdullah Öcalan, Spiritus Rector der PKK, kann beides, auch wenn die Literatur manchmal das Gegenteil behauptet und ihm sogar immer noch andichtet, Türkisch zur wichtigsten Sprache in einem Kurdenstaat machen zu wollen,[28] obwohl er sich längst ganz grundsätzlich von der Idee Nationalstaat losgesagt hat.

Kardo Bokani berichtet von anderen prominenten Kurden, die erst spät gemerkt haben, zu welchem Volk sie gehören – als sie beschimpft wurden, als sie die Heimat ihrer Eltern besuchten. Mahmut Altunakar etwa, 1926 geboren und 1983 in Diyarbakir als Parlamentsabgeordneter gewählt, hat seine Schulzeit in Kütahya, gut 300 Kilometer westlich von Ankara, als Tortur beschrieben. Die anderen Kinder hätten immer wieder gefragt, wo denn sein Schwanz sei. Der Kurde als Viehzüchter, schmutzig, selbst fast ein Tier. Vorher, in Diyarbakir, wo er geboren ist, habe er selbst mit Steinen auf Leute geworfen, die Kurde zu ihm sagten. Ein anderer Politiker, Gründungsmitglied der PKK, traf als Student in Ankara Abdullah Öcalan. »Bis dahin dachte ich, ich wäre Türke. Ich habe dann gelernt, dass unsere Familien nach dem Massaker von Dersim Angst hatten, sich Kurden zu nennen.« Dieser Mann ist in Istanbul aufgewachsen, an dem Ort, an den seine Eltern deportiert wurden und wo auch Eylem Kaftan groß wurde, die Regisseurin, die versprach, die kurdische Frage in ihren Filmen zu thematisieren, als sie sah, dass ihre eigenen Wurzeln und die Unruhen im Osten des Landes etwas miteinander zu tun haben.[29]

Wie gesagt: Als die türkische Republik gegründet wird, ist vielen Kurden gar nicht so wichtig, zu welchem Volk sie gehören.

Es gibt die Religion, es gibt das Reich, und es gibt Mustafa Kemal, der zum gemeinsamen Kampf gerufen und dafür Autonomie versprochen hat.[30] Der gleiche Mustafa Kemal schafft dann das Kalifat ab und de facto auch den Kurdisch-Unterricht, weil er die Religionsschulen schließen lässt. Und er geht rigoros gegen alles Kurdische vor, auch mit Hilfe von Ismet Pascha, dessen Vater selbst ein Kurde war. Dersim heißt nicht mehr Dersim, sondern Tunceli. Tunc steht für Eisen oder Bronze, Eli für Hand. Nachdem die eiserne Faust zugeschlagen hat, ist sogar das bloße Wort Kurde ein Tabu. Manche sagen Bergtürke.[31] Von da ist es nicht mehr weit bis zu dem Schwanz, den die Kinder in Kütahya bei Mahmut Altunakar vermuten, bis zum Verschweigen der eigenen Herkunft, bis zum Verdrängen. Und selbstverständlich gibt es Fälle, in denen die Schöpfer des neuen Volkes erfolgreich sind. Kurden, die tatsächlich sagen: Ich bin Türkin, ich bin Türke. In den großen Städten im Westen des Landes vorzugsweise, dort wo keiner weiß, wo der andere herkommt, wo die schützende und die tadelnde Hand des Stammes nicht mehr hinreichen, wo Aufstieg möglich ist.

Und der Rest? Zu groß, schreibt Kardo Bokani. Ein ganzes Volk könne man nicht einfach schlucken. Drei Millionen Kurden heute allein in Istanbul, dort vor allem auf der asiatischen Seite. 35 bis 40 Millionen insgesamt, davon gut die Hälfte in der Türkei. Zehn bis zwölf Millionen im Iran, fünfeinhalb im Irak, vier in Syrien, deutlich mehr als eine in Westeuropa.[32] Die Angaben schwanken etwas. Wer es gut meint mit den kurdischen Interessen, zählt eher mehr, die anderen etwas weniger. Egal. So viele Menschen sickern nicht einfach weg. Sie sind zu sehen, sie sehen sich selbst, zumal der türkische Staat sie da hinschickt, wo die Einheimischen nicht wohnen wollen, an die Ränder der Metropolen. So bleibt auch der soziale Graben, der die Kurden von den Türken trennt, so bleiben Stereotypisierung, Provokation, Einschüchterung, so bleibt das Band, das die Kurden zusammenhält, und stärkt es vielleicht sogar noch, obwohl die Kinder in der Schule Türkisch lernen und in der Lage sind, ihre Identität zu verheimlichen.[33]

Von der PKK wird zu reden sein in diesem Buch. Für Kardo Bokani, der seine Dissertation »Apo« gewidmet hat (so nennen viele Kurden schon die kleinen Abdullahs und die Bewegung Öcalan), ist diese Partei neben der Sprache und neben der Diskriminierung im Alltag der wichtigste Grund, warum die Türkei die kurdische Frage bis heute nicht in ihrem Sinne beantworten konnte. Erst die PKK, sagt Bokani, habe es geschafft, aus den Kurden eine Nation zu machen, eine Gruppe von Menschen, die fühlt, dass sie zusammengehört, und die das auch zeigt – auf der Straße zum Beispiel oder in den kurdischen Gebieten und in der Diaspora, wo man sich gegenseitig hilft, Konflikte ohne den Staat löst und die eigenen Traditionen wachhält und neu erfindet, Newroz zum Beispiel, das Neujahrsfest, das an den Sieg über den furchtbaren Sohak erinnert. 1991 ist die Feier in Istanbul noch eher klein. 15 000 Menschen mit Öcalan-Plakaten und PKK-Rufen. 2005: über 100 000, obwohl die Polizei alles versucht. 2015: mehr als eine Million Kurden, die Lieder ihres Volkes singen und nach Freiheit rufen, nach Freiheit für Abdullah Öcalan.[34]

Der lange Atem der Geschichte

Auf Twitter hat Ismail Küpeli 23 000 Follower. Er wirbt dort für seine Vorträge, kommentiert deutsche Medien und deutsche Politik und meldet, was gerade in der Türkei läuft, im Osten Anatoliens zum Beispiel. Der Krieg, den der türkische Staat gegen die Kurden führt, wieder oder immer noch, ganz wie man will. Das interessiert Antifaschisten, Türken und Kurden, die in Deutschland leben, und auch einen Zeitgenossen, der sich »Mossad Barzani« nennt, für die Opfer der US-Invasion im Irak betet und dem syrischen Präsidenten Assad zum Geburtstag gratuliert.

Die Kurden hatten nicht nur mit der Türkei kein Glück. Iran, Irak, Syrien: Überall hat der Staat Probleme mit Menschen, die mit ihrem Vieh durch die Gegend ziehen und weder Steuern gewohnt sind noch irgendeinen Militärdienst. Während Teheran die Kurden immerhin nicht als Bedrohung sieht, weil ihre Sprache dem Persischen verwandt ist, sind Damaskus und Bagdad gar nicht sehr weit weg von Ankara. Hier wird arabisiert, schikaniert, umgesiedelt, vernichtet. Syrien wird nach dem Zweiten Weltkrieg unabhängig und fürchtet von nun an, dass die Kurden eines Tages im Nordosten des Landes, an der Grenze zur Türkei, dominieren könnten.[35] Der Irak ermordet 1988/89 fast 200 000 Angehörige von Minderheiten, meist Kurden. Die Stadt Halabdscha, wo 5 000 Zivilisten durch Giftgas starben, steht in einer Reihe mit Srebrenica in Bosnien und My Lai in Vietnam.

Vorher waren die Kurden zur Verschiebemasse im Krieg zwischen dem Iran und dem Irak geworden. Wer immer ein Interesse hat, die Regierung in Bagdad zu schwächen, versucht, die Kurden im Norden des Landes auf seine Seite zu ziehen. Die USA, als der Irak 1972 einen Freundschaftsvertrag mit der Sowjetunion abschließt und die Ölindustrie verstaatlicht, der Iran wieder und wieder im Streit um die Grenze. Als dieser Krieg 1988 zu Ende ist und Saddam Hussein sich an den Kurden rächt, schweigt der Westen. Man will die Aufträge nicht gefährden, die der Wiederaufbau verspricht. Und überhaupt: Saddam ist (noch) ein Verbündeter. Was scheren uns da die Kurden.[36]

Sykes-Picot, Sèvres, Lausanne: Das ist Vergangenheit und Gegenwart zugleich. Es geht um wirtschaftliche Interessen, um Erdgas und um Öl, immer noch. Die Mächtigen der Welt interessieren sich nur so lange für die Kurden, wie es ihnen in den Kram passt. Das war nach dem Ersten Weltkrieg so und hat sich auch deshalb nicht geändert, weil die kurdische Nation erst spät erfunden wurde und heute vor allem von einer Partei propagiert wird, die unter Terrorismus-Verdacht steht. Parteien: Die gibt es natürlich auch in Kurdistan. Eher links wie die PKK, eher in der Mitte oder rechts wie die Patriotische Union Kurdistans (PUK) und die Demokratische Partei Kurdistans (KDP), die im Norden des Irak um die Macht streiten. Nur: Was anderswo in einer Parlamentsdebatte gipfelt, in einer Demo, in einem Wahlkampf, wird in Kurdistan schnell blutiger Krieg, schnell Regionalkonflikt, schnell Weltenbrand.

Die Religion, der Stamm, der Clan: Für einige Kurden zählt das mehr als die Geschichte des Volkes, das von den Medern abstammt oder von den Kindern, die einst dem Drachen entkamen. Man pflegt die Feindschaft, vor allem die untereinander, erst recht, wenn man dafür belohnt wird von einem der Mächtigen nebenan oder in den Hauptstädten des Westens. Die Grenzen öffnen, die Grenzen schließen, Kämpfer abstellen, Kämpfer ins Nachbarland verschieben. Man kann über Masud Barzani schimpfen, von 2005 bis 2017 Präsident der Autonomen Region Kurdistan im Nordirak, der mit Ankara paktierte, gegen die PKK, gegen ihre Verbündeten im Norden Syriens. Nur: Für die Landkarte kann Barzani nichts. Die vier Teile Kurdistans haben uns die Großmächte vererbt.

»Wenn du die Geschichte nicht kennst, dann weißt du nicht, was möglich ist«, sagt Ismail Küpeli in Duisburg. »Und wenn die Geschichte nicht aufgearbeitet wird, dann geht es immer weiter. Der dreckige Krieg in den 1980er und 1990er Jahren zum Beispiel. Es tauchen Massengräber auf, aber niemand fragt warum. Für die Kurden ist das wie ein Schlag ins Gesicht. Es erzeugt das Gefühl: Unsere Opfer gibt es nicht.« Küpeli erzählt von den Abgeordneten der HDP, der Demokratischen Partei der Völker, die für die Rechte der Kurden eintritt. »Die HDP hat in ihrem Wahlprogramm verlangt, kommunale Strukturen zu stärken. Selbstverwaltung. Das reicht schon, um ihnen Separatismus vorzuwerfen. Und Separatismus wird gleichgesetzt mit Terrorismus. Die Regierung ist nicht bereit, von der Idee des Zentralstaats wegzukommen, von der Idee der einen türkischen Nation. Das hat gar nicht unbedingt nur mit Erdoğan zu tun, sondern mit dem türkischen Nationalismus.«

Warum schreibt man ein Buch über die 1920er und 1930er Jahre, gerade jetzt, wo die Region in Flammen steht und viele Kolleginnen und Kollegen vor Ort keinen Nerv haben für die Wissenschaft? Tiefer gehen, sagt Ismail Küpeli. Nicht nur das sehen, was auf der Hand liegt. Die CHP zum Beispiel, die Partei von Mustafa Kemal und Ismet Pascha, bis 1945 überhaupt die einzige Partei im Land, auch danach in vielen Regierungen und seit 2002, seit Erdoğan und seine AKP die Macht haben, stärkste Kraft in der Opposition. »Kann die CHP sagen, die Republik ist mangelhaft? Die Republik, die wir aufgebaut haben? Ihre Wähler vergöttern Atatürk immer noch. Denen müsste man etwas zumuten. Wenn du anfängst, diese Türkei aufzuteilen, und sei es auch nur gedanklich, dann verzichtest du auch auf bestimmte Ansprüche. Wer stellt den Minister, wer hat das Sagen im Apparat? Der Genozid an den Armeniern wird ja nicht nur aus ideologischen Gründen geleugnet. Das ist auch eine Ressourcenfrage. Das Eigentum der Armenier wurde einfach geraubt. Wem gehört das heute?« Jonas sitzt längst wieder mit am Tisch. Das Saurierbuch hat er nicht angeschaut. Papas Geschichten sind viel spannender.

3 Erdoğans Türkei, durch die Brille von Rosa Burç

Eigentlich sind wir nach Bonn gefahren, um über die Gegenwart zu reden. Über den Putschversuch vom 15. Juli 2016 und über das, was seitdem in der Türkei passiert. Über das Ende des Friedensprozesses mit der PKK, über das Verfassungsreferendum vom 16. April 2017, über die Entlassung von Professoren und Lehrern, von Richtern, Militärs und Ministerialbeamten. Tausende haben über Nacht ihren Job verloren. Alles scheint aus den Fugen. Der Staat, die Idee der türkischen Nation. Gekapert von Erdoğans AKP, die von einer neuen Türkei spricht. Die Kurden gibt es nicht in dieser Erzählung, wieder nicht. Und wer an dieser Erzählung zweifelt, gilt als Terrorist.

Rosa Burç kommt aus ihrem Seminar am Institut für Politische Wissenschaft und Soziologie. Die Kurden in Syrien, Irak und der Türkei, zu belegen im Vertiefungsmodul Regierungslehre. Rosa Burç weiß alles zu diesem Thema. Sie hat eine Kolumne gehabt bei Telesur, der CNN-Konkurrenz in Venezuela, bis dort das Geld knapp wurde. *Die Zeit* hat sie interviewt, die Deutsche Welle, die BBC. Rosa Burç ist genau das, was die Medien suchen. Keiner von den langweiligen alten Schlipsträgern, an denen man sich längst sattgesehen hat. Eine akademische Stimme, die durch Namen und Gesicht Authentizität garantiert und durch den Stempel Wissenschaft Glaubwürdigkeit und Neutralität.

In dem kleinen Café neben der Universität tauchen wir dann aber ein in das Leben hinter dem Namen und dem Stempel, in ein

Leben, das tief hineinführt in die Geschichte der Türkei, bis ins Osmanische Reich, wo wir schon mit Ismail Küpeli in Duisburg waren, und von da zurück ins Heute, in die türkische Innenpolitik und zur PKK, wo wir eigentlich erst im nächsten Kapitel hinkommen wollten. Man kann nicht über die Gegenwart reden, ohne über die Menschen zu reden. Und diese Gegenwart ist so komplex, das nur eins nach dem anderen geht. Jetzt also Rosa Burç und ihr Leben. Es geht um eine tödliche Familienfehde, um Eltern, die kaum etwas verdienten, weil sie ein großes Ziel hatten, und am Ende dann doch um Erdoğans Türkei.[1]

Rosa Burç erzählt. Zuerst über ihre Familie

»Ich bin 1990 geboren, in Bielefeld. Da sind wir sofort bei der Identitätsfrage. Mein Vater ist jesidischer Kurde und meine Mutter armenische Türkin. Sie kommt aus Zentralanatolien und er aus dem Südosten, aus einem kleinen Dorf. Burç, an der türkisch-syrischen Grenze. Dort heißen alle Burç. Alle Familien. Ungefähr 100. Fast alle sind jetzt in Deutschland. Wenn man die Volkszählungen anschaut, dann sieht man ganz deutlich, dass das mit dem Militärputsch von 1980 zusammenhängt, mit der Verhaftungswelle, mit den Prozessen gegen Kurden und Linke. Nach 1980 geht die Zahl der Familien in Burç auf ein Zehntel zurück. Meine Eltern sind 1989 nach Bielefeld gekommen. Damals hat die Kirche dort Jesiden aus der Türkei Asyl gewährt. In Bielefeld gibt es bis heute eine große jesidische Gemeinde. Wir selbst sind später erst nach Bremen gezogen und dann nach Köln. Ich bin das älteste Kind. Mein Bruder kam viel später, 2001.

Meine Eltern haben sich in Ankara kennengelernt, an der Universität. Meine Mutter hat dort Sozialanthropologie studiert. Bei meinem Vater weiß ich das gar nicht so genau. Er war an vielen

Universitäten. Politik, Philosophie, Agrarwissenschaften. Er ist der Erste in seiner Familie, der studiert hat. Mein Opa wollte unbedingt einen seiner Söhne an die Uni schicken, die Älteren hatten aber irgendwie keine Lust. Als mein Vater 14 war, wurde mein Opa in einer Familienfehde umgebracht, vor seinen Augen. In Burç. Es ging um Land. Für die Familie wurde der Wunsch des Großvaters heilig. Sie hat meinen Vater nach Istanbul geschickt, auf ein Elitegymnasium. Er hat als Jugendlicher in einem Hotel gelebt, war aber immer ein Rebell. Er hat auf dem Campus Schlaghosen getragen, er hat geraucht, er hat sich nicht rasiert. In Istanbul wurde er aus der Uni gekickt und ist nach Ankara gegangen. Dort hat er meine Mutter kennengelernt. In der linken Bewegung, nicht in der kurdischen.

Dass ich Jesidin bin, war mir bis zum Einfall des IS in Shingal gar nicht so präsent. Meine Mutter ist keine Jesidin. Nach dem Codex ist man kein Jeside mehr, wenn man eine Nicht-Jesidin heiratet. In meiner Familie wurde das aber nie richtig durchgezogen. Mein Vater war der Studierte. Man wollte ihn nicht verlieren und hat einfach akzeptiert, dass er diese Frau hat. Viel prägender als die Religion war für mich die Politik. Ich bin ein Kind der Politik. Meine Mama kam schwanger nach Bielefeld. Sie sagt bis heute, dass sie beide sonst entweder im Gefängnis gelandet wären oder in den Bergen, bei den Kämpfern. Sie waren ja schon bei den ersten studentischen Protesten nach dem Putsch dabei.

Das kurdische Bewusstsein ist nach 1984 stärker geworden. Meine Mutter sagt heute, sie habe immer das Gefühl gehabt, ein freies Kurdistan sei nur eine Frage der Zeit. Ein, zwei Jahre vielleicht, mehr nicht. Sie erzählt immer noch, dass die kurdische Bewegung hier in Deutschland jeden Tag mit dem Glauben aufgewacht ist, morgen oder übermorgen ist es so weit. Morgen oder übermorgen sind wir frei. Gerade die Gruppe, in der sie aktiv war. 1999 kam dann die große Enttäuschung. Die Verhaftung von Abdullah Öcalan. Eine existenzielle Krise. Man wusste nicht mehr, warum man hier ist, warum man in Deutschland ist, wofür man sich einsetzen soll.

Meine Eltern haben sich in diesen ersten neun Jahren hauptsächlich um Politik gekümmert. Alle beide. Sie haben Deutschkurse gemacht und sich irgendwie über Wasser gehalten. Mein Vati hat die Briefe ausgetragen, die meine Mutti vorher im Postzentrum sortiert hatte. Ich war in der Krabbelgruppe der Uni in Bielefeld, und sie haben sich abgewechselt. Morgens der eine zum Sprachkurs, abends der andere. In der Freizeit aber stand Politik auf der Tagesordnung. Es ging weniger darum, hier in Deutschland Fuß zu fassen, über eine Ausbildung, über einen Job, über ein Geschäft. Es ging um Politik. Sie dachten, das wäre eine Transitphase. Sie dachten, dass sie bald zurückkönnen, in ein freies Kurdistan.

In Bremen war meine Mutter Vorsitzende der Braueneinheit im Kulturverein. Sie wurde eingestellt als Sozialarbeiterin für Traumatisierte aus der Türkei. Menschen, die gefoltert worden waren oder schwer verletzt aus dem Krieg gekommen sind. Ich erinnere mich an die Invaliden, die ich dort gesehen habe. Menschen ohne Arm oder ohne Beine. Für mich war immer klar, dass das im Kampf gegen die türkische Armee passiert war. In Köln war eine Ex-Guerillakämpferin meine Tagesmutter. Ihre rechte Seite war gelähmt. Ich war sechs. Ich kannte es nicht anders.

Nach Köln sind wir gegangen, weil mein Vater bei Med TV dabei war, bei dem ersten kurdischen Fernsehsender, den die Bewegung gegründet hat.[2] Das Büro war in Brüssel. Mein Vater hatte nur für Deutschland eine Aufenthaltsgenehmigung. Er ist gependelt und wollte so nah wie möglich am Studio sein. Der ICE braucht von da nur zwei Stunden. Das PKK-Verbot in Deutschland hatte keine so große Wirkung. Wichtiger war, was in der Heimat passiert, was in der Türkei passiert. Das war schon vor Öcalans Verhaftung nicht einfach. Die vielen Verschollenen. Journalisten, Anwälte, Intellektuelle. Wie viele da einfach umgekommen sind. Viele Freunde meiner Eltern. Die Morde der JITEM, der militärischen Geheimpolizei. Das hat ihnen sehr zugesetzt. Die Idee war aber: Solange es diese Bewegung gibt mit einer funktionierenden Organisation, so lange gibt es Hoffnung. Es gibt Widerstand. Mit dem Komplott gegen Öcalan war das vorbei. Ich glaube, das hat viele Menschen traumatisiert. Viele aus der Generation meiner Eltern. Nicht wenige haben sich umgebracht.

Ich war immer politisch, schon in der Schule. Gerade die Kurdenfrage in der Türkei hat mich beschäftigt. Nach meinem Abitur habe ich mich aber trotzdem erst einmal gegen jeden politischen Job gewehrt. Ich wollte etwas Bodenständiges. Meine Eltern hatten ja keine normalen Berufe. Auch als Angestellte hat meine Mutter nicht viel verdient. Es war immer für die große Sache. Wir Kinder mussten viel zurückstecken. Die finanzielle Belastung hat mich geprägt. Ich wollte nicht wie meine Eltern enden und dachte, ich muss etwas machen, wo ich auch gut verdiene. Also habe ich mich an der Humboldt-Universität für Jura eingeschrieben. Kriegsverbrecher vor Gericht überführen oder so. Ich hatte bestimmt zu viele Hollywood-Filme gesehen. In Berlin habe ich die Kurse belegt, die mich interessiert haben. Philosophie, Soziologie, Politik. In Zivilrecht habe ich eine Probeklausur mitgemacht. Das war ganz gut. Ich habe aber schnell gemerkt, dass es gar nicht um Gerechtigkeit geht oder um irgendwelche Ideale, sondern um die Auslegung von Gesetzestexten. Das war eine kleine Enttäuschung. Ich war 19. Ich habe mich dann entschieden, keine Angst mehr zu haben vor der Vergangenheit meiner Eltern. Als ich mich in Bonn für Politik und Gesellschaft eingeschrieben habe, hat mein Vater gesagt: endlich. Ich habe es immer gewusst.

Die Friedrich-Ebert-Stiftung hat mich schon in der Schule geworben, in der 12. Klasse. Wir haben eine Simulation der EU gemacht, in Bonn, in der Stiftung. Dort ist eine Vertreterin auf mich zugekommen. Überleg dir mal, ob das nicht was für dich wäre. Du bringst alles mit für ein Stipendium. Migrationshintergrund,

Frau, politisch. Meinem Vater musste ich das erklären. Warum ausgerechnet Ebert, warum ausgerechnet die SPD. Wir sind eine idealistische Familie. Ich heiße Rosa, weil meine Eltern Rosa Luxemburg verehren. Mein Vater meinte, Friedrich Ebert hat Rosa Luxemburg umgebracht. Er war dann trotzdem dafür. Kommt halt eine neue Rosa aus der Ebert-Stiftung, hat er gesagt. Dann können die sich mal mit ihrer Vergangenheit beschäftigen. Die Stiftung hat mir wirklich geholfen. Ohne sie wäre ich nicht nach London gekommen. Nach dem Bachelor habe ich dort meinen Master gemacht. Zwei Jahre an der School of Oriental and African Studies. In der Masterarbeit habe ich mich mit dem Konzept Nationalstaat beschäftigt und mit dem Dilemma der Türkei. Die Stiftung hat an mich geglaubt. Sie haben mich auch als Referentin eingeladen und zu Podiumsdiskussionen.

In zehn Jahren sehe ich mich in einem freien Kurdistan. Was ich dort beruflich machen werde, weiß ich noch nicht. So bin ich nie an die Sache herangegangen. Vielleicht bleibe ich in der Wissenschaft. Ich glaube, ich kann das ganz gut. Aber egal, was ich mache: Ich werde es immer mit dem Gedanken machen, dass wir das Blutvergießen stoppen müssen. Dass wir eine demokratische Lösung brauchen. Mit einer akademischen Karriere könnte ich da etwas beitragen. Ich kämpfe nicht an der Front und bin nicht als Politikerin unterwegs. Vor der Wahl 2015 war das tatsächlich kurz ein Thema. Die Promotion auf Eis legen und ins Parlament gehen, über die Jesiden-Quote oder über die Frauen-Quote. Die HDP hat Kandidaten gesucht. Da ist auch mein Name gefallen. Gut ausgebildet, jung, weiblich, jesidisch. Da gibt es nicht so viele. Die Wissenschaft hat dann doch gewonnen.

Mein Vater ist wichtig für mich. Wir haben eine enge Beziehung. Wenn ich ein Interview gebe, das eine bestimmte Reichweite haben wird, dann spreche ich vorher mit ihm. Wie sage ich es am besten. Für Wissenschaftler ist es ja immer schwierig, auf den Punkt zu formulieren, und bei manchen Themen muss man auch vorsichtig sein. Als Shingal angegriffen wurde, hat mich CNN interviewt. Ich wollte unbedingt über YPG und YPJ sprechen, über die kurdischen Einheiten in Syrien, die Abdullah Öcalan nahestehen. Die YPG hat an diesem Tag einen Korridor aufgemacht. Das musste gesagt werden. Alle Nachrichten hatten bis dahin nur von kurdischen Kräften gesprochen. Wer sind diese Kräfte? YPG, YPJ. Ich habe ihn angerufen. Papa, meinst du, ich kann das sagen? Ich will das sagen, aber kann man über die YPG sprechen, ohne sofort diskreditiert zu sein? CNN strahlt dann doch. Diese Balance ist schwierig.

Jetzt ist mein Vater gerade in der Türkei. Er war dort bei IMC TV. Der Sender wurde am 29. September 2016 geschlossen. Die Polizei hat alles beschlagnahmt. Kameras, Mikrofone, Studiogeräte. Einfach alles. Die Regierung versteigert das gerade, vermutlich an Medien, die der AKP nahestehen. Mein Vater und seine Kollegen bieten mit, damit sie später eine Chance haben, vor dem Europäischen Gerichtshof für Menschenrechte zu klagen. Keiner soll sagen können, sie wollten ja gar nicht weitersenden. IMC TV war toll. Richtig gutes Fernsehen. Sie haben über soziale Bewegungen berichtet, sie hatten eine eigene Frauensendung. In den kurdischen Gebieten war das die Nummer eins, sogar noch vor den Sendern aus Westeuropa.«

Rosa Burç erzählt weiter. Jetzt über die »Werkseinstellungen« der Türkei

»Ich spreche ungern von der Kurdenfrage. Höchstens, um es zu vereinfachen, um von vielen Menschen verstanden zu werden. Wenn man Minderheiten Minderheiten nennt, nimmt man sie als Problem war. Nicht die Minderheiten sind das Problem, sondern der Staat. Die Türkei wollte ein moderner Nationalstaat sein. Man wollte sich abgrenzen von der osmanischen Vergangenheit, die als rückständig angesehen wurde, man wollte Demokratiefähigkeit beweisen, um in die westliche Staatengemeinschaft aufgenommen zu werden. In dem Begriff ›moderne Türkei‹ steckt ganz viel Gewalt. Moderne Türkei bedeutete, ein homogenes Staatsvolk zu haben. Territoriale Integrität, eine Flagge, eine Sprache, eine Nation. Wenn wir alle Unterschiede nivellieren zwischen den Sprachen, zwischen den Religionen, dann sind wir stark und können mitmachen. Das war damals im Trend. Und das ist der Geburtsfehler der türkischen Republik.

Vielleicht noch etwas zur modernen Türkei. Der Nationalstaat hat in den 1920er und 1930er Jahren die Emanzipation der Frau vorangetrieben. Das wurde als Demokratiefähigkeit verkauft. Wir bilden Kampfpilotinnen aus. Das ist ein gutes Beispiel. Unter dem Deckmantel der Demokratie und des Nationalstaatsprinzips wurden antidemokratische Praktiken vollzogen. Unsere Frauen dürfen wählen, unsere Frauen dürfen auch Kurden bombardieren. Die Gewalt, die vom Nationalstaat ausgeht, richtet sich auch und gerade gegen Frauen und gegen alle, die nicht in das Bild einer homogenen türkischen Nation passen. Oft wird die damalige Türkei ja mit dem Begriff Säkularismus beschrieben. Ein Staat, der zwischen Staat und Religion trennt. Wenn wir aber die Gesetzestexte anschauen oder den Umgang mit Bürgerrechten, dann sehen wir, dass der Normbürger ein heterosexueller sunnitisch-türkischer Mann ist. Wer durch dieses Raster fällt, wird als Randgruppe wahrgenommen. Volle Bürgerschaftsrechte gab es nur für die, die türkisch-sunnitisch waren.

Man kann das ganz gut festmachen an den Austauschabkommen. Griechenland und die Türkei, die Umsiedlung aus dem Balkan. Orthodoxe Christen wurden nach Griechenland geschickt. Das waren eigentlich Einheimische, Türken. Dafür wurden nichttürkische Muslime importiert. Sie galten als assimilierbar, als brauchbar für das nationale Projekt. Der sunnitische Faktor ist groß in der Türkei. Das hat auch Einfluss auf die Kurdenfrage. Die Kurden sind mehrheitlich sunnitisch. Also hat man gesagt: Die Kurden kann man assimilieren. Identifiziert euch, und dann habt ihr Zugriff auf alle Rechte. Jeder darf mitmachen, deshalb sind wir keine Rassisten. Sobald man aber sagt, ich bin Kurde, hat man ein Problem. Die Bürgerschaftsrechte gibt es nur zu bestimmten Konditionen. Die anderen Minderheiten werden gar nicht erst eingeladen. Armenier, Griechen, Juden, Christen. Sie stehen von vornherein außerhalb des Kreises.

Ich gehe davon aus, dass alle Nationen konstruiert sind. Wenn eine nationale Erzählung sagt, dass es in den 1920er und 1930er Jahren kurdische Aufstände gab, dann könnte ich als Wissenschaftlerin sagen, dass das nur eine Narration unter vielen möglichen ist. Ein roter Faden für die kurdische Nation. Eine Konstruktion. Ich würde trotzdem sagen, dass all diese Rebellionen eine Verbindung zur kurdischen Frage haben. Die türkische Erzählung sagt ja, dass es nicht gegen die Kurden ging, sondern um Modernisierung. Eine Top-down-Revolution. Wer waren aber diese Einheiten? Kurdische Stämme, die als feudal und rückständig angesehen wurden. In dem Nationalbewusstsein heute spielt das auf jeden Fall eine wichtige Rolle. Man sagt, dass es seit der Gründung der türkischen Republik auf kurdischer Seite einen intrinsischen Widerstand gegen die Zwangsjacke des Staates gibt.

Heute sind wir an einem Punkt, an dem die Türkei neu gegründet wird. Nicht 2002, als die AKP an die Macht gekommen ist. Jetzt. Manche sagen ja, dass sich mit der AKP alles verändert hat. Dass es eine Öffnung gegeben habe, weil die AKP und Erdoğan selbst aus der politischen Peripherie gekommen sind. Der islamische Konservatismus war vorher nicht besonders angesehen. Die AKP ist aber immer weiter in das Zentrum der Politik gerückt. Und sie hat die Traditionen der Türkei beibehalten. Das Prinzip der einen Flagge, das Prinzip der einen Nation. Diese Prinzipien hat die AKP nie in Frage gestellt. Bis heute nicht.

Warum ich das sage? Die AKP hat Fernsehen in kurdischer Sprache zugelassen. 2009 sogar einen eigenen Sender, TRT 6, im Staatsfernsehen. Man konnte jetzt öffentlich sagen, dass es Kurden gibt und dass das eine eigenständige Kultur ist. Eine Kultur, keine Nation. Wir sind alle Türken: An dieser Rhetorik hat sich nichts geändert. Es ist die gleiche Haltung wie früher, nur mit anderen Mitteln. Die AKP hat einen neuen Gehorsam gefordert. Wir sind die Partei, die Raum schafft für kurdische Kultur, für kurdische Sprache. Jetzt werdet ihr bitte auch Teil des Staatsprojekts Türkei. Ich muss aber gleich dagegenhalten. Die Sprache ist zwar nicht mehr verboten, aber alle politischen Zeitungen und überhaupt alles, was sich ideologisch mit dem Kurdentum beschäftigt. Das gilt als Antiterrorkampf. Und dann das Recht auf muttersprachlichen Unterricht. Das gibt es bis heute nicht.

Ich glaube, dass Erdoğan die Türkei neu erzählen musste, um Legitimität zu gewinnen, um in die EU zu kommen. In dieser Erzählung war die Türkei eine Demokratie. In einer Demokratie muss man keine Angst haben vor dem politischen Islam, vor Frauen mit Kopftüchern in den Universitäten, vor einem starken Militär. Die Verhandlungen mit der EU waren ja damals sehr positiv. Auch die Abschaffung der Todesstrafe 2004 kann man in diesem Kontext lesen. Öcalan wurde 1999 ausgeliefert. Das war wie ein Austausch. Wir geben dir deinen wichtigsten Staatsfeind, aber du musst dich jetzt auch an unsere Regeln halten. Erdoğan konnte nur ins Zentrum kommen, wenn er die Türkei öffnet.

Es gab nicht diesen einen Moment, in dem die Öffnung gestoppt wurde. Es war ja von vornherein keine echte Öffnung. Aufgehört hat es, als der AKP klar wurde, dass sie mit dem türkischen Staat fusionieren kann. Dieser Wunsch war von Anfang an da. Man muss sich nur die Werbespots der AKP anschauen. Bei der ersten Wahl, 2002, sah das so ähnlich aus wie heute bei der HDP. Menschen, die zusammen singen. Eine Frau mit Kopftuch, eine ohne. Ein Kurde, ein Nichtkurde. Eine bunte Gesellschaft. Die AKP war eine Catch-all-Partei. Jetzt sehen wir eine Rückkehr zu den Einheitsprinzipien. Einer der letzten Spots war ganz in Grau gehalten. Man sieht, wie Menschen etwas hören, alles stehen und liegen lassen und einen Berg aus Körpern bilden, um die türkische Flagge zu halten.

Um den Friedensprozess ab Ende 2012 zu verstehen, muss man über die Grenzen schauen. Die AKP wollte eine Macht im Nahen Osten werden. Dafür musste sie Frieden schließen mit den Kurden im Land. Nachdem sich die Amerikaner zurückgezogen hatten, konnten die Akteure zum ersten Mal eigene außenpolitische Strategien entwickeln. Es gab ein Vakuum. Kein kalter Krieg mehr. Plötzlich wollte jeder Hegemon werden. Erdoğan hat sich im arabischen Frühling stark auf der Seite der Rebellen positioniert. Das ist kolossal gescheitert.[3]

Den Umbau heute nenne ich Rückkehr zu den Werkseinstellungen der Republik. Die Reset-Taste. Bei der Kurdenfrage steht wieder die militärische Lösung auf der Tagesordnung. Und man spricht wieder von einer einheitlichen türkischen Nation. Alles, was nicht dazugehört, wird als feindlich wahrgenommen, als terroristisch, als Bedrohung für diesen Nationalstaat. Im Moment sehen wir einen Kampf von zwei Konzeptionen. Wie strukturiere ich Regierung und Gesellschaft? AKP versus HDP. Bei der Wahl im Juni 2015 sind diese beiden Welten aufeinandergeprallt. Die HDP hat gezeigt, dass es möglich ist, Unterstützung für eine neue Vision zu bekommen, für eine basisdemokratische Türkei. 13,1 Prozent. Das war eine Bedrohung nicht nur in den Augen der AKP, sondern auch für den türkischen Staat. Das HDP-Projekt greift die Werkseinstellungen an. In diesem Moment fand die Fusion von Partei und Staat statt. Der Staat, der Erdoğan vielleicht kritisch sieht oder die Rolle des Militärs kritisch sieht: Dieser Staat hat sich in der Kurdenfrage auf die Werkseinstellungen zurückbringen lassen. Erdoğan brauchte jetzt außerdem das Narrativ von der Demokratisierung nicht mehr. Er hatte jetzt ja die Macht.

Die Kurdenfrage als Sicherheitsfrage zu formulieren: Das ist die Tradition des türkischen Staates. Zugleich definiert man die türkische Identität neu und geht zurück zu den Werkseinstellungen. Auch Atatürks Türkei war ja nicht säkular.

Ich bin der Meinung, dass die türkische Bevölkerung sich so formiert, wie der Staat es vorgibt. Wenn der Staat sagt, wir gehen auf die Werkseinstellungen zurück, dann folgt der Bürger. Das ist in der Gründungsgeschichte der Republik verankert. Erst kommt der Staat, dann kommt der Bürger. Wir tun alles für den Staat. Man sieht viel Gehorsam in der Türkei. Die Menschen sind nicht dumm, aber sie hören auf den Staat. Als von Öffnung gesprochen wurde und vom Friedensprozess, hat der Staat eine Biografie von Öcalan drucken lassen.[4] Von einem unabhängigen Autor, nicht von irgendwelchen Kadern. Das Buch war auf der Bestsellerliste. Man hat Bilder durchsickern lassen von den Gesprächen mit Öcalan. Und man hat Künstler, Politiker und Wissenschaftler losgeschickt. Sagt den besorgten Bürgern, es gibt auch Kurden in diesem Land. Ihr müsst damit klarkommen. Der Staat gibt vor, welche Musik gespielt wird. Ich glaube nicht, dass heute rassistische Mobs durch die Städte ziehen würden, wenn der Staat nicht Strukturen schaffen würde, die das möglich machen.

Wenn man nach der Rolle des Westens fragt, dann kommt immer die Erklärung mit den Flüchtlingen. Die angebliche Abhängigkeit.[5] Ich mag diese Sätze nicht. Ich denke, Europa hätte diese Krise eigenständig regeln können. Dafür braucht man nicht die AKP. Die Türkei als Türsteher Europas: Das war ein fundamentaler Fehler. Eine Art Blankoscheck. Halt uns die Flüchtlinge vom Leib, und du darfst machen, was du willst. Diese Art der Politik hat den Genozid an den Armeniern ermöglicht. Auch da trägt der Westen eine Mitschuld. Man hat einfach die Augen zugemacht. Durch die Rückkehr zu den Werkseinstellungen sind wir in einer Situation wie 1915. Nicht, dass jetzt wieder anderthalb Millionen Menschen umgebracht werden. Das Prinzip ist aber dasselbe. Es soll eine neue Nation gegründet werden auf Kosten von sogenannten Minderheiten. Und der Westen spielt die gleiche Rolle wie damals.

Wo die Türkei 2023 steht, zum 100. Geburtstag der Republik? Schwierig. Es gibt viele Horrorszenarien. Erdoğan wird ja nicht nur von den Bauern gewählt, denen er Kohlen und Nudeln geschenkt hat. Es ist ein signifikanter Teil der Mittelschicht. Unternehmer, die von der AKP profitieren, die sich bereichern. Es gibt eine gesellschaftliche Gruppe, die von einer autoritären Türkei profitiert. Der Staat führt ja einen Krieg gegen die Bevölkerung. Die UN sprechen von einer halben Million Vertriebenen. Viele wurden umgesiedelt in Häuser, die die TOKI gebaut hat, eine staatliche Wohnungsbaugesellschaft. Der Staat tritt als Retter in der Not auf: Ich gebe euch eine Chance. Ich gebe euch einen günstigen Kredit und baue euch ein Haus. Das bindet die Menschen 30 Jahre an den Staat. Wenn ihr aber auf Selbstbestimmung besteht, wenn ihr mit der HDP geht, dann gibt es Konsequenzen. Ich sehe lieber das Positive. Gestern haben eine Million Menschen Gerechtigkeit gerufen, in Istanbul, am Ende des Marsches von Ankara. Man weiß natürlich nicht genau, was jeder Einzelne damit meint, es gibt aber einen Drang, das anzufechten, was Erdoğan gerade aufbauen will. Ich hoffe, dass dieser Widerstand bis 2023 stärker wird. Viele sagen, die Türkei wird im Bürgerkrieg enden, wie Syrien. Ich glaube an die demokratischen Kräfte.«

4 Die PKK, Abdullah Öcalan und mehr als eine Spur, die nach Deutschland führt

Zehn Wochen später treffen wir Rosa Burç wieder, am Rheinufer in Köln, wo 30 000 Menschen das 25. Internationale Kurdische Kulturfestival feiern.[1] Recep Tayyip Erdoğan wird am Nachmittag von Terrorpropaganda sprechen und den deutschen Botschafter einbestellen, schon wieder. Unter Nato-Partnern ein No-Go.[2] Für Martin Erdmann, seit August 2015 in Ankara im Dienst, ist es Besuch Nummer 16. Stein des Anstoßes diesmal: das riesige Porträt von Abdullah Öcalan vorn auf der Bühne in Köln. Und dann die vielen Fahnen, die Freiheit für Öcalan rufen. Genehmigt von deutschen Behörden, geduldet von der deutschen Polizei. Abdullah Öcalan: Für den türkischen Präsidenten ist das der Kopf der PKK, der Arbeiterpartei Kurdistans, 1978 mit dem Ziel Revolution gegründet,[3] seitdem im Krieg mit der Regierung und in Deutschland Ende 1993 verboten. Was erlauben Merkel, sozusagen.

Eigentlich fast gar nichts, lieber Kollege Erdoğan. Wir stehen fest an deiner Seite, zumindest in Köln. Was die Stadt genehmigt hat: ein Festival ohne Versorgung. Nichts zu essen, nichts zu trinken. Die Verwaltung hat selbst die kostenlose Verteilung verboten und in der Nacht mit Argusaugen aufgepasst, dass nicht doch irgendjemand etwas Essbares auf das Gelände schmuggelt. Nur Infostände sind erlaubt. Kein Verkauf, nicht einmal von Büchern. Begründung: Beeinträchtigungen für Anwohner und Geschäftsleute minimieren. Also acht Stunden Festival mit Hunger und Durst. Was das für ein Unsinn ist, lässt sich am frühen Nachmittag in der Deutzer Freiheit studieren. Belagerungszustand an den Dönerständen, Rekordumsatz beim Kroaten. Selbst die Espresso-Tassen sind dem Wirt ausgegangen. Unmöglich heute, sagt er.

Die Polizeiwagen rund um das Festivalgelände: kaum zu zählen. Großaufgebot nennt man das wohl. Die Uniformierten haben einen Schnellhefter dabei, die Liste mit verbotenen Symbolen, die das Bundesinnenministerium im März gerade erst erweitert hat. Also blättern. Gelb und grün mit rotem Stern? Vermutlich nicht erlaubt. »Da unten darfst du diese Fahne tragen«, sagt eine Polizistin zu einem Mädchen, vielleicht zehn, und zeigt auf die Bühne. »Hier oben pack das lieber weg.« Ein paar Schritte weiter kritzelt ein Junge mit einem Stöckchen »Apo« in den Sand. Ein kleiner Öcalan.

Bis zum Abend wird eine Fahne beschlagnahmt sein. Eine einzige. Unmöglich, sagt auch die *Süddeutsche Zeitung*, als sich die Polizei damit entschuldigt, dass nur ein Motiv wirklich verboten sei (»Öcalan im Porträt, sein Hemd blau, der Hintergrund gelb«). In der *SZ* wird das zur »NRW-Linie«, zu einem leichten Ungehorsam gegenüber Berlin, wenn man so will, weil das Bundesinnenministerium extra darauf hingewiesen habe, dass auch die neue Liste mit Symbolen »keinen Anspruch auf Vollständigkeit« erhebe – vor allem bei Öcalan-Fahnen. *SZ*-Autor Bernd Kastner: »Das ist nicht Föderalismus, das ist absurd.« Stringenz und »klare Regeln« bitte, endlich. »Alle undemokratischen Bestrebungen« bekämpfen, also auch »die Aktivitäten der PKK«. Kastner kennt die Lösung: Diese »offene Flanke« gegenüber Ankara schließen und Öcalan-Bilder ausnahmslos verbieten.[4]

An der PKK und an Abdullah Öcalan scheiden sich die Geister, auch hier in Deutschland. Terroristen, sagen die einen. Geburtshelfer der HDP, Inspiration für die Revolution in Rojava und mithin Garant für Demokratie und Frieden in der Region, sagen die anderen. Für die Eltern von Rosa Burç war da noch mehr. Der Lebenssinn, der fast verloren ging, als Öcalan 1999 ins Gefängnis musste. Höchste Zeit also, genauer hinzuschauen. Höchste Zeit, mit Reimar Heider zu sprechen, der Öcalans Schriften übersetzt, und mit Nick Brauns, der ein dickes Buch über die PKK geschrieben hat. Beide führen uns zurück in das Deutschland der frühen 1990er Jahre. Die DDR ist gerade tot, und die Republikaner sitzen im Europaparlament. Hoyerswerda, Rostock-Lichtenhagen, Mölln, Solingen. Das vereinigte Vaterland diskutiert über Einwanderungsgesetz und »Asylnotstand«.[5] Und in München trifft Nick Brauns zum ersten Mal kurdische Genossen.

Deutschland, die Türkei und die PKK

»Die PKK war damals die stärkste linksradikale Bewegung in Deutschland«, sagt Brauns in seiner Wohnung in der Berliner Torstraße.[6] Schräg gegenüber sitzt die *junge Welt*, für die er manchmal schreibt,[7] und auch das Büro im Bundestag ist nicht sehr weit. Brauns arbeitet seit 2006 für die Abgeordnete Ulla Jelpke. »Die PKK war eine Organisation, die eine Perspektive bot. Wir haben nicht gesagt: Dort in Kurdistan gibt es eine Bewegung, und wir sind hier. Das war ein Teil von uns. Die Leute, die dort kämpfen, gehören zu dem Prozess, in dem wir auch stehen.«

Nick Brauns stand nicht immer dort. Sein Vater: Patentanwalt in München, Anhänger von Franz Josef Strauß. »Ein bürgerlicher Haushalt«, sagt er heute und erzählt von einem Religionslehrer, der den Schülern beigebracht hat, »kritisch mit dem Staat zu sein«. Pinochet, die Regenwälder, Schriften der Befreiungstheologen. »Kirche war für mich eine Autorität. Priester, die sagen, es gibt ein Recht auf Revolution, waren nicht unwichtig. Als Kind war ich ein kleiner Militarist. Ich habe Panzermodelle gesammelt, mochte aber keine Nazis. Die Republikaner oder die DVU. Dann brannten im Osten die Flüchtlingsheime. Dieser Staat hat sich anders verhalten, als wir in der Schule gelernt haben. Ich bin auf die eine oder andere Demo gegangen. Vor allem antifaschistische Demos. Da habe ich Erfahrungen mit dem Staatsapparat gesammelt. Beim Weltwirtschaftsgipfel zum Beispiel.«

Von diesem Gipfel im Juli 1992 ist der Münchner Kessel übriggeblieben. Die Boulevardzeitung *tz* spricht noch gut ein Vierteljahrhundert später von »Störern«, die da stundenlang von tausend Polizisten im Stadtzentrum umringt worden seien. Vorher hatten diese »Störer« an der Residenz so laut gepfiffen, dass Helmut Kohl, George Bush und François Mitterand die Blaskappelle nicht richtig genießen konnten. O-Ton *tz*: »Die Beamten langten teilweise ordentlich hin.« Nicht fehlen darf im Rückblick das Zitat von Max Streibl, damals Ministerpräsident: »Wenn einer glaubt, er muss sich mit Bayern anlegen, er muss stören, der muss wissen, dass wir auch etwas härter hinlangen können. Auch das ist bayerische Art.«[8]

»Ich habe Fragen gestellt«, sagt Nick Brauns. »Warum verprügelt der Staat Antifaschisten und lässt Nazis marschieren?« Antworten sind nicht leicht zu finden in dieser Zeit. Brauns wird Mitglied bei den Jusos, merkt aber schnell, »dass das nicht das Wahre ist«. Die DKP? »Nicht attraktiv. Mit den Genossen konnte man zwar reden, über Ernest Mandel zum Beispiel.[9] Aber da eintreten war schlecht möglich. Deren Projekt war ja gerade untergegangen.« Also die Kurden, die Nick Brauns 1991 zum ersten Mal wahrnimmt, als es gegen den Golfkrieg geht. »Das waren PKK-Leute, wie ich heute weiß. Die PKK war damals noch erlaubt. Als eifriger Leser der bürgerlichen Presse hielt ich die PKK für eine terroristische Vereinigung, die Kinder ermordet.«

Für die Zeitungen, die Nick Brauns damals liest, ist die PKK spätestens seit Mitte der 1980er Jahre ein Aufreger. Der Mord an Olof Palme im Februar 1986, eine Bombe im türkischen Generalkonsulat in Hamburg im Herbst des gleichen Jahres, jeder tote Kurde in Westeuropa: Immer gibt es eine »PKK-Spur«. Generalbundesanwalt Kurt Rebmann erklärt die Kurdische Arbeiterpartei zum »Hauptfeind der inneren Sicherheit« und startet im Januar 1987 ein Ermittlungsverfahren (mit Razzien, Zeitungs-, Veranstaltungs- und Aufenthaltsverboten), das zur Verhaftung von mehr als 20 kurdischen Politikern führt und schließlich ab Herbst 1989 zu einem Schaugericht in Düsseldorf.[10] *Der Spiegel* spricht vom »größten Terroristenprozess in der Geschichte der Bundesrepublik«, der »öffentliche Gelder in beispielloser Höhe« verschlinge, und nennt die Haftbedingungen »rechtsstaatlich fragwürdig«. Die Kurden würden »23 Stunden am Tag in einer Einzelzelle« sitzen und könnten sich in den 60 Minuten Besuchszeit wahrscheinlich schon wegen der Sprachbarriere nicht verständigen. »Dann ist faktisch der Zustand erreicht, den es nach Ansicht der Justizoberen in der Bundesrepublik nicht gibt und auch nicht geben darf: Isolationshaft.«[11] Kern der Anklage: Die PKK vernichte Abweichler, gestützt auf zwei Ex-Mitglieder, die sagen, vor einer solchen Bestrafung geflohen zu sein, sowie auf einen Führungskader, der zuvor aus der Partei ausgeschlossen worden ist. Nach gut viereinhalb Prozessjahren gibt es vier Verurteilungen, davon zweimal lebenslang.[12]

»Das war damals eine Nato-Entscheidung«, sagt Nick Brauns in Berlin. »Deutschland hatte das strengste Staatsschutzrecht und sollte anfangen, gegen diese Bewegung vorzugehen. Sie sollte hier kriminalisiert werden. Erst Düsseldorf und später dann das Verbot.« Beides geht eigentlich Hand in Hand: Noch vor der Urteilsverkündung im März 1994 nutzt die Bundesregierung Angriffe gegen türkische Einrichtungen, um der PKK und etlichen Vereinen, die mit ihr verbunden sind, jede Betätigung zu untersagen. Bundesinnenminister Manfred Kanther begründet das Verbot am 26. November 1993 vor allem mit den »außenpolitischen Belangen der BRD« und dem »Verhältnis zum türkischen Staat«.[13] Im Klartext: Die Türkei kämpft gegen die PKK, und wir kämpfen mit. Wir sehen die PKK so, wie Ankara sie sieht. Dass der

Nato-Partner diesen unruhigen Herbst selbst auslöst (durch einen Bombenangriff auf die kurdische Stadt Lice am 22. Oktober 1993, bei dem 30 Einwohner sterben), spielt dabei genauso wenig eine Rolle wie die türkische Kurdenpolitik ganz generell. Außenminister Klaus Kinkel: Wir brauchen eine »stabile Türkei«. Also müssen wir ihr helfen, das »kurdische Problem« zu lösen und »terroristische Organisationen wie die PKK« zu bekämpfen.[14]

In seinem Buch zeichnet Nick Brauns eine Linie, die vom Kaiserreich bis in die Bundesrepublik der Gegenwart reicht. »Waffenbrüderschaft und Wirtschaftsinteressen« heißt der Abschnitt über Deutschland und die Türkei dort, mit einem Hinweis auf Rosa Luxemburg und ihre Kritik an der deutschen Orientpolitik und an der Deutschen Bank mit »ihren Riesengeschäften in Asien«. Ein Sultan, der seine Truppen von Deutschen auf Trab bringen lässt, »lukrative Rüstungsgeschäfte für Krupp und Co.« (damals schon), Konzessionen für Schienenstränge, für einen Hafen, für Erdöl. Das Reich, zu spät gekommen in Sachen Kolonien, sah einen »Weg zur Weltgeltung«[15], für den es zunächst nach Mesopotamien musste. Dass dieser Weg dann zweimal in den Untergang führte, ist bekannt. Der gute Draht nach Ankara ist daran nicht zerbrochen, im Gegenteil, gerade der militärische Draht nicht. Das türkische Militär hat ab Mitte der 1980er Jahre mit deutschen Panzern, Raketen und Gewehren in Kurdistan gekämpft und wurde Anfang der 1990er Jahre aus den Restbeständen der DDR-Armee weiter aufgerüstet, unter anderem mit 300 Schützenpanzern und 250 000 Kalaschnikows.[16]

Die Kurden, die Nick Brauns 1991 in München trifft, gefallen ihm. »Gegen Saddam und trotzdem gegen den Krieg. Wir haben zusammen Transparente gebastelt. Es war ja so offensichtlich, welche Rolle der deutsche Imperialismus in diesem schmutzigen Krieg spielte. Diese ganzen Schweinereien. Wir hatten einen gemeinsamen Gegner. Ich hatte mich schon vorher mit den deutsch-türkischen Beziehungen beschäftigt. Meine Magisterarbeit war über den Bau der Bagdadbahn. Deutsche Politik im

Nahen Osten. Wenn man sich als Sozialist definierte, war es eigentlich eine Pflicht, hier aktiv zu sein. Man musste den eigenen Herrschenden in den Arm fallen.« Und was war mit der PKK, mit Abdullah Öcalan, dem Ober-Terroristen? »Wenn ich den Kurden diese Fragen stellte, haben sie mit nein geantwortet. Sie haben gesagt: Das sind unsere Cousins.« Der deutsche Staat sieht das mit der Verwandtschaft nicht ganz so locker. Nick Brauns erlebt eine Razzia daheim, weil er den *Kurdistan Report* verkauft. Sein Telefon wird abgehört, das Konto überwacht. »Auf Weisung des Münchner Polizeipräsidiums. Man hat dann festgestellt, dass ich kein Führungskader der PKK bin, mich aber in der kurdischen Sache sehr gut auskenne.«

Eine kurze PKK-Geschichte

Die Türkei muss die PKK nicht verbieten. Die Arbeiterpartei Kurdistans versteht sich selbst vom ersten Tag an als illegal, als eine Gruppe, die sich im Untergrund bewegt und genau wie ihre Vorläuferorganisation, die Revolutionäre Kurdistans, an die »Propaganda der Tat« glaubt. Lasst es krachen, Genossinnen und Genossen. Waffengewalt – gegen die Grauen Wölfe, die Faschisten also, aber auch gegen die Konkurrenz, gegen Linke, gegen Kurden, die um die gleichen Anhänger buhlen. Die Aggressivität, sagen Nick Brauns und seine Ko-Autorin Brigitte Kiechle – die Aggressivität, mit der Öcalan seine Ansprüche vertreten habe, sei die Hauptstärke der Gruppe gewesen und der wichtigste Unterschied zu allen Rivalen. Revolution sofort, Revolution hier. »Kurdistan ist eine Kolonie«: Darauf laufe das Gründungsmanifest der Partei vom November 1978 hinaus. Unabhängigkeit und Demokratie, zu erreichen in einem »lang andauernden Volkskrieg mit dem bewaffneten Kampf als grundlegender Kampfform«.[17]

Was in den ersten knapp zwei Jahren bis zum Militärputsch im September 1980 folgt, ist eine Art »Bauernkrieg«: Landbesetzungen, Anschläge auf Clanführer, Scharmützel mit Paramilitärs aller Couleur und auch mit Anhängern von Masud Barzani, seit 1979 Vorsitzender der Demokratischen Partei Kurdistans (KDP) im Nordirak. Aktion, Verlust, Aktion: Jeder Guerillakrieg führt fast automatisch in einen Teufelskreis. Und jeder Guerillakrieg fordert das, was die Kämpfer Wachsamkeit nennen. Der Feind lauert überall, auch und erst recht in den eigenen Reihen. Der Putsch bringt Haft für Tausende Parteimitglieder, unbeschreibliche Folter und drei Märtyrer aus dem ZK, in der Bewegung verehrt bis zum heutigen Tag: Mazlum Doğan, der sich am 21. März 1982 im Militärgefängnis von Diyarbakir erhängt, sowie Kemal Pir und Mehmet Hayri Durmuş, die sich anschließend zu Tode hungern. Folgt man Nick Brauns und Brigitte Kiechle, dann hat sich dieses dreifache Opfer gelohnt: den »Ruf der PKK« gestärkt (eine »Organisation unbeugsamer Militanter«), die Situation der Gefangenen auf die internationale Agenda gesetzt und draußen zum Weitermachen ermutigt.[18]

Das türkische Militär hatte schon einmal geputscht, 1960, seinerzeit gegen die Regierung Menderes, die die Opposition ausschalten wollte. Die Verfassung von 1961 brachte Mindestlöhne, Streikrecht sowie Versammlungsfreiheit, damit bald auch eine linke Bewegung, die nach Kurdistan überschwappte, und 1968 vieles von dem, was man aus Westeuropa kennt. In der Geschichte der türkischen Arbeiterbewegung haben der 15. und 16. Juni 1970 einen Ehrenplatz: ein hunderttausendfacher Protest in Istanbul und Umgebung gegen den Versuch der Regierung Demirel, eine radikale Gewerkschaft zu schließen. Wenig später, am 12. März 1971, regieren wieder Generäle. Sie verbieten sozialistische Parteien, suspendieren Gewerkschaften, zerschlagen Guerillagruppen.[19]

Für Nick Brauns und Brigitte Kiechle gehört das alles zur PKK. Das ist das Umfeld, in dem die Gründer der Partei leben, das ist das Umfeld, in dem Abdullah Öcalan erwachsen wird. Öcalan ist ein Bauernsohn aus Ömerli in der kurdischen Provinz Urfa.[20] Ein Arme-Leute-Kind, 1949 geboren, das in Ankara zur Berufsschule geht, ein Jahr in Diyarbakir im Katasteramt arbeitet und erst relativ spät Kontakt zur Studentenbewegung hat. Brauns und Kiechle halten sich hier an die Deutung, die der Meister selbst im Rückblick seinem Leben gegeben hat: Es gibt ein Erweckungserlebnis (eine Rede von Mahir Çayan zur kurdischen Frage an der Technischen Universität Istanbul Ende 1971, gehalten mit einer »gewaltigen und überzeugenden Stimme«), einen Stich ins Herz (Çayan stirbt, nachdem er wenig später drei Nato-Leute entführt hat) und eine »Schule der Revolution«. Öcalan, inzwischen Politikstudent in Ankara, protestiert gegen die Ermordung seines Idols, kommt in ein Militärgefängnis und trifft dort linke Führer und sozialistische Theorie. »Meine Wandlung zu einem Berufsrevolutionär«, wird Öcalan später sagen. Nach sieben Monaten in der Zelle habe er gewusst, dass die kurdische Frage den Linken egal ist und dass der Staat selbst friedlichen Protest nicht toleriert.[21] Also auf in den Kampf, auf zu den Waffen, zunächst mit einigen wenigen Studenten, die aus dem gleichen Milieu wie Öcalan stammen und unter denen auch Türken sind.[22]

Nick Brauns und Brigitte Kiechle berichten von einer zweiten Schule, diesmal im Libanon, wohin sich Abdullah Öcalan und gut 300 Mitstreiter nach dem Putsch von 1980 absetzen. Sie treffen dort palästinensische Befreiungskämpfer, Jassir Arafat zum Beispiel, die Erfahrungen als Guerilla haben und entsprechende Camps. Später wird die PKK selbst eine solche Akademie betreiben, in der Bekaa-Ebene, mit Schießtraining natürlich und allem, was sonst so dazugehört zum Kampf, aber mit noch mehr Theorie-Gebüffel. Marxismus-Leninismus, Revolutionsgeschichte, Heimatkunde.[23]

Zu Hause in der Türkei gibt es inzwischen eine neue Verfassung, per Volksentscheid auf Druck der Militärs beschlossen im November 1982. Schon in der Präambel werden dort die »geschichtlichen und ideellen Werte des Türkentums« sowie sein Erfinder Atatürk für sakrosankt erklärt. Artikel 14 beschwört dann noch einmal ausdrücklich »die unteilbare Einheit von Staatsgebiet und Staatsvolk« und verbietet, »Unterschiede in Sprache, Rasse, Religion oder Bekenntnis zu schaffen«. Artikel 42: »Den türkischen Staatsbürgern darf in den Erziehungs- und Lehranstalten als Muttersprache keine andere Sprache beigebracht und gelehrt werden als Türkisch«. Und Artikel 28: »Veröffentlichungen in einer durch Gesetz verbotenen Sprache sind unzulässig.« Territoriale Integrität, eine Flagge, eine Sprache, eine Nation. Die Werkseinstellungen der Türkei, wie das Rosa Burç nennt. Eine Republik, die keine Kurden kennt, eine Republik, die auch keine kurdischen Parteien im Parlament haben möchte und deshalb eine Zehn-Prozent-Hürde einführt.[24]

Wie die PKK reagiert hat, ist bekannt. Krieg dieser Türkei, Krieg einer Republik, die keinen Raum lässt für legale Formen der Opposition und jede Form der Demokratie von unten, beschlossen und begonnen im Sommer 1984. Krieg meint hier wirklich Krieg, denn auch die Gegenseite rüstet auf. Der Staat schickt seine Armee nach Kurdistan, bewaffnet sogenannte Dorfschützer (staatstreue Kurden, bis Mitte der 1990er Jahre insgesamt 50 000), startet einen Propagandafeldzug, der auch in die deutschen Zeitungen überschwappt, die der junge Nick Brauns in München wahrnimmt. Und er spannt seine Nato-Partner ein.[25]

Im Oktober 1986 wird die PKK zur Guerillapartei. Mitglied sein ist von nun an endgültig mehr als Beitrag zahlen und zur Versammlung gehen. PKK geht nur noch ganz oder gar nicht. 24/7 im Dienst der Partei und der kurdischen Sache, das ganze Jahr. Fort mit dem alten Leben, im Zweifel auch fort mit dem Leben überhaupt, wenn der Kampf es denn erfordert. Kader brechen den Kontakt zu ihren Familien ab und auch zu ihrem Partner, selbst wenn sie zu zweit zur Bewegung kommen. Niemand soll wählen müssen zwischen der Partei und der Geliebten, wenn er in eine Mündung schaut oder auf der Folterbank liegt. Niemand soll außerdem den Vorwurf hören, er gehe nur in die Berge, weil dort ein Gespiele wartet, vor allem die jungen Frauen nicht. Kurdistan ist eine traditionelle Gesellschaft, religiös, konservativ. Die PKK-Ideologen haben diese Herausforderung mit *hevaltî* beantwortet, einer Form von Liebe, die nicht körperlich ist, sprachlich verwandt mit *heval*, Genosse.

In Kurdistan springt der Funke sehr schnell über, obwohl Unschuldige bei PKK-Aktionen sterben, obwohl die Rekruten nicht immer freiwillig mitgehen, obwohl die türkische Armee und der Geheimdienst Aktivisten ermorden, Dörfer zerstören, Bewohner vertreiben – immer verbunden mit der Botschaft: Ihr seid selbst schuld, wenn ihr den »Terroristen« unter euch nicht den Hahn abdreht. Am 14. März 1990 kommen in Nusaybin Tausende zu einer Trauerfeier für 13 Guerillakämpfer. Türkische Soldaten greifen an. Es gibt zwei Tote und viele Verletzte. Eine Woche später ist Newroz, das kurdische Neujahrsfest, und die Massen protestieren, auch mit Bildern der Gefallenen.[26] Wie eng Kämpfer und Dorfbewohner zusammenleben, wie sehr sie voneinander abhängen und was es bedeutet, sich der Guerilla anzuschließen, kann man in *Zeit der Brombeeren* nachlesen, einer Geschichte von Murat Türk, der 1992 bis 1995 in den Bergen war und seitdem im Gefängnis sitzt. Der Ich-Erzähler, schwer verwundet, von seinen Leuten getrennt und von Soldaten gejagt, kann nur überleben, weil er überall Hilfe findet. Als er einmal tagelang in einer Grube feststeckt, denkt er an Mazlum Doğan, den Helden, der der Folterhölle von Diyarbakir getrotzt hat. Und als er eines Abends Mazlum und »die Flaggen unserer Bewegung« im Fernsehen sieht, kann er sein Glück nicht fassen. »Med TV? Unsere Leute auf dem Bildschirm? Ich dachte, ich träume. (…) War es zwischenzeitlich zur Revolution gekommen oder was?!«[27]

Wie hat es die PKK geschafft, dass man ihre Kämpfer nicht verrät, ihre Ziele akzeptiert und sich diese Ziele vielleicht sogar zu eigen macht? Allgemeiner gefragt: Wie schafft es eine kleine Gruppe von Revolutionären, all die anderen zu erreichen, die Menschen, die einfach nur in Ruhe ihr Leben leben wollen, die keine Lust haben, ihre Töchter und Söhne sterben zu sehen? Wie schafft es diese Gruppe, auch junge Leute fern der Heimat und der eigenen Probleme zu inspirieren, wie Nick Brauns in München zum Beispiel, der heute sagt, er komme aus »einer anarchistischen Tradition«, oder Reimer Heider, einen Katholiken aus Hildesheim, den wir noch kennenlernen werden? Die PKK ist keine Blaupause für die ganze Welt. Für die Kurden ist die Familie heilig, und die Familien sind groß. Stirbt einer aus den eigenen Reihen, fühlen sich die anderen auch dann mit seinen Genossinnen und Genossen verbunden, wenn sie vorher nichts mit der Bewegung am Hut hatten. Und dann ist da ein Staat, für den PKK und Kurden Synonyme sind. Das provoziert genauso Reaktanz wie die Verfassung von 1982, die zugleich der PKK recht gibt: Die Türkei sieht Kurdistan als Kolonie. Die Menschen, die von dort oder aus Istanbul und Ankara nach Westeuropa fliehen, nehmen die Erfahrung, unterdrückt zu sein, genauso mit wie den Kampf dagegen.

Personenkult und »internationales Komplott«

Der junge Nick Brauns will in München von der PKK lernen. Ein Geben und Nehmen, so beschreibt er das heute. »Einer nahm mich zur Seite und fragte, ob ich nicht Lust hätte, näher an die Bewegung heranzukommen. Ihr könnt uns helfen, Flugblätter fehlerfrei zu schreiben, und Kontakte zur deutschen Politik vermitteln. Wir zeigen euch dafür, wie eine revolutionäre Massenbewegung funktioniert. Das hat uns deutschen Marxisten völlig gefehlt.« Brauns lernt viel. »Wie diskutiert man, wie organisiert man eine Demo. Es kommt nicht auf jedes Komma an. Die Leute werden nicht Trotzkisten, weil ich meine Linie für das Flugblatt durchgesetzt habe. Es ist viel wichtiger, überhaupt ein Flugblatt zu haben und die Leute zur richtigen Zeit an den richtigen Ort zu bringen.« Die Kurden hören dafür auf, mit 25 Leuten zu Politikern zu laufen, um ihre Forderungen durchzusetzen. »Ich habe das einmal mitgemacht, bei Georg Kronawitter, lange OB in München. Der brüllte nur: Die PKK will mich entführen und rief die Polizei. Wir haben dann dafür gesorgt, dass man sich drei Wochen vorher anmeldet und eine Delegation schickt. Drei Leute, die Deutsch können, möglichst eine Frau dabei.«

Nick Brauns erzählt von deutschen Linken, die versucht haben, »die besseren Kurden zu sein, und die Hoffnung hatten, dass die kurdische Bewegung ihnen hilft, eine revolutionäre Partei für Deutschland aufzubauen«. Die Folge: »Als Öcalan verschleppt wurde und mit seiner Friedensinitiative kam, fühlten sich diese Leute verraten und wurden manchmal zu PKK-Hassern. Bei mir war das nicht so. Ich habe das immer als nationale Befreiungsbewegung gesehen. Dass sie vom Sozialismus sprachen, hat mir die Unterstützung einfacher gemacht. Aber auch ohne dieses Ziel ist die Bewegung legitim.« Brauns hat damals auch mit Palästinensern gearbeitet, nach Lateinamerika geschaut. »Das ist weit weg. Man findet hier auch niemanden, der dort zur Guerilla gehört. Die Kurden waren einfach da. Sie haben nicht nur nach uns gegriffen, sondern gesagt, dass sie auch für uns nützlich sind. Dass sie eine fortschrittliche Praxis entwickeln wollen, die uns alle weiterbringt. Und dann war das eine reale Bewegung, mit all ihren Macken. Auch viele PKK-Anhänger sind ja erst mal religiös, konservativ, patriarchal. Das kennen wir in Bayern. Wenn man sich darauf eingelassen hat, dann merkte man plötzlich, dass sie zwar viel von Frauenbefreiung reden, die Frauen aber gar nicht so viel davon merkten. Die Frauen erzählten uns, wie ihre Väter und Brüder sie verprügeln.«

Die Verhaftung von Abdullah Öcalan am 15. Februar 1999 heißt bei Nick Brauns Verschleppung und bei Rosa Burç »internationales Komplott«. Öcalan hatte an diesem Tag eine Odyssee hinter sich, die das übertrifft, was Julian Assange und Edward Snowden erlebt haben. Bei jeder Station im Hintergrund: die Türkei und ihre Verbündeten. Öcalan muss erst Syrien verlassen, wo er 19 Jahre gelebt hat, dann Moskau, dann Italien. Es folgen wieder Russland, Tadschikistan, Weißrussland, Griechenland und schließlich Kenia, wo ihn der türkische Geheimdienst in Empfang nimmt, unterstützt von der CIA. Vor Gericht entschuldigt sich Öcalan bei den Angehörigen der gefallenen Soldaten, mahnt beide Seiten, nicht an einen Sieg im Krieg zu glauben, und erklärt die Forderung nach einem kurdischen Staat für überholt. Darauf wird noch zurückzukommen sein. Bis zu 45 000 Opfer, schätzt die PKK für anderthalb Jahrzehnte Krieg, davon zwei Drittel eigene Leute und Zivilisten. Öcalan wird am 29. Juni 1999 zum Tod verurteilt, eine Strafe, die auch auf Druck der EU nicht vollstreckt und 2002 in lebenslange Haft umgewandelt wird.[28]

Das Buch von Nick Brauns und Brigitte Kiechle ist nicht gerade ein Bestseller. 1 200 Käufer seit 2010. Im Moment gehen noch etwa 70 Exemplare pro Jahr weg, ein bisschen abhängig vom Kriegsverlauf. Brauns ist trotzdem zufrieden. »Das Buch hat eine Lücke gefüllt. Wir haben genau die Leute erreicht, die wir erreichen wollten. Die Linke, die Solidaritätsszene, die kurdische Bewegung selbst. Da wir lange genug dabei sind, konnten wir Dinge aussprechen, die ein kurdischer Autor nicht so leicht aussprechen kann. Mitte der 1990er Jahre wurden in Kandil zum Beispiel Studenten erschossen, die man für Spitzel gehalten hat. Das haben wir nicht verschwiegen. Es gab eine Paranoia, der viele Unschuldige zum Opfer fielen. Auch das haben wir ausgesprochen. Auch den Personenkult um Öcalan. Nicht diffamierend, sondern aufklärend.«

Die vielen Fahnen auf dem Kulturfestival in Köln, das riesige Porträt auf der Bühne, der kleine Junge, der »Apo« in den Sand kritzelt. Öcalan selbst, der sich die Rolle eines Propheten zugeschrieben hat[29] und die eines Symbols für den Kampf der Kurden um ihre Freiheit. Trotzdem nicht vergleichbar mit Stalin, sagen Brauns und Kiechle, obwohl sie um die »autoritären Mittel« wissen, mit denen Öcalan sich an der Parteispitze gehalten hat. Ihr wichtigstes Argument: Während Stalin den Personenkult selbst angeordnet und Widerworte rigoros bestraft habe, würden Öcalans Anhänger freiwillig handeln und dafür noch verfolgt werden, in der Türkei, in Deutschland.[30]

Das stimmt, und ist doch nur die halbe Wahrheit. Eine Nation braucht einen Ort, auf den sie sich beziehen kann, das Territorium normalerweise oder wenigstens eine heilige Stätte, einen Berg oder irgendetwas anderes Herausragendes, das eine Gruppe von Menschen zur »Gemeinschaft« macht, einen Punkt, den alle teilen, selbst wenn sie ihn nur vom Hörensagen kennen oder sogar vollkommen ablehnen.[31] Den Kurden fehlt so ein Ort. Die Kurden haben Abdullah Öcalan, der auch deshalb zu »Apo« werden konnte, weil ihn die Türkei seit 1999 aus dem Tagesgeschäft fernhält und weil starke Persönlichkeiten in der Region Tradition haben. Atatürk, Erdoğan. »Personenkult« nennt Hasnain Kazim das, was er ab 2012 als *Spiegel*-Korrespondent in Istanbul erlebt hat, vom Kindergarten aufwärts bis zu Internetseiten, die gesperrt werden, weil sie den Gründer der Türkei kritisieren, und Menschen, die aus dem gleichen Grund verurteilt werden.[32] Wenn die deutsche Polizei Öcalan-Fahnen einsammelt, dann nimmt sie den Kurden ein nationales Symbol.

Wie ein Arzt zum Aktivisten wird

Reimar Heider ist aus einer ganz anderen Richtung zu Abdullah Öcalan gekommen als Nick Brauns, nicht nur geografisch. Am Anfang stehen hier eine »recht katholische« Erziehung und das bischöfliche Gymnasium in Hildesheim. »Eine komplett surreale Umgebung«, sagt er heute.[33] »Da gab es überhaupt keine Linken. *Der Spiegel* galt als linke Kampfpresse. Alle Geschichts- und Sozialkundelehrer waren in der CDU, ohne Ausnahme. Wir hatten auch keine Nicht-Deutschen. Niemanden aus der Türkei, keine Muslime«. Die Religion wird Heider hinter sich lassen, nachdem er in der Türkei gewesen ist und dort das Gleiche gesehen hat, was ihn an seiner Kirche stört: »autoritäre Strukturen« und »dass sie einem vorschreiben wollen, wie man zu leben hat«. Auch die »Argumentationsmuster« seien ganz ähnlich gewesen: eine Erzählung, begründet mit »heiligen Schriften, die man so und so lesen kann«, »menschengemacht und folglich nichts Übernatürliches«.

Vorher trifft er in der Katholischen Hochschulgemeinde in Göttingen Kurden, die nach Räumen suchen, für Sprachkurse, vermutlich auch für mehr. Wir schreiben 1993. Der Krieg in der Türkei ist auf dem Höhepunkt, und in Deutschland wird die PKK verboten. Im nächsten Jahr fährt Reimar Heider mit einer Delegation nach Südostanatolien, die Kommunalwahlen beobachten, angesetzt in der Woche nach Newroz. »Die Idee war, dass die Repressionen vielleicht nicht ganz so stark werden, wenn viele Ausländer da sind. Das fand ich interessant. Ich habe damals ohnehin etwas gesucht, wofür ich mich engagieren kann. Was ich dann vor Ort erlebt habe, hat mich politisiert. Die ganzen Lügen, die hier erzählt wurden über den Konflikt. Von wegen keine deutschen Waffen.« Reimar Heider sieht die NVA-Panzer, über die Nick Brauns in seinem Buch schreibt. Er sieht, was diese Waffen mit den Städten und Dörfern machen, mit den Menschen, und er fängt an, Türkisch zu lernen. »Um mehr tun zu können, musste ich die Sprache sprechen.«

Türkisch versteht Reimar Heider längst so gut, dass er die Wälzer von Abdullah Öcalan ins Deutsche übertragen kann und damit in Vorträgen durch das Land zieht. Die drei wichtigsten Stationen auf dem Weg dorthin: ein Krankenhaus-Praktikum in Diyarbakir, wo er den Krieg und all seine Folgen buchstäblich hautnah erlebt, eine politische Studentengruppe an der Universität Göttingen, wo er der einzige Mediziner ist und mit Feministinnen und Sozialwissenschaftlern diskutiert, und zweieinhalb Jahre in Machmur, einem Flüchtlingslager der UNO im Irak, damals im »Niemandsland zwischen den Kurden und Saddam Hussein«. Eigentlich will Heider dort als Arzt arbeiten, gibt aber am Ende Englisch- und Computerkurse. Wichtiger sind ohnehin die Debatten, die er dort erlebt, ab Anfang 2000, kurz nach dem Prozess gegen Öcalan. »Da ging es um seine Bücher, um den Perspektivwechsel, um die neue Strategie. Man hoffte, dass der Krieg jetzt vorbei ist und ein politischer Prozess beginnt. Ich fand das gut, weil ich eher pazifistisch bin. Mir liegt dieses Hurra nicht so, dieser bewaffnete Kampf.«

Und dann ist da »das erste große Werk« von Abdullah Öcalan, »das auch auf Deutsch erschienen ist«. *Gilgameschs Erben*, zwei Bände, zusammen knapp über eintausend Seiten, seit 2003 hierzulande im Buchhandel. »Das hat mich sehr beeindruckt. Die ganze Geschichte und der gegenwärtige Zustand der Welt konsequent aus einer Mittelostperspektive, und das von jemandem, der auch alles Westliche gelesen hat und nun all die europäischen Konzepte kritisiert, weil sie nicht wirklich zu der Gesellschaft dort passen. Nation zum Beispiel. Dieser Perspektivwechsel zwingt einen, sich selbst zu hinterfragen. Ich habe angefangen, mich für die Schriften von Öcalan zu begeistern.« Als Reimar Heider Ende 2002 zurück nach Deutschland kommt, weiß er, wie er sich am besten einbringen kann: als Übersetzer und als Motor der Internationalen Initiative »Freiheit für Abdullah Öcalan – Frieden in

Kurdistan«. Unterschriften sammeln (längst mehr als zehn Millionen), mit Journalisten sprechen, mit Politikern, vor allem im Europarat. »Wir wollen einfach über Öcalans Situation informieren. Diese unvorstellbare Isolation. Darüber gehen selbst Menschenrechtsorganisationen hinweg. Ist halt Öcalan. Der Europarat ist die einzige Institution, die wirklich juristisch Einfluss hat. Die Türkei ist dort Vollmitglied. Das Antifolterkomitee war mittlerweile sieben Mal auf der Gefängnisinsel. Wir sehen Parallelen zu Südafrika, zu Nelson Mandela. Eine politische Lösung gibt es nur, wenn man die politischen Gefangenen freilässt, die Anführer, die die Bevölkerung akzeptiert. Solange die Türkei nicht mit Öcalan spricht, so lange gibt es keinen Frieden. Alles andere ist nur ein Kurieren an Symptomen.« Da kommt der Arzt dann doch noch durch.

Öcalan als Philosoph, Revolutionstheoretiker und Friedensstifter

Am Abend vor unserem Gespräch ist Reimar Heider im Kurdischen Gesellschaftszentrum München aufgetreten, mit Öcalans Buch *Zivilisation und Wahrheit*,[34] 2009 in der Türkei erschienen und jetzt auch auf Deutsch.[35] Das Publikum ist überschaubar: knapp zwei Dutzend Menschen vielleicht, meist Kurden, bei weitem nicht alles Akademiker. Zübeyde ist zum Beispiel da, Anfang 60, die sonst Feste mit ihren Buffets krönt und hier Kuchen und Tee anbietet. Reimar Heider stört das nicht. Er sagt das, was er auch vor Studenten in einem Oberseminar sagen würde. Foucault, Adorno, Wallerstein, Braudel. Eine Stunde Hardcore im Sitzen, über das Denken von Abdullah Öcalan, über sein Wissenschaftsverständnis, über die These, dass das Patriarchat am Anfang allen Übels steht.

Vorher gibt es die Geschichte hinter Öcalans Büchern, von denen 13 im Gefängnis entstanden sind, auf Imrali im Marmarameer, wo mehr als zehn Jahre lang überhaupt nur ein einziger Häftling saß. Im Moment seien es wohl vier, sagt Heider im August 2017, es gebe aber Redeverbot, über 1000 Soldaten und überhaupt keinen Kontakt seit dem 4. April 2015. Öcalan dürfe eigentlich auch nicht publizieren. Seine Bücher: Eingaben in Gerichtsverfahren oder Beschwerden an den Europäischen Gerichtshof für Menschenrechte, handgeschrieben ohne Zugriff auf Bibliotheken, die Seiten datiert und durchnummeriert. Sicher ist sicher. Der Papierberg geht dann zu den Akten, wird von Anwälten kopiert und kann so zu einem Buch werden. Bei *Zivilisation und Wahrheit* habe sich die Türkei anderthalb Jahre gewehrt. Ihr Argument: Das sei ein politischer Text und keine Eingabe. Dieser Text hat auch keine Fußnoten. »Öcalan zitiert oft aus dem Kopf«, sagt Reimar Heider. »Wir wissen aber immerhin, was er gelesen hat. Wir haben die Liste der Bücher, die ins Gefängnis geschickt wurden.«

Was sind das für Bücher, denen Reimar Heider ein Leben widmet, was hat dieser Autor, der seine Ideen mit niemandem diskutieren kann und die Massen trotzdem genauso mobilisiert wie einst über Aggressivität und die »Propaganda der Tat«? Zunächst: Ein Kassenschlager wird auch *Zivilisation und Wahrheit* nicht. »Kleine vierstellige Zahlen«, sagt Reimar Heider, als seine Zuhörer nach der Auflage von Öcalans Büchern in Deutschland fragen. Wenig Werbung, kaum Rezensionen. Selbst solche Veranstaltungen wie heute seien außerhalb des geschützten Raumes kurdischer Vereine oft schwierig. Das PKK-Verbot, Angst vor türkischen Schlägertrupps. Heider und seine Mitstreiter von der Öcalan-Initiative haben die dicken Bücher zu Häppchen verkleinert, 50, 60 Seiten für die eilige Leserin: *Krieg und Frieden in Kurdistan, Befreiung des Lebens: Revolution der Frau, Demokratischer Konföderalismus*.[36] Öcalan light sozusagen, ein Euro, griffbereit im Handgepäck des Revolutionärs. »Vor allem die Kritik am Nationalstaat trifft einen Nerv«, sagt Reimar Heider. »Die Neugründungen waren ja fast überall blutig, und gar nicht so wenige Nationalstaaten sind eigentlich Vielvölkerstaaten. Der *Demokratische Konföderalismus* wird ohne Ende zitiert, nicht nur bei Rojava. Die Broschüre ist in 14 Sprachen übersetzt.«

Kurdische Frauen in Rojava. Foto: Willi Effenberger

In München geht Reimar Heider mit Abdullah Öcalan in die graue Vorzeit zurück, zu den Sumerern, in ein Land vor der Zivilisation, in dem die Gesellschaft um die Frau herum organisiert ist. Die Frau: Das ist das Leben und deshalb das Zentrum. Die Frau erfindet den Ackerbau, die Viehzucht. Bei Öcalan sind die Frauen dann auch die erste Kolonie der Menschheit, unterdrückt von den Priestern, die sich mit den jungen Männern verbünden, um an das heranzukommen, was übrigbleibt und was bis dahin die Frauen hüten. Woher er das weiß? Aus der Mythologie, sagt Reimar Heider. Die Mythen spiegeln das, was die Menschen gerade umtreibt. Die Frau verliert dort immer mehr an Boden, bis Götter und Helden nur noch männlich sind. Historiker mögen nach Akten fragen, nach harten Fakten, aber Öcalan würde das nicht stören. Wissenschaft ist bei ihm ohnehin nicht viel mehr als eine Stütze der Macht. *Zivilisation und Wahrheit* kann man auch als Generalangriff auf den Positivismus lesen. Die Welt da draußen nur vermessen zu wollen und an die Kraft der Zahlen zu glauben: Das sei die offizielle Ideologie unserer Zeit, weiter weg von der Wahrheit als die sumerischen Priester und mindestens so mächtig wie die Religion im Mittelalter, weil man die Befunde nicht hinterfragen dürfe.[37]

Die wichtigste Erkenntnis von Abdullah Öcalan: Ist ein Staat erst einmal etabliert, wird er nicht wieder abgeschafft. Kein Auf und Ab, kein Untergang, sondern Kontinuität, gesichert durch Schulpflicht und Ministerien, durch das Heer, durch eine Staatsreligion. »Öcalan ist dezidiert kein Nationalist«, sagt Reimar Heider. »Er hat schon ab den 1970er Jahren gesagt: Wir sind eine linke kurdische Bewegung und keine nationalistische Bewegung. Das hat er dann weiterentwickelt in Richtung mittelöstliche Identität. Ein Kulturraum mit reichen demokratischen Traditionen, die anders funktionieren als eine parlamentarische Demokratie im Westen. Er nennt das heute freies Kurdentum. Das ist ein offenes Projekt, an dem sich jeder beteiligen kann, unabhängig von ethnischer Zugehörigkeit. In Rojava, in Nordsyrien, wird aktiv dafür geworben, dass sich auch Angehörige anderer Volksgruppen beteiligen.« Eine »Demokratie ohne Staat«,[38] eine Demokratie, in der die Frauen wieder frei sind und in der Ökologie mehr als ein Schlagwort ist: Das ist Öcalans Antwort auf die kurdische Frage. Das ist das, was Reimar Heider und Nick Brauns seit einem Vierteljahrhundert fasziniert und was heute junge Deutsche mit Nirvana-Shirts in das Sandershaus lockt, wenn Ercan Ayboğa über demokratischen Konföderalismus spricht. Die PKK gibt es deshalb so eigentlich nicht mehr. Seit 2007 nennt sich die Bewegung KCK, Union der Gemeinschaften Kurdistans.

Und was, wenn Abdullah Öcalan längst tot ist? »Darüber möchte ich gar nicht nachdenken«, sagt Reimar Heider. »Öcalan und seine Bücher sind das wichtigste Band zwischen den Völkern der Region. Er ist derjenige, der für ein friedliches Zusammenleben plädiert. Wenn die Türkei ihn ermordet, dann reißt dieses Band. Es gibt natürlich auch bei den Kurden starke nationalistische Tendenzen. Das kann sich leicht hochschaukeln. Ohne Öcalan wird niemand mehr in der Lage sein, der kurdischen Jugend zu erklären, dass sie mit den Türken in einem Staat leben soll.«

Der Tunnelblick des deutschen Staats

Nick Brauns war erst nach der Verhaftung von Abdullah Öcalan zum ersten Mal in Kurdistan, 2001. Von da an dann jährlich. Er hat daheim und vor Ort in der Türkei live erlebt, wie die kurdische Bewegung erst über Öcalans neues Paradigma stritt und es dann langsam aufnahm. Er hat die Kulturvereine in Südostanatolien gesehen und die Frauenhäuser, er war in Städten, die ein Rätesystem hatten und in denen es fast babylonisch zuging. Aramäisch, assyrisch, arabisch, kurdisch. »Es gab eine lebhafte Zivilgesellschaft. Nicht in allen Orten, aber in vielen. Das ist alles weg. Es sind ja nicht nur die Bürgermeister der HDP im Gefängnis. Diyarbakir-Sur existiert nicht mehr. Sie fangen an, uralte Höhlen und Gebäude zu sprengen. Die Leute haben ihre Häuser verloren, sie haben alles verloren. Die Reaktion der AKP war aber so brutal, dass alle wissen: Die Regierung ist schuld. Selbst die, die früher über die Barrikaden der PKK geklagt haben.«

An Deutschland ist Öcalans Paradigmenwechsel vorbeigegangen, an den Medien, an den Strafverfolgern, an der Polizei. »Die Bundesregierung sieht die kurdische Frage nach wie vor mit den Augen der Türkei«, sagt Nick Brauns. »Sie bindet sich an die Türkei. Es gab ein kleines Fenster, als der IS vorrückte und Mossul einnahm. Das war die Zeit, als selbst CDU-Abgeordnete sagten, vielleicht müsse man der PKK Waffen geben. Zeitungen wie der *Tagesspiegel* oder die *taz* haben damals gefordert, das Verbot aufzuheben oder wenigstens zu lockern. Das war schnell wieder vorbei. Die USA sind sehr pragmatisch, wenn es gegen den IS geht. Dazu ist die Bundesrepublik nicht in der Lage.«

Der Partner am Bosporus natürlich, auf Gedeih und Verderb. Dazu kommt etwas, was Nick Brauns den »innenpolitischen Tunnelblick« nennt. »Wir haben inzwischen mehrere Generationen von Staatsschützern, die das gar nicht anders kennen. Menschen in den Ministerien zum Beispiel.« Brauns erzählt von den vielen kleinen Anfragen der Linkspartei zur PKK. »Die Antwort war immer: Die sind jetzt friedlich. Die nehmen sogar Einfluss auf ihre Jugendlichen. All die Demonstrationen rund um Kobanê: friedlich. Außer wenn Salafisten auftauchen. Dass das so friedlich ist, sei aber ja gerade der Beweis, dass die PKK ihre Leute im Griff

Machmur, Südkurdistan, 2014: PKK-Kämpferin. Foto: Flo Smith

habe. Und wer seine Leute im Griff hat, der könne sie auch zu Gewalt anhalten. Also müsse die PKK verboten bleiben, weil ihr Potenzial nicht kontrollierbar sei.«

In einem solchen Tunnelstaat ist Karriere keine Option, wenn man als junger Mann in München Kurden trifft und sich auf ihre Ideen einlässt. Nick Brauns sagt heute, dass seine Aussichten als Historiker ohnehin nicht so rosig gewesen seien. »Ich habe schon während des Studiums gemerkt, dass ich es eher auf der anderen Seite schaffen werde, irgendwo zwischen NGO und Partei. Wenn dein Name ein paarmal in der Zeitung steht, dann verbaust du dir was. Ulla Jelpke hat mich dann ja gerade wegen solcher Geschichten eingestellt. Für den Job im Bundestag war es eine Qualifikation, selbst Ermittlungsverfahren gehabt zu haben und zu wissen, wie das funktioniert.« Seine Dissertation hat Brauns über die Rote Hilfe geschrieben, »über die alte, in den 1920ern«.[39] Heute leitet er das Hans-Litten-Archiv, einen Verein, der solche Studien fördert. »Da gibt es schon Solidarität.«

Nicht geholfen hat das bei Wikipedia. Der Eintrag »Arbeiterpartei Kurdistans« zitiert Nick Brauns und Brigitte Kiechle zwar, in der Literaturliste aber fehlt ihr Buch. »Das hat eine Troll-Lobby verhindert. Angeblich ist das keine seriöse Wissenschaft, weil wir in kritischer Solidarität zur Bewegung stehen. Außerdem würden wir gleich zu Beginn ein Gedicht abdrucken, das eine Selbstmordattentäterin bejubelt.« In diesem Gedicht von Bişar Andok, der 1999 zur Guerilla ging, geht es erst um die Türkei, Iran, Irak und Syrien, um Obamas USA, die EU und die großen Konzerne, und dann um die Helden der kurdischen Bewegung von Mazlum Doğan bis zu einem Kämpfer, der 2009 von der Armee getötet wurde, obwohl die PKK einen Waffenstillstand angekündigt hatte. Terrorpropaganda, würde Recep Tayyip Erdoğan sagen, genau wie zum 25. Internationalen Kurdischen Kulturfestival in Köln.

5 Eine Reise in den Irak, storniert und doch ertragreich

Wenn alles normal gelaufen wäre, hätten wir Sirwan Abbas, Cornelius Huppertz und Dastan Jasim gar nicht kennengelernt. Die Tickets nach Erbil waren längst gebucht. Es gab da zwar diesen Plan für ein Unabhängigkeitsreferendum, vage zunächst und dann plötzlich doch sehr konkret anberaumt für den 25. September 2017, kurz vor unserer Ankunft, aber das schien ein eher kleines Hindernis zu sein. Die Kurden im Irak sind seit 1991 autonom. Sie haben ein Parlament, eine Regierung, einen Präsidenten. Sie sind weltpolitisch eine Nummer, spätestens seit 2014. Und sie hatten auch schon einmal abgestimmt über ihre Unabhängigkeit, im Januar 2005, mit einem Erich-Honecker-Ergebnis. 99,88 Prozent. Ein lautes Ja für die eigenen Herzen und für die Ohren der Welt. Nicht mehr und nicht weniger. Das mit dem Selbstbestimmungsrecht der Völker ist so eine Sache, siehe Katalonien. Den Irak zerfallen lassen für einen klitzekleinen Kurdenstaat? Nicht mit Washington und Moskau, nicht mit Teheran und Ankara (und damit auch nicht mit Berlin) und schon gar nicht mit Bagdad. Artikel 140 der Verfassung sagt zwar, dass auch Gebiete mit größeren Minderheiten zu Kurdistan gehören dürfen, wenn die Bevölkerung das will (etwa die Provinz Kirkuk), abstimmen lassen aber wollte die irakische Regierung bisher um keinen Preis.[1] Wahrscheinlich nur eine Show, dachten wir. Säbelrasseln. Sie werden das Referendum absagen, und wir können im Nordirak (oder: Südkurdistan) zu zweit das vertiefen, was Kerem Schamberger ein halbes Jahr vorher dort alleine angefangen hatte.

Masud Barzani, seit 2005 Präsident der Autonomen Region Kurdistan im Irak, hat uns diesen Gefallen nicht getan. Er hat haushoch gewonnen (92 Prozent »Ja« bei rund 80 Prozent Wahlbeteiligung) und doch alles verloren. Noch im September die Flughäfen in Erbil und Sulaimaniyya. Gesperrt für den internationalen Verkehr (zum Beispiel für uns), gleich nach dem Referendum. Mitte Oktober dann all die Gebiete, um die Bagdad und Erbil streiten. Damit auch die Ölfelder um Kirkuk und so das Geld aus dem Rohstoff-Export.[2] Und schließlich, das bleibt nach so vielen Verlusten nicht aus, sein Amt und das Wohlwollen seiner Wähler. Civaka Azad, das Kurdische Zentrum für Öffentlichkeitsarbeit, sprach kurz vor Weihnachten 2017 von »Massenprotesten gegen die Regierung in Südkurdistan« und ersten Toten. Nilüfer Koç, Co-Vorsitzende im Kurdistan Nationalkongress, berichtete in einem Interview, dass sich »die Sicherheitslage drastisch verschlechtert« habe. Überall »paramilitärische Gruppen«, teilweise unterstützt aus dem Iran und aus der Türkei. »Sehr brutal gegen die Kurden«. Dazu die katastrophale Wirtschaftslage. Die Grenzübergänge, das Öl, der Handel: alles wieder Bagdad unterstellt. Kurz: Die Kurden haben »nach dem Referendum alle Errungenschaften der letzten 27 Jahre verloren«.[3]

Nichts also mit einer Recherche vor Ort. »Bei uns ist es ganz leicht, nationale Gefühle auszulösen«, sagt Sirwan Abbas, den wir fünf Tage nach der Abstimmung in München treffen.[4] »Stellen Sie sich vor, Sie hätten keinen eigenen Staat. Immer wenn Sie eine Fahne sehen, dann haben Sie Gefühle. Das ist ein Traum. Es ist eine große Sache, einmal unabhängig zu sein. Aber nicht so, wie es Barzani jetzt gemacht hat. Ich bin sprachlos. Er macht das ganz eigensinnig, nur für seine Partei.«

Sirwan Abbas kommt aus Kirkuk. Sein Vater war dort Hausmeister und ein älterer Bruder Politiker. Kommunist, sagt Sirwan.

Linksradikal, als Student in Bagdad, in den 1970ern. »Er hat uns sehr geprägt.« Sirwan Abbas hat alles gesehen. Er spricht über »die Unterdrückung und das Leid unter Saddam Hussein«, über die irakischen Geheimdienste und über Kurden, die den Schergen damals geholfen haben. »Dorfschützer nennt man die in der Türkei. Im Irak hatte jeder Stammesführer solche Leute, manche bis zu 10 000. Alle bewaffnet. Sie haben hemmungslos Menschen unterdrückt, für Saddam. Auch bei der Operation Anfal. Obwohl sie Kurden sind, obwohl sie kurdische Kleidung tragen. Sie haben die Armee in die Dörfer geführt. Manche Kurden waren schlimmer als Saddam Hussein.« Nach 1991, nach der »Befreiung«, habe er, Sirwan Abbas, »auch eine Waffe in der Hand« gehabt, »bei den Peschmerga«. »Das war aber sehr kurz. Dann kam schon die Idee auf, das Land zu verlassen. Ich habe keine Perspektive mehr gesehen.«

In München hat Sirwan Abbas eine schöne Wohnung, mitten in Schwabing, gar nicht weit weg vom Hohenzollernplatz. Viel Teppich, ein großer Bildschirm, Tee zur Begrüßung. Er lebt seit 1999 in der Stadt. Im Moment fährt er Taxi und arbeitet als Dolmetscher. Das Bundesamt für Migration und Flüchtlinge braucht gerade das, was Sirwan kann. Sorani, seine Muttersprache. Kurmandschi, den Dialekt der Barzanis. Dazu afghanische Sprachen, Persisch, Arabisch. Die Sprache ist wichtig in seiner Geschichte über das Kurdistan, das er im Irak erlebt hat. »Das Land ist geteilt«, sagt er. »Es gibt eine Sprachgrenze, am kleinen Zab. Der Fluss teilt uns. Unterhalb sprechen die Leute Sorani und oberhalb Kurmandschi. Die Sorani-Sprecher haben eine eigene Identität. Sie haben sich gegen alle Herrscher gewehrt und mögen auch die Barzani-Leute nicht. Man beschimpft sich. Das ist wie mit Preußen und Bayern. Wenn man sich Mühe gibt, kann man die anderen verstehen und auch so sprechen. Viele wollen sich aber keine Mühe geben.«

Ein Weißwurstäquator im Irak. Sirwan Abbas ist höflich. Der deutsche Gast soll verstehen. »Keine Mühe geben« ist hier die

Chiffre für einen Bürgerkrieg. Immer wieder richtig heiß, zuletzt Mitte der 1990er Jahre, und kalt offenbar bis in alle Ewigkeit. Sirwan Abbas lässt kein gutes Haar an den kurdischen Politikern im Irak und an den beiden großen Parteien, an Barzanis KDP und an der PUK der Talabanis, die lange das Sorani-Land beherrscht hat. Vielleicht muss das so sein, wenn man in München sitzt und lieber in Kirkuk wäre. Die Stämme und die Stammesführer, sagt er. Macht, Geld, schmutzige Geschäfte. »In Sulaimaniyya haben sie Grundstücke verteilt. Aber nicht an die, die sich geopfert haben. Ganz im Gegenteil. An die Verräter aus Saddams Zeiten. Die Ungerechtigkeit hat zum Himmel gestunken. Als ich jung war, hatte jeder nationale Gefühle. Wir haben für Kurdistan gebrannt und viele Leute verloren. Die Parteien haben das alles kaputt gemacht.« Wie konnte es so weit kommen? »Wir Kurden sind sehr rückständig. Feudal. Die Nomaden-Lebensweise ist bis heute in uns verankert. Ich bin nach Deutschland gegangen, weil ich wusste, dass der Waffenstillstand nicht ewig hält. Die Blutrache. Die Stämme bringen sich gegenseitig um. Das war schon in den 1960er Jahren so und konnte jeden Augenblick wieder losgehen.«

Die Flucht aus der Heimat hat sich tief eingegraben in den Körper und in die Seele von Sirwan Abbas. Allein der Weg in die Türkei. »Direkt vom Irak aus ging das damals nicht. Wir mussten erst in den Iran und von dort dann weiter. Es gab heftige Kämpfe. Die Schleuser haben 10 bis 15 Leute über die Pässe gebracht. Manche von denen, die mit mir gegangen sind, haben es nicht geschafft. Sie sind ertrunken oder erschossen worden. Es war eine schwierige Entscheidung. Viele Jugendliche sind damals ausgewandert. Die wirtschaftliche Lage war schlecht. Saddam hat wenig Waren hineingelassen, und die Türkei wollte nur mit Barzani verhandeln, wenn er die PKK unter Druck setzt oder ihre Politiker sogar umbringt. Die KDP hat das alles schamlos gemacht. Sie haben auch mit Hilfe der irakischen Armee Erbil eingenommen und die PUK vertrieben. Eine graue Zeit, wie im Mittelalter. 1998 wurde der Krieg dann beendet. Man hat das Gebiet aufgeteilt, mit Hilfe der Amerikaner. Dazu kam das Öl. Wenn Geld da ist, dann lassen sie den Krieg erstmal.«

Der »Deutsche Hof« in Erbil, Giftgas und ein Generalkonsulat

Saddam und Anfal, die Barzanis und die Talabanis, der Iran, die Türkei und damit auch die PKK. Erdöl. Also die USA, der Westen, Deutschland. Nur ein Viertel vom winzigen Kurdistan und doch nicht weniger kompliziert als die Weltpolitik insgesamt. Keiner kann sich heute mehr dem Globalen entziehen, schreibt der große Ulrich Beck in seinem letzten Buch, auf Deutsch erschienen 2017. Unser Weltbild, unser In-der-Welt-sein, unsere politische Handlungsfähigkeit: All das verwandelt sich, weil längst eingetreten ist, was vor Kurzem noch unvorstellbar war. 9/11, Fukushima, Snowden. Folgt man Ulrich Beck, dann dreht sich die Welt nicht mehr um den Nationalstaat. Die Nationalstaaten drehen sich um eine Welt im Risiko, und die Menschheit ist der »ultimative Bezugspunkt« für unser aller Handeln. Kurdistan ist in jedem noch so kleinen deutschen Dorf, genau wie der Klimawandel und die Angst vor Terrorismus.[5]

Cornelius Huppertz hat die Vorboten dieser »Metamorphose der Welt« im Dezember 2007 im »Deutschen Hof« in Erbil gesehen. Die kosmopolitischen Reiter, wenn man so will. »Dieses Restaurant war »the place to be«. Definitiv. Ein Treffpunkt vieler Deutscher, die in Kurdistan ihr Glück suchten. Der Wirt war ein Bundeswehrkoch, der im Kosovo und in Afghanistan war und jetzt in Erbil diese Gaststätte aufgemacht hatte.« Cornelius Huppertz hat an diesem Abend im »Deutschen Hof« gesprochen. Über die deutsche Außenpolitik und den Plan, in Erbil eine Außenstelle der Botschaft in Bagdad zu eröffnen, über eine deutsche Schule für Kinder von Rückkehrern, die einst wie Sirwan Abbas geflohen waren. Sein Publikum war von diesen Ideen genauso angetan wie die Einheimischen. Ein Diplomat aus dem Westen, hier in Erbil. Ein sehr junger Mann zwar, aber immerhin. Aus Berlin bekam Huppertz, was er brauchte, um sich sicher in und um Erbil bewegen zu können. Sein Fahrer Omar, Anfang 30, hatte in den Bergen gekämpft, wie alle in seiner Generation. »Er lernte als Einziger schnell drei Brocken Englisch, kannte jeden in der Stadt und war höchst zuverlässig.«[6]

Für Cornelius Huppertz war Erbil eine Chance, die man auch als Beamter im Außenministerium nicht oft bekommt. Wo gibt es das schon noch: eine neue Auslandsvertretung, von null auf hundert. Ein Haus suchen, Telefonanschluss bestellen, politische Kontakte etablieren. »From scratch«, sagt Huppertz. »Eine Vertretung in Erbil war aber schon länger im Gespräch.« Die Deutschen kommen nicht allein. Die Franzosen eröffnen ebenfalls eine Vertretung, Italien und Österreich haben Verbindungsbüros. Die Kurden sehen jeden diplomatischen Kontakt als kleinen Schritt auf dem langen Weg zu einem eigenen Staat. Auf die Welt zugehen und den Westen beeindrucken, über Menschenrechte zum Beispiel.

Für einen deutschen Diplomaten im Irak ist das ein schwieriges Thema. Die Kurden haben sich allein gelassen gefühlt in den 1980er Jahren, auch und gerade von Deutschland. Die Operation Anfal. Der Massenmord an Kurden. Anfal heißt auf Arabisch Beute und steht im Koran für das, was Mohammed mit einer Gruppe Abtrünniger machte, für ihre Unterwerfung sozusagen. Saddam Hussein hat sich gar nicht so selten in religiösen Texten bedient, um sein Schlachten und Morden zu legitimieren.[7] Die Operation Anfal war der Gipfel eines Horrors, der 1975 begann, nach dem Abkommen von Algier, das den Grenzstreit zwischen dem Irak und Iran für ein paar Jahre beruhigte. Für die Kurden im Nordirak hieß das: kein Geld und keine Waffen mehr aus Teheran und massenhafte Zwangsumsiedlung. Weg von der Grenze, weg aus den Dörfern, über die der Erzfeind auch deshalb ins Land sickern konnte, weil man einen gemeinsamen Gegner hatte: Bagdad. Wie das so ist, wenn sich zwei Kriegsparteien die Hände reichen: Die Hilfstruppe wird nicht mehr gebraucht. Schlimmer noch: Sie wird dem Hass des neuen Freundes ausgeliefert.

Geschichte wiederholt sich. Doch. Für die Kurden auf jeden Fall. Der Iran und der Irak haben sich wieder geschlagen, 1980 bis 1988, im ersten Golfkrieg. Wieder haben die Peschmerga gegen Saddams Soldaten gekämpft, wieder hat ihnen Teheran dabei geholfen, und wieder hat vor allem die Landbevölkerung gelitten. Bagdad hat Dörfer bombardiert und 1985 per Gesetz etwas geschaffen, was man »verbotene Gebiete« nennen kann. Kein Wasser mehr, kein Strom, kein Transport, kein Handel. Und: Feuer frei. Auf alles schießen, was sich bewegt. Auf Peschmerga sowieso, aber auch auf Zivilisten. Im Sommer 1987 entschied Saddam Hussein schließlich, das Leben in der Region ganz auszulöschen. Gouverneur von Kurdistan wurde ein Verwandter: Ali Hassan al-Majid. Am 23. Februar 1988 startete dieser »Chemie-Ali« Anfal, eine Giftgas-Militäroperation in acht Wellen, für die sich eigentlich jeder Spitznamen verbietet.[8] Ins kollektive Gedächtnis der Menschheit eingebrannt hat sich vor allem der Name der Stadt Halabdscha, wo am 16. März 1988 rund 5 000 Menschen starben, mehr als doppelt so viele verletzt und 50 000 in die Flucht getrieben wurden. Die Anfal-Bilanz liest sich noch schlimmer: 182 000 tote Kurden (vor allem Männer und Jungen), eine Million Vertriebene (in die Türkei, in den Iran, nach Westeuropa), Tausende Dörfer zerstört, verlassen, vermint.[9] Die Technik und Rohstoffe kamen von deutschen Firmen.[10] Bis heute unvergessen, genauso wie das, was dann in den 1990er Jahren passierte. Deutschland als Fluchtziel, zum Beispiel für Sirwan Abbas. Deutschland als sicherer Hafen in einer chaotischen Welt.

Cornelius Huppertz war ein Jahr in Erbil. Im April 2008 ist die Außenstelle der Botschaft arbeitsfähig. Im Februar 2009 kommt Frank-Walter Steinmeier, damals Außenminister, und eröffnet das deutsche Generalkonsulat. Cornelius Huppertz ist Diplomat. In diesem Beruf hat man gelernt, den eigenen Anteil an der Weltgeschichte kleinzureden. Vermutlich wäre alles genauso gekommen, wenn ein anderer an seiner Stelle gewesen wäre. Wer weiß. Immerhin: Da war jemand, der in Erbil arbeiten wollte, und dann ging alles sehr schnell. Vorher hatte das Auswärtige Amt gezögert, vielleicht auch aus Angst vor Entführungen. Ende 2005 war Susanne Osthoff auf dem Weg von Bagdad nach Erbil verschleppt worden, eine Münchnerin, die sich sehr gut im Land auskannte, für ihre Zivilcourage ausgezeichnet worden war und ein Medienfall wurde. »Die Kurden haben uns immer wieder gesagt, dass bei ihnen alles sicher ist. Tatsächlich war das Sicherheitsempfinden zu dieser Zeit in Erbil deutlich besser als in Bagdad.«

Und der Bruderkrieg, vor dem Sirwan Abbas ein Jahrzehnt zuvor aus dem Irak geflohen war? Cornelius Huppertz spricht von »Spuren«, die »im politischen System« zu spüren gewesen seien. Diplomatendeutsch. »Viele Institutionen waren immer noch getrennt.« In Erbil dominiert die KDP. Der Clan der Barzanis. Die PUK sitzt in Sulaimaniyya und hat wichtige Ämter in Bagdad. Partei-Mitgründer Dschalal Talabani war 2005 Präsident des Irak geworden. Beide Parteien haben eigene Sicherheitsbehörden. Cornelius Huppertz: »Jede Seite vertraute vor allem ihren eigenen Leuten. Zwischen Erbil und Sulaimaniyya musste ein Checkpoint passiert werden. Die Politik ist dort eher tribal organisiert.« Das heißt: Familienclans und Beziehungen sind wichtiger als Institutionen, und Amtszeiten liefern allenfalls eine grobe Orientierung. Niemand weiß genau, wer für was und für wie lange gewählt wurde. Das muss auch niemand so genau wissen. Verwandtschaft mit den Parteiführern: Darauf kommt es an. Sonst zählt man einfach die Peschmerga, die um jeden der Anführer herumschwirren, oder die Fahrzeuge, die in seiner Kolonne fahren. Präsident, Premier, Parlament? Eher Fassaden für den Westen.

Stammesfehde hin oder her: Kurdisch-Sein, sagt Cornelius Huppertz. Das habe immer über allem gestanden. Sich abgrenzen von Bagdad, als eigenständig wahrgenommen werden, unabhängig sein. Schon damals ist das Referendum ein Thema und das, was dazu in der irakischen Verfassung steht. Wie immer im Nahen Osten spielt dabei auch das Öl eine Rolle. 17 Prozent stehen den Kurden eigentlich aus dem Verkauf zu. Ausgezahlt hat Bagdad lange nur etwa 10. Die Kurden haben sich gewehrt und all das einfach in Eigenregie vermarktet, was sie neu gefunden haben.[11] Ohne das Geld aus Öl und Gas ist Erbils Klein-Kurdistan nicht lebensfähig. Man kann das auch andersherum sehen: Mit diesem Geld hat die Region einen Boom bezahlt. Ein Mini-Dubai. Shopping Malls, Hochhäuser, Hotels mit vielen Sternen.[12] Cornelius Huppertz spürt das, als er eine Liegenschaft für das deutsche Generalkonsulat sucht. Er schüttelt noch heute den Kopf, wenn er an die Preise von damals denkt oder an die Infrastruktur-Pläne, zu denen ein Flugplatz gehört, auf dem der A380 landen kann. Die Kurden im Irak wollen hoch hinaus, und die Ausländer spenden Beifall und mehr. Was soll schon noch schiefgehen auf dem Weg zu einem freien Kurdistan?

Sirwan Abbas in München ist nicht besonders gut zu sprechen auf den Bodenschatz, der den Wohlstand in seine Heimat brachte. »Wir haben mehr als eine Million Menschen, die einfach so Geld bekommen, durch das Öl. Diese Menschen gehören den Parteien. Ein Patronagesystem. Ich bin loyal zu deiner Partei, und dafür versorgst du mich. Es gibt kein normales Leben. Schon die jungen Leute haben Waffen, und niemand will arbeiten gehen. Es gibt etwas Ackerbau, aber nur wenige beschäftigen sich damit. Die anderen wollen einfach ein Gehalt beziehen.« Die Folgen: ein riesiger Sicherheitsapparat, eine noch größere Bürokratie und die totale Abhängigkeit. Vom Öl, vom Geldfluss aus Bagdad, von Lebensmitteln aus der Türkei, wo auch fast all das herkommt, was man sonst so zum Leben braucht. Wirklich Staat machen lässt sich auf dieser Basis nicht.[13]

Nein, sagt Cornelius Huppertz. Kurdistan anzuerkennen sei kein Thema gewesen für die deutsche Außenpolitik, als er die Außenstelle der Botschaft in Erbil geleitet und so den Weg für ein Generalkonsulat geebnet hat. »In Erbil haben wir die politische Realität nachgezeichnet. Deutschland brauchte Gesprächskontakte, und es gibt dort viele Deutsche. Die Anerkennung des Kurdenstaates stand niemals zur Debatte. Die Kurden wussten auch, dass das nicht zu machen war.« Die Stabilität im Nahen Osten. Die Türkei, die PKK. Trotzdem. »In Erbil hatten viele das Gefühl, in einem anderen Land zu sein«, sagt Huppertz. »Das hatte auch damit zu tun, dass die Landroute nach Bagdad kaum begehbar war. Von dort ging es nur mit dem Flugzeug.« Das andere Land: Das ist zunächst die Sprache. Kurdisch hier, Arabisch dort. Und dann ist da die Politik. Die Rhetorik um den Außenminister, die Kameras, die Sicherheitsleute. So etwas schafft Fakten. Von Erbil aus gesehen, ist das Ziel damals klar zu erkennen und zum Greifen nah: Legitimität für die eigene Regierung, Legitimität für einen eigenen Staat.

Der IS, die große Politik und ein Fenster für die Barzanis

Und dann kam der Islamische Staat. »Das bis dahin eher unwichtige kleine Kurdistan-Irak hat mit dieser Herausforderung einen beträchtlichen regionalpolitischen Bedeutungszuwachs zu verzeichnen«, heißt es etwas umständlich in einem Strategiepapier der Stiftung Wissenschaft und Politik (SWP) vom Mai 2015. Die SWP ist der Ort, an dem deutsche Außenpolitik vorgedacht wird. Der Thinktank der Bundesregierung. Den Kurden im Kampf gegen den IS helfen: Das sei jetzt »auch ein Gebot für Deutschland«.[14] Berlin hat da längst Waffen und Ausrüstung geliefert, für 70 Millionen Euro, vom Kabinett beschlossen am 31. August 2014. Das SWP-Papier spricht von »Kleinwaffen wie Pistolen, Schnellfeuer- und Maschinengewehren« und von »einer (nicht laut artikulierten) Enttäuschung« der Kurden. Viel zu wenig Panzerfäuste, viel zu wenig Milan-Raketen. 500 Schuss für eine Front, die 1 000 Kilometer lang sei.[15]

Einige dieser Waffen sollen Barzanis Peschmerga im März 2017 im Shingal-Gebirge gegen Jesiden eingesetzt haben,[16] gegen die Religionsgemeinschaft, zu der auch Rosa Burç gehört, mit der wir in Bonn über die Türkei gesprochen haben und über YPG und YPJ, die kurdischen Einheiten in Syrien, die der PKK nahestehen. Rosa Burç hat uns von ihrem Interview mit CNN im August 2014 erzählt. Auch da ging es um Shingal und um den IS – vor allem aber um die Frage, ob man live im großen Fernsehen sagen kann, wer die Jesiden gerettet hat. Ob man sagen kann, dass das Kämpferinnen und Kämpfer waren, die Abdullah Öcalan verehren.[17]

Abdullah Öcalan und Masud Barzani: Vielleicht hilft das, um das Kurden-Knäuel zu entwirren, diese vielen Abkürzungen und Organisationen, die sich über Ländergrenzen hinweg bekriegen und dabei immer wieder auch Landsleute töten oder opfern. Auf der einen Seite Öcalan, das Arme-Leute-Kind,[18] der auf die setzt, die nichts mehr zu verlieren haben. Auf Bauern, auf die Enttäuschten, die an den Rändern der großen türkischen Städte wohnen, auf Menschen, die bereit sind, alles aufzugeben und in die Berge zu gehen, auf die Frauen.[19] Kurdistan von unten. Auf der anderen Seite ein Clan-Chef, der wie kein zweiter das Kurdistan von oben verkörpert und das Ringen seines Volkes um einen eigenen Staat.

Masud Barzani ist in Mahabad geboren, im Sommer 1946, in der Hauptstadt der »Republik Kurdistan«. Das ist fast zu kitschig, um wahr zu sein. Die Republik in Mahabad gab es knapp ein Jahr. Jeder kurdische Nationalist kennt dieses Gebilde. Ungefähr eine Million Einwohner, ein Drittel des kurdischen Siedlungsgebiets im Iran. Ergebnis des Zweiten Weltkriegs und irgendwie auch Vorläufer des kalten Krieges, der nun beginnen sollte. Sowjetunion versus Großbritannien, Sowjetunion versus USA. Und die Kurden mittendrin, wo sonst. Als Ghazi Mohammed, religiöser Führer von Mahabad, Vorsitzender des »Komitees für die Auferstehung Kurdistans« (Komala) und später auch der »Demokratischen Partei Kurdistans – Iran«, am 22. Januar 1946 die Republik ausruft, trägt er eine Generalsuniform der Roten Armee. Kurdisch wird Amtssprache, und Moskau schickt Technik, damit Lehrbücher und Zeitschriften gedruckt werden können.[20]

Was das mit Masud Barzani zu tun hat? Sein Vater Mustafa Barzani kommt aus dem Irak, bringt tausend Kämpfer mit und unterstellt sie der neuen Republik. Doch das Glück ist nur von kurzer Dauer. Die Rote Armee verlässt den Iran, Ghazi Mohammed wird in Mahabad hingerichtet und die Barzanis fliehen mit einem Teil ihrer Kämpfer in die Sowjetunion. Erst 1958 geht es zurück in die Heimat, wo Mustafa schnell zum Kopf des kurdischen Aufbegehrens gegen die Regierung in Bagdad wird, aber immer auch Chef eines Clans bleibt, der mächtiger sein will als alle anderen Clans. Kurmandschi-Kurden gegen Sorani-Kurden zum Beispiel, damals schon, ganz ohne Abdullah Öcalan. Schon damals, 1970, verhandelt Mustafa Barzani mit Saddam Hussein auch über ein Referendum für Kirkuk.[21] Solange es gegen Saddam geht, halten es die verfeindeten Brüder in der gleichen Partei aus, in der KDP – das Abkommen von Algier aber, das den Mittelfluss aus Teheran und Washington versiegen lässt, führt zum Bruch. Die Sorani-Sprecher um den Talabani-Clan wollen weiterkämpfen, gründen 1975 eine Gegenpartei, die Patriotische Union Kurdistans (PUK), und saugen dabei gleich noch einige kleinere Gruppen aus dem linken Spektrum auf. Der alte Barzani fliegt im selben Jahr zu einer Krebsbehandlung in die USA. Er wird dort sagen, es sei »der größte Fehler« seines Lebens gewesen, den Vereinigten Staaten zu vertrauen.[22]

Natürlich: All das führt tief hinein in die Innereien eines kleinen Volkes. Ohne diese Geschichte ist aber der Bruderkrieg nicht zu verstehen, der Sirwan Abbas aus Kirkuk nach München getrieben hat. Auch das nicht, was Cornelius Huppertz in Erbil erleben durfte. Und schon gar nicht der Kult um Masud Barzani, der zum Referendum von 2017 führt und damit auch zur Absage unserer Reise. »Ein ohrenbetäubendes Hupkonzert« und »völlig verstopfte« Straßen hat Anina Jendreyko am Abend des 25. September in Erbil erlebt, »gepaart mit Freudenschüssen und Feuerwerk«. Anina, die eigentlich mit uns durch Kurdistan fahren wollte, ist ein paar Tage vorher geflogen und kann nun die »Menschenschlangen« sehen, die sich »schon frühmorgens« vor den Wahlurnen gebildet haben. »Jeder Taxifahrer, mit dem ich von einem Abstimmungslokal zum anderen fahre, schüttelt mir die Hand und bedankt sich, dass ich an diesem historischen Tag bei den Kurden bin.«[23]

Masud Barzani und seine Familie sind ein Synonym geworden für den Wunsch nach Unabhängigkeit, für die Sehnsucht der Kurden nach einem eigenen Staat. Um diesen Wunsch und diese Sehnsucht zu bedienen, um das zu vollenden, was seinem Vater Mustafa nicht vergönnt war, würde Masud Barzani vermutlich auch mit dem Teufel paktieren. Abdullah Öcalan und seine Anhänger wollen keinen Staat, schon lange nicht mehr. Auch keinen kurdischen Staat. Für die Regierung in Ankara ist das der Teufel, ob er sich nun PKK nennt wie in der Türkei, Partei der Demokratischen Union (PYD) wie in Syrien oder Waffen trägt wie YPG und YPJ (ebenfalls in Syrien) oder wie die YBS (die Verteidigungseinheiten von Shingal, Irak). Immer geht es um den »Demokratischen Konföderalismus«, um Öcalans Vision von einem Leben ohne Staat, über die Ercan Ayboğa in Kassel gesprochen hat und vor der Recep Tayyip Erdoğan mindestens genauso viel Angst zu haben scheint wie seine Amtsvorgänger vor den Rebellen in den Kandil-Bergen.

Frieden mit der Türkei war für den Barzani-Clan so immer ein Kinderspiel. Gib Ankara freie Hand im Kampf gegen die PKK, und der große Nato-Staat im Norden mit seiner überdimensionierten Armee lässt dich in Ruhe. Das war Mitte 1997 so, als Barzanis KDP mehr als 30 000 türkische Soldaten ins Land holte und selbst Hand anlegte, um Öcalans Leute aus Erbil zu vertreiben. Sirwan Abbas hat von einer »grauen Zeit« gesprochen, »wie im Mittelalter«. Danach wurde es hin und wieder heller – immer dann, wenn es gerade einen Waffenstillstand gab zwischen Ankara und der PKK oder wenn beide Seiten sogar miteinander sprachen. Zwischendurch ist die Türkei aber wieder und wieder in den Irak eingefallen, mal mit Bodentruppen wie im Februar 2008, als mehr als 700 PKK-Leute getötet wurden, und mal aus der Luft wie am 25. April 2017, als 26 Bomber Shingal und Rojava angriffen und unter anderem eine Radiostation zerstörten.[24]

Machmur, Südkurdistan, 2014: Kämpfer der PKK
Foto: Flo Smith

Machmur, Südkurdistan, 2014: Kontrollfahrzeug mit PKK-Fahne am Eingang zum ehemaligen UNO-Flüchtlingslager. Foto: Flo Smith

Tuz Churmatu, Südkurdistan, 2017: Vater und Mutter trauern um ihren gefallenen Sohn, der in Nordsyrien gegen den IS gekämpft hat Foto: Kerem Schamberger

Südkurdistan 2017: Kerem Schamberger mit einem PKK-Kämpfer auf einer Newroz-Feier in den Kandil-Bergen

Dass Barzanis Peschmerga im März 2017 mit deutschen Waffen auf Jesiden geschossen haben sollen, passt in dieses Bild. Seite an Seite mit der Türkei gegen die PKK und ihre Ableger, gegen Abdullah Öcalan, den großen Widersacher im Kampf um die Gunst des kurdischen Volkes und um seinen Weg in die Zukunft. Peter Schaber, ein Journalist, der in allen kurdischen Regionen zu Hause ist, hat berichtet, was ihm Jesiden im Frühjahr 2017 in Shingal erzählt haben: Barzanis KDP sei gar nicht böse gewesen über das, was der IS 2014 mit den Jesiden gemacht hat. Das habe erst internationale Aufmerksamkeit gebracht, dann Geld und Waffen und schließlich Rückenwind für einen Kurdenstaat im Nordirak.[25] Dass dieser Wind auch Berlin erreichte, kann man nachlesen im SWP-Papier vom Mai 2015. Nicht mehr bremsen wie damals, als Cornelius Huppertz in Erbil war, sondern den »Prozess der Scheidung« moderieren, wird dort empfohlen. Die »Akzeptanz eines Kurdenstaates im Irak und in den Nachbarstaaten« fördern und helfen beim »Aufbau von Strukturen guter Nachbarschaft«.[26] Als Masud Barzani mehr als zwei Jahre später zu den Urnen ruft, ist der IS fast besiegt. Die Welt braucht die Peschmerga nicht mehr und hört wieder auf Ankara und Teheran. Bloß kein Kurdenstaat im Irak. Sonst kommen die kurdischen Landsleute in der Türkei und im Iran nur auf dumme Gedanken.

Südkurdistan in Baden-Württemberg

»Ich bin in einer Schockstarre«, sagt Dastan Jasim, die wir zehn Tage nach dem Referendum in Edingen-Neckarhausen treffen, einer Vierzehntausend-Seelen-Gemeinde zwischen Mannheim und Heidelberg. »Barzani weiß, dass die Leute Probleme haben, Nein zu sagen. Nach dieser Geschichte. Außenpolitisch stehe ich aber vor einem Rätsel. Außenpolitisch war das entweder ein Coup oder unglaublich dumm.«[27]

Edingen-Neckarhausen hält, was der Name verspricht. Sehr ordentlich, sehr deutsch. »Mein Vater ist 1985 hier gelandet«, sagt Dastan Jasim. »Er kommt aus ärmlichen Verhältnissen und war im Irak schnell in der Partisanenschiene. Im Krieg gegen den Iran wurden alle Jugendlichen auf einen Schlag zur Armee eingezogen. Mein Vater ist desertiert und hat sich den Peschmerga unter Talabani angeschlossen, für anderthalb Jahre. Wir sind Sorani.

Sie haben an der Grenze zum Iran gekämpft. Ein ganz schlimmes Gebiet, total vermint. Es war ausweglos. Er ist erst in die DDR geflohen und dann hierher gekommen. Keine Ahnung, wie das damals ging. Er hat eine Ausbildung gemacht, angefangen zu arbeiten und dann meine Mama hergeholt, 1992. Er wollte immer in dieser Gemeinde bleiben, hier seinen Weg machen. Vom Asylbewerber zum deutschen Staatsbürger. Das ideale deutsche Leben, weit weg von der Großstadt.«

Dastan Jasim hat uns vom Bahnhof in Mannheim abgeholt und uns drei Hochhäuser gezeigt. Eine Parallelgesellschaft, sagt sie. Lauter kurdische Familien aus dem Irak, die alle übereinander leben und irgendwie auch miteinander. »Für meinen Vater war das nie eine Option. Er hat die Hälfte seines Lebens in Deutschland verbracht. Die Regeln, das Planen. Das ist für ihn alles wichtig.« Wir sind trotzdem einen Umweg gefahren, zu einer kleinen kurdischen Gaststätte. Das beste Brot aus der Heimat, sagt Dastan. Mama wartet zu Hause mit dem Essen, kurdisch natürlich. »Sie vermisst die Heimat. Sie hat für uns ihr ganzes Leben aufgegeben. Großvater hat für die Engländer als Ingenieur gearbeitet, in den 1930er und 1940er Jahren. Seine Kinder haben alle studiert. Meine Mutter Agrarbiologie in Erbil. Sie hat dort auch gelehrt, an der Universität. Hier wurde davon nichts anerkannt.« Aus dem Wohnzimmerfenster schaut Dastan dann zum Bauhof gegenüber. »Da war früher das Asylheim. Da haben wir gewohnt, bis ich sechs war.«

Das Kinderzimmer gibt es noch, obwohl Dastan Jasim längst studiert. Vor ein paar Wochen hat sie in Stuttgart ihr Bachelorzeugnis bekommen, ein Jahr später als geplant. Darüber wird gleich zu sprechen sein. Von Papa gab es zur Belohnung ein Auto, ein deutsches natürlich. Die älteste seiner vier Töchter, eine Politikwissenschaftlerin. In ein paar Tagen beginnt der Master in Heidelberg. In Dastans altem Zimmer liegt viel Mädchenkram. Plüschtiere, zwei Poster. Che Guevara klein am Schrank, Abdullah Öcalan sehr viel größer an der Wand. Wenn man die Augen schließt und Dastan zuhört, kann man gar nicht glauben, dass sie hier vor Kurzem noch gespielt und geträumt hat.

Dastan Jasim ist sehr schnell erwachsen geworden, und der deutsche Staat hat dabei kräftig mitgeholfen. »Die Repression«, sagt sie. »Die Repression ist sehr real. So ist aus dem Jugendwiderstand und aus der Frage, wer ich als Kurdin bin, toter Ernst geworden. Ich habe Freunde, die nicht mehr in die Türkei einreisen dürfen. Ich habe Freunde, die nach Rojava gegangen sind. Ich habe Freunde, die dort sterben. Das ist auf einmal alles Realität, vor allem durch den Kampf gegen den IS. Auch Peschmerga, die wir gekannt haben, sind dort gestorben. Der Krieg, den wir nur aus den Erzählungen der Eltern kannten und der eigentlich auf Stand-by war. Dieser Krieg ist plötzlich wieder da.«

Das Haus in Edingen-Neckarhausen könnte auch von einer deutschen Familie bewohnt werden. An den Wänden Bilder von Van Gogh und Postkarten aus aller Welt. Die Programmierung der Fernbedienung, okay. Die kurdischen TV-Sender. »Meine Eltern haben mich mit einem kurdischen Bewusstsein großgezogen. In der Grundschule habe ich gesagt, ich war in Kurdistan, wenn wir aus dem Urlaub zurückkamen. Für mich war das normal. In dieser Schule gab es eine große türkische Community, aus dem Gastarbeitermilieu. Mit denen hatte ich schon damals richtig viel Streit. Sie haben mir gezeigt, wie es ist, in der Türkei eine Kurdin zu sein. Sie sind ausgerastet, wenn ich Kurdistan gesagt habe.«

Diese Ferienreisen sind ein Abenteuer. »Am Anfang lief der Bruderkrieg ja noch. Es war aber auch so immer bedrückend. Direktflüge gab es damals noch nicht. Wir sind nach Ankara geflogen, nach Antalya oder nach Adana und von dort mit dem Auto weiter. Das war schon bei den türkischen Grenzposten eine verzwickte Situation und erst recht dann in den KDP-Gebieten. Ich erinnere mich, dass die Flaggen an den Checkpoints wichtig waren. Wer beherrscht die Gegend gerade? Wir Kinder mussten still sein. Man hätte sonst gemerkt, dass wir aus Deutschland sind. Ich erinnere mich auch an die Minenwarnschilder. Ich habe das aus dem Auto gezählt. Alles war endlos vermint, der ganze Boden. Ein Erbe der Anfal-Kampagne. In den Sorani-Gebieten hatte der Staat seine Hand sehr viel stärker drin als bei den Barzanis, allein geografisch bedingt. Von uns aus ist Bagdad einfach näher. Auch die Flugverbotszone hat dann ja vor allem Barzani-Gebiet beschützt.« Nach dem Golfkrieg war der Luftraum im April 1991 oberhalb des 36. Breitengrades gesperrt worden, damit Saddam keine Flugzeuge gegen die kurdische Bevölkerung einsetzen konnte. Sulaimaniyya, die wichtigste Sorani-Stadt, und Kirkuk liegen deutlich weiter südlich.

In Edingen-Neckarhausen gibt es nur eine kurdische Familie. Als sie älter wird, fährt Dastan oft nach Mannheim, ein paar Kilometer mit dem Bus. Sie trifft dort auch Kurdinnen und Kurden aus der Türkei. Und sie stößt auf die Bücher von Abdullah Öcalan, im Internet. Wir schreiben 2009, 2010. Facebook ist da und damit eine neue Welt, wenn man in Edingen-Neckarhausen lebt, die Ferien im Irak verbringt und verstehen möchte, wer man ist. Wo man herkommt, wo man hinwill. Mit 16 liest Dastan Jasim *Gilgameschs Erben*.[28] 1 000 Seiten, die kurdische Frage und die Weltgeschichte. »Das war auch eine Abwehrreaktion gegen die migrantische Szene. Gegen die konservativen Türken, gegen die Rechten, gegen die Kurden aus dem Irak, die gelächelt haben, wenn eine Frau über Politik gesprochen hat. Überall Ablehnung, überall Unterdrückung. Und dann liest du Öcalan, der über unsere Geschichte spricht, über Frauen. Und du siehst im Verein Männer, die sind 40 oder 50 und wollen deine Meinung wissen. Das war faszinierend.«

An den Wochenenden geht Dastan Jasim zu Demos, nicht nur in Mannheim oder in Heidelberg. Das Internet. Im November 2015 wird sie Sprecherin des Verbandes der Studierenden aus Kurdistan in Stuttgart. »Wir haben das neu aufgebaut. Es war die

Zeit der Ausgangssperren in der Türkei, in Cizre zum Beispiel. Wir haben fast täglich Spontis gemacht. Wir standen alle unter Strom und haben Leute gewonnen, die vorher auf der Kippe standen und eher assimiliert aufgewachsen sind.«

Da ist er wieder, der Schmelztiegel, der deutsche Linke und kurdische Aktivisten zusammenbringt. Spontis gibt es nur hier. Auch der Staat ist wieder da, der diesen Tiegel heizt. Der türkische natürlich, in Cizre, in ganz Nordkurdistan. Dazu kommen wir gleich. Vorher ist über den deutschen Staat zu sprechen, über das, was dieser Staat mit Dastan Jasim gemacht hat. »Das war asozial«, sagt sie über die Hausdurchsuchung im Mai 2016 in ihrer Wohnung in Stuttgart. »Ich weiß nicht, wie man einer Studentin im sechsten Semester so reinscheißen kann. Allein wie sie einen behandeln. Die kommen sechs Uhr morgens bei dir rein. Alle Nachbarn kriegen das mit. Die kannten mich ja bis dahin nur als das Mädchen aus dem Erdgeschoss. Dann nehmen sie einen mit. Ich war in einer Einzelzelle. Fünf, sechs Stunden. Ich dachte, ich bin in einem falschen Film. Die ersten Wochen habe ich mich richtig schuldig gefühlt, obwohl ich nichts gemacht hatte. Das ist wie bei Kafka. Du steigerst dich da rein. Du brauchst Hilfe.«

Wie jede Aktivistin ist Dastan Jasim vorbereitet. Sie hat wie immer die Nummer einer Anwältin dabei. Sie bekommt die Unterstützung, nach der sie sucht, von Deutschen vor allem. Im Lilo-Herrmann-Haus, eine Art Rote Flora in Stuttgart, von der Roten Hilfe. Bei den Eltern dauert es ein bisschen. »Die haben gesagt: Irgendwas musst du gemacht haben. Irgendwas muss da gewesen sein.« Die beiden haben schon einiges durch mit ihrer Tochter. Hier mal »gekesselt oder mitgenommen«, dort mal »eine Anzeige wegen Landfriedensbruch, wegen Hausfriedensbruch. Aber nichts richtig Krasses.« Der Vater lacht erst wieder, als er die beiden CDs mit den Akten durchgeackert hat. »Das war vollkommen an den Haaren herbeigezogen. Mir wurde vorgeworfen, ich habe jemanden dazu verleiten wollen, zur PKK zu gehen, in die

Berge. Dieser Mensch hat zum Beispiel auf einem Rastplatz in Hockenheim eine Pause gemacht. In den Akten steht, dass ich das arrangiert haben muss, weil Hockenheim nur 20 Kilometer von Edingen-Neckarhausen entfernt ist.«

Was hier so lustig und absurd klingt, war für Dastan Jasim und ihre Freunde bitterer Ernst. Die Hausdurchsuchung ist nur die Spitze eines Eisbergs. Sechs Monate Telefonüberwachung, sechs Monate Observation. »Es war krass, zu sehen, was Richter bei einer so mickrigen Beweislage beschließen können.« Noch krasser ist das, worum es eigentlich ging. Wenn man eine Aktivistin überwachen darf, kommt man leicht an alle anderen heran. »Das war ein Rundumschlag. Viele wurden festgenommen in meinem Umfeld, und es gab mehrere Verfahren. Sie haben daraus eine Netzwerkgeschichte gemacht. Mein Studium hat das total eingeschränkt. Ich hatte gerade angefangen, meine Bachelorarbeit zu schreiben. Dann war mein Laptop weg, und ich war voll neben der Spur. Ich hatte auch Probleme, wieder in meiner Wohnung zu sein. Bullenhände überall, der Schrank raus. Und dann zu wissen, dass du ein halbes Jahr lang beobachtet wurdest. Das ist Wahnsinn.«

Ihre Bachelorarbeit hat Dastan Jasim dann doch abgegeben, mit einem Jahr Verspätung. Sie hat ein langes Praktikum im Irak gemacht und dort »viel Mut geschöpft«, wie sie sagt. »Wie viele Leute es dort gibt, die trotz all der Ausweglosigkeit so viel Herzblut in die Sache stecken.« In der Heimat hat sie auch gelernt, wer sie ist und was sie machen wird. »Ich war mir lange ganz sicher, eines Tages für immer nach Südkurdistan zu gehen und dort Politik zu machen. Jetzt weiß ich, dass ich ein Mischmasch bin. Weder deutsch noch kurdisch. Ich passe nicht zur PKK, weil ich nicht aus der Türkei bin und keine Alevitin. Ich passe nicht zu den Parteien in Südkurdistan. Ich bin eine Frau, ich bin laut, ich bin störrisch. Ich passe auch nicht zu den deutschen Parteien. Das ist mir viel zu langweilig, zu miefig, zu spießig. Ich bin dafür prädestiniert, Dinge zu beobachten, zu recherchieren, einzuordnen. Ich will auf jeden Fall in die Wissenschaft, am besten in die Politikberatung. Ich kenne beide Seiten und kann da Handlungsanweisungen geben.«

Dastan Jasim ist noch nicht einmal 25 und schon jetzt eine gefragte Expertin. Sie weiß, warum die Barzanis nicht lassen können von der Idee, einen kurdischen Staat zu gründen, und warum sie nur schwer über diesen Graben springen können, der sich da zu den Anhängern von Abdullah Öcalan auftut. Die Geschichte, sagt sie. Die Unterschiede zwischen den Besatzern. Auf der einen Seite die Türkei, ein starker Staat, der keinen Platz hatte für die Kurden. Nirgends. Nicht für ihre Kultur, nicht für ihre Sprache, gar nicht. Auf der anderen Seite der Irak, ein »failed state«, der »nur ein Gewaltmonopol« gekannt habe (Saddam Hussein) und mit den kurdischen Parteien stets »Katz und Maus« gespielt habe. Kollaboration und Vernichtung, Kurzzeit-Allianzen und dann doch wieder Krieg. »Die PKK hat erst die türkische Staatlichkeit abgelehnt und dann irgendwann auch das Staatskonzept an sich. Das ist mit der Mentalität in Südkurdistan nicht vereinbar, mit dem Widerstand dort.« In einem Aufsatz hat Dastan Jasim das auf den Punkt gebracht: »Staatlichkeit bedeutet in Südkurdistan: Macht, Wohlstand, Stolz, Wiedergutmachung und zuweilen sogar Rache.«[29] Besser hätten wir das in Erbil oder Sulaimaniyya auch nicht zu hören bekommen.

6 Eine Revolution, aus der Not geboren, bekämpft und doch noch da

In Rojava waren wir eigentlich schon, mit Ercan Ayboğa. Im Sandershaus von Kassel hat Ayboğa über das gesprochen, was er »Revolution« nennt, und über seine Erlebnisse vor Ort. Über eine Utopie, die nach Diesel riecht, über Doppelspitzen und über Räte nur für Frauen, aber auch über junge Leute, die nicht glauben wollen, dass ihr Leben wirklich so schnell besser wird, wie die Aktivisten versprechen, und die deshalb nach Europa gehen. Es war warm im Sandershaus. Der Sommer. Und die Freude, dass es Rojava tatsächlich gibt, allem Gestank und allen Zweiflern zum Trotz.

Der Winter heißt in dieser Geschichte Türkei. Im Januar 2018 ist Erdoğans Armee in Afrin eingefallen, in den kleinsten der drei Kantone Rojavas. 2000 Quadratkilometer, ungefähr doppelt so groß wie die Insel Rügen. Dörfer unter Artillerie-Beschuss, Kampfflugzeuge auf der Jagd nach Jesiden, Panzer. Auch deutsche Panzer.[1] Krieg gegen die Kurden, wieder einmal. Krieg aber auch gegen etwas, was nicht sein darf[2] – weder für Ankara (vor allem für Ankara nicht), aber auch nicht für den Westen. »Es geht darum, ein linkes Projekt an der Peripherie der EU zu verhindern«, sagt Michael Knapp, der mit Ercan Ayboğa und Anja Flach das Buch *Revolution in Rojava* geschrieben hat.[3] »Die Bundesregierung drückt beide Augen zu, wenn es um Angriffe auf Rojava geht. Das ist auch antikommunistisch. Es gibt nicht einmal humanitäre Hilfe für irgendwelche Projekte. Auch nicht für Flüchtlingslager. Die Bundesregierung sagt, sie könne das nicht machen, weil das kein offizieller Staat ist. Wir sollen mit Syrien reden.«[4]

Man sieht schon: In Rojava geht es um das große Ganze. Für die Türkei und für den Westen, für die Linken in aller Welt und für die Kurden sowieso. Drei Flecken Land im Norden Syriens, die nicht einmal komplett zusammenhängen. Drei Millionen Menschen, vielleicht auch etwas mehr. So ganz genau weiß das niemand nach dem jahrelangen Schlachten, nach dem Kampf gegen den IS, nach Flucht und Vertreibung. All das hat diesen »Funken der Hoffnung« überhaupt erst entzündet, über den die türkische Journalistin Ezgi Başaran schreibt. Eine »Alternative zur Allmacht des Staates und die überall bedrohte Demokratie«, errichtet auf den Trümmern des Assad-Regimes.[5]

Utopie und Realitäten, auch weltpolitisch

Wir kommen gleich zurück zu Michael Knapp, der »immer Revolutionär werden« wollte, und vor allem zu Peter Schaber, der mit der Waffe in der Hand dabei war, als Raqqa vom IS befreit wurde, und den wir in Kreuzberg besucht haben, als gerade die ersten türkischen Granaten in Afrin einschlugen. Vorher muss erzählt werden, was bis dahin passiert ist. Eine kurze Geschichte von Rojava sozusagen, von der Salvatore Engel-Di Mauro, ein Geograf aus New York, schon 2015 annahm, sie werde zu Ende sein, bevor sein Manuskript zum Thema endlich gedruckt worden ist.[6]

Roj heißt auf Kurmandschi Sonne und ava Untergang. Das Land, in dem die Sonne untergeht. Westkurdistan, direkt neben Südkurdistan im Irak und von dort doch so weit entfernt wie der Mond von der Erde, ideologisch zumindest.[7] Auf der einen Seite die Barzanis und ihre KDP. Das Kurdistan, das den Clans gehört und dem Kapitalismus und das einen eigenen Staat will, immer

Nördlich von Raqqa, 2018: Flüchtlingslager Ain Issa
Foto: Kerem Schamberger

noch. Auf der anderen Seite die Jünger von Abdullah Öcalan, die im Armenhaus des Nahen Ostens ausprobieren wollen, ob das tatsächlich funktioniert, was sich der PKK-Gründer ausgedacht hat. Autonomie und demokratischer Konföderalismus. Eine Gesellschaft, in die sich jeder einbringen kann und in der Frauen und Männer gleichberechtigt sind, eine Gesellschaft, die sich nicht dem Profit unterordnet und die so auch Umwelt und Ressourcen schont – in einer Region, in der man vieles erwartet, nur das nicht. Emanzipation da, wo nicht wenige Männer Zweit- und Drittfrauen haben und wo weder Tradition noch Religion diese Männer davon abzuhalten scheinen, Weib und Schwester zu schlagen, wenn sie es für nötig halten.

Axel Gehring, Politikwissenschaftler in Marburg, bezweifelt, dass das Projekt Rojava freiwillig entstanden ist. »Das war ja zunächst eine pure Notgeburt in den Wirren des syrischen Bürgerkrieges. Es ging nur um das Überleben. Verkauft wurde das aber als gesellschaftlicher Neuentwurf. Postkapitalistisch, postpatriarchal. Die kurdische Bewegung weiß relativ gut, wie die westliche Linke tickt und unter welcher Marke sie das anbieten muss.«[8]

Zur »Notgeburt« kommt es am 18. und 19. Juli 2012. In Damaskus sterben vier Vertraute von Präsident Baschar al-Assad bei einem Bombenanschlag, und in Europa wird das Ende des Krieges ausgerufen.[9] Nur: Assad spielt nicht mit. Er zieht seine Truppen aus dem Norden des Landes ab, um das Zentrum besser schützen zu können, und überlässt die Kantone Afrin, Kobanê und Cizîrê der PYD, der Partei der Demokratischen Einheit, gegründet 2003 und nicht nur von Ankara als syrische Cousine der PKK gesehen.[10] Die PYD hat eine Miliz (wir sind in Kurdistan) – die Volksverteidigungseinheiten YPJ (nur Frauen, seit März 2013) und YPG (gemischt, seit 2004), deren Vorgeschichte zurückreicht bis in die späten 1970er Jahre.

Rojava mag zwar eine Notgeburt gewesen sein, gehegt und gepflegt wurden die Samen für die künftige Revolution aber mehr als 30 Jahre lang. Abdullah Öcalan lebt von 1979 bis 1998 in Syrien. In Damaskus gibt es eine Parteiakademie, an der die PKK ihre Kader ausbildet, für den Kampf und ideologisch.[11] Der Weg in die Kandil-Berge ist nicht allzu weit. Das heißt: Im Sommer 2012 gibt es im Norden Syriens genügend Menschen, die Öcalans Visionen nicht nur kennen, sondern leben wollen oder sogar schon gelebt haben. Sie bauen ein Rätesystem auf, das in der Kommune beginnt (höchstens 150 Haushalte) und in dem alles besprochen werden kann, was wichtig ist: die Politik natürlich und die Verteidigung, Wirtschaft, Bildung, Recht. Es gibt eine Frauenquote (40 Prozent), Doppelspitzen (ein Mann, eine Frau) und Frauenräte, die das entscheiden, was nur die Frauen angeht.[12] Und es gibt ein Dach, TEV-DEM, unter dem inzwischen auch YPG und YPJ kämpfen und in dem die PKK-Cousine PYD nur eine Partei von vielen ist.

Axel Gehring, der Politikwissenschaftler in Marburg, ist ein bedächtiger Mann, der verschachtelte Argumentationen liebt und akademisches Vokabular. Die Welt ist komplex, erst recht im Norden Syriens, wo viele Welten aufeinanderprallen. Kurdische Frauen im Kampf? Interessant, das schon. »Ohne die Frauen hätten sie den Krieg aber verloren.« Autonomie, Räte bis ganz nach oben und Unternehmen, die allen gehören? »Man darf nicht ausblenden, dass es weiter patriarchale und kapitalistische Herrschaft gibt. Auch die Kurden in Rojava müssen sich mit der globalen Ordnung arrangieren. Es gibt dort keine Industrie. Die Region ist in jeder Hinsicht schwach. Wenn ich dort ein Krankenhaus betreiben möchte, muss ich importieren. Dafür muss ich exportieren, Öl zum Beispiel. Das sind kapitalistische Tauschbeziehungen. Wir sehen hier die strukturellen Grenzen einer vermachteten Weltordnung.« Waffenlieferungen aus den USA, sagt Gehring im Sommer 2017, mögen zwar im Moment kostenlos sein, aber irgendwann werde man dafür bezahlen müssen, irgendwie. Eine geopolitische Rente. »Die politische Führung wird immer mit den großen Mächten verhandeln müssen. Das limitiert das Rätesystem. In so einem Rat kann ich nicht jede Sache im Detail durchgehen, die ich mit den USA oder mit Russland ausmache.«

Die Türkei haben wir da noch gar nicht erwähnt. Axel Gehring: »Die Türkei drängt auf die Vernichtung dieses Projekts, klar.« Nicht auszudenken, wenn Rojava funktionieren sollte und die Kurden in Syrien so all das bekommen würden, was die Kurden in der Türkei sich gewünscht haben, als die Regierung Erdoğan noch mit ihnen verhandelt hat, im Friedensprozess, der im Sommer 2015 vorbei war und um den es im nächsten Kapitel gehen wird. Die Bomben auf Afrin werden mit Störfeuer an der ideologischen Front untermalt, zu finden zum Beispiel bei Ezgi Başaran, eigentlich eine Erdoğan-Geschädigte, die nach London ging, weil ihre Zeitung in Istanbul geschlossen wurde. Trotzdem. PYD, YPG, Öcalan. Die Trainingscamps der PKK. Wer mitmachen wolle in

Rojava, müsse das System als solches akzeptieren, schreibt Ezgi Başaran, und könne sich auch nicht einfach bewaffnete Einheiten halten wie die kurdischen Parteien im Irak. Überhaupt die Dominanz der PYD-Leute. Ein Bericht von Amnesty International, der Übergriffe auf Araber und Turkmenen auflistet. Zerstörte Häuser, Zwangsumsiedlungen.[13] Eine UN-Kommission hat dies zwar im März 2017 dementiert (keine ethnischen Säuberungen; nur das, was militärisch nötig war),[14] ein Teil der Vorwürfe bleibt aber hängen, zumal man diesen Teil seit George Orwell kennt. *Farm der Tiere*. Alle sind gleich, aber einige sind gleicher als andere.

Dastan Jasim, die junge Frau, mit der wir in Edingen-Neckarhausen über den Irak gesprochen haben, kennt diesen Vorwurf. Sie weiß aber auch, dass es so etwas wie Orwells Farm heute nicht mehr geben kann, so ein Stückchen Land, isoliert vom Rest der Welt. »White people«, sagt Dastan und meint das so, wie es hier klingt. »Rojava ist Teil einer linken Subkultur geworden, in Europa, in den USA. Dort sehnt man sich nach einer Perspektive, weil man weiß, dass es zu Hause aussichtslos ist. Also: Wo machen wir unsere Revolution? Und dann ist da auf einmal dieses Rojava. Es ist da, es ist real. Bei einer Konferenz in Hamburg hatten wir eine Liveschalte mit zwei Genossen vor Ort. Kommt her, es ist so schön. Partystimmung.« Für ihre Bachelorarbeit hat Dastan einen Lehrer interviewt, der an einer der neuen Akademien in Rojava arbeitet. Kurdisch unterrichten, Lehrplan, Sprache und Denken umkrempeln, für die Revolution werben.[15] »Das war ganz nett. Irgendwann hat er aber gesagt: Ich brauche Geld. Ich habe nichts zu essen. Und ausländische Kämpfer, für die jederzeit Flugtickets da sind. Über die einfachen Menschen spricht dagegen niemand.«

Dastan Jasim hat nichts gegen Solidarität und schon gar nichts gegen das Projekt Rojava, im Gegenteil. »Man darf die Realität aber nicht verbiegen. Wir haben dort große Probleme. Das sind ländliche Gebiete, die von jeder Zivilisation abgeschnitten waren. Viele Analphabeten, viele Traumatisierte. Die entsprechen nicht dem perfekten Bild. Das ist auch anders als in den Kandil-Bergen, wo nur Leute sind, die sich bewusst für den Kampf entschieden haben. Da hast du viel weniger Reibung, weil alle die gleichen Kurse gemacht haben und wissen, wie man miteinander redet, welche Lieder man singt. Wir Kurden müssen aber für niemanden ein perfektes Bild liefern. Wir sind eine marginalisierte Gruppe, die gerade ihre Identität finden will.«[16]

In der guten alten Zeit, vor dem arabischen Frühling und vor dem Stellvertreterkrieg der Großmächte in Syrien, hat Damaskus die kurdische Minderheit nicht viel anders gesehen als Ankara. Ein Fleck auf dem hübschen Wunschbild von einem »ethnisch homogenen arabischen Nationalstaat«[17] und, in dieser Weltregion noch wichtiger, ein »Sicherheitsrisiko«.[18] Vielleicht will die Minderheit sich abspalten, vielleicht kämpft sie nicht mit, wenn es hart auf hart kommt, vielleicht paktiert sie gar mit Israel, dem Erzfeind nebenan. Auch die Lösung der Herrschenden sieht nicht viel anders aus als in der Türkei. Man baut Dörfer für Araber genau dort, wo eigentlich Kurden wohnen, man verbietet Schulen, Bücher und das Sprechen von Kurdisch in der Öffentlichkeit, man nimmt einem Teil der Kurden sogar die syrische Staatsbürgerschaft.[19] Und man hält die kurdischen Gebiete in wirtschaftlicher Abhängigkeit. In Rojava gibt es Erdöl und Erdgas in rauen Mengen, Weizenfelder, Olivenhaine, Baumwolle, Obst. Was es nicht gibt: Raffinerien, Getreidemühlen, Spinnereien. Überhaupt Industrie.[20] Für die Revolution ist das eine Hypothek. Die Grenze zur Türkei ist seit Januar 2016 komplett dicht (selbst für Schmuggler), und die kurdischen Nachbarn im Irak lassen nur das durch, was ihnen in den Kram passt. Manchmal auch gar nichts. Druck aus Ankara und kein Interesse an einem Projekt, das Öcalan heißt und nicht Barzani.

Revolutionäre dort und hier

Michael Knapp hat im Herbst 2016 Besuch bekommen – vom Verfassungsschutz. »Es ging um Rojava. Sie wollten mir unterstellen, ich sei im Kampfgebiet gewesen, und haben mir ein verschwommenes Bild gezeigt von einem Menschen, der schütteres Haar hatte und eine YPG-Uniform.« Einen Versuch ist es wert, dürften sich die Beamten gedacht haben. Man kennt ihn ja, diesen Michael Knapp. War schon auf der Titelseite der türkischen Zeitung *Milliyet*. »Als deutscher Terrorist und BND-Agent. Das war eine Schmutzkampagne. Mein Bild wurde überall gepostet, auch in irgendwelchen zwielichtigen Internetforen.«

Knapp ist unbequem für die Regierenden in Ankara und auch für die Regierenden in Berlin. Er hat Kriegsverbrechen in Ost- und Südostanatolien dokumentiert, er demonstriert, er schreibt. Über den demokratischen Konföderalismus, über die türkische Politik,

Kobanê 2017: Demonstration für die Freilassung von Abdullah Öcalan. Foto: Willi Effenberger

über *Revolution in Rojava*. Gemessen an den Standards linker Aktivisten ist dieses Buch ein Bestseller. 8 000 verkaufte Exemplare allein in Deutschland, obwohl es das PDF kostenlos im Netz gibt und ohne jede Rezension in den großen Medien. Übersetzungen in sieben Sprachen. Russisch, Schwedisch, Spanisch und Griechisch, Arabisch und Türkisch. Englisch schon in der zweiten Auflage. »Mit Kobanê gab es einen krassen Umbruch«, sagt Michael Knapp. Die IS-Belagerung der Stadt an der türkischen Grenze ab dem Sommer 2014 und ihre Befreiung durch kurdische Kämpfer im Januar 2015. »Bei unseren Veranstaltungen gingen die Teilnehmerzahlen plötzlich von zehn auf 350 hoch. Da merkt man, wie stark die Menschen an den Medien hängen.«

Michael Knapp ist keiner von den Salon-Revolutionären, über die Dastan Jasim schimpft. Wenn man pathetisch werden wollte, könnte man sagen: Die kurdische Bewegung hat ihm das Leben gerettet. Zumindest hat sie ihm gezeigt, dass das Leben nicht sinnlos sein muss. Knapp ist in Coburg aufgewachsen, als Sohn von evangelikalen Christen. »Missionare«, sagt er. »Das hat mich geprägt. Ich bin mit zwölf von zu Hause abgehauen und habe auf der Straße gelebt.« Später dann manchmal auch im Gefängnis. »Ich wollte nicht verwertbar sein. Den bildungsbürgerlichen Impetus habe ich total abgelehnt. Aus mir musste nichts werden. Mach dich doch selbst kaputt, bevor es jemand anders tut, und entzieh dich dieser Maschine.« Dann kam die Politik. Antifa-Gruppen, ein Jugendzentrum in Coburg. »Das ist eine unglaublich konservative Stadt, mit alten Nazistrukturen. Damals ging es um Leute, die die Apartheid gut fanden. Hilfskomitee südliches Afrika. Es gab permanent Auseinandersetzungen. Die Sozialpädagogin wurde dann rausgeschmissen wegen einer Veranstaltung zu den Kurden. Noch vor dem PKK-Verbot.«

Heute hat Michael Knapp selbst zwei Kinder. Das macht die Sache mit der Revolution nicht leichter. Karriere ist ihm aber immer noch egal. Sonst würde er mit Ende 30 nicht an einer

Doktorarbeit sitzen. »Ich sehe mich als Teil der kurdischen Bewegung. Oder besser: als Teil der radikal-demokratischen Bewegung, die sich mit den Ideen von Abdullah Öcalan auseinandersetzt. Ich war oft in Kurdistan, auch privat. Ich wollte die Realität kennenlernen. Nicht nur den Krieg, sondern auch die anderen Realitäten. Wie leben die Menschen Widerstand, wie organisieren sie sich? In Dersim zum Beispiel, wo Widerstand ja eine lange Tradition hat. Ich will Teil dieses Prozesses sein. Ich will das miterleben, ich will mitdiskutieren. Ich sehe mich nicht als jemand, der Hilfsarbeit für andere macht. Es geht darum, das Dort und das Hier in einen Dialog zu bringen.« Michael Knapp spricht über Hausbesetzer in Berlin, über Stadtteilarbeit, alternative Schulen und Kooperativen, über die Position des Mannes in der Gesellschaft. »Das sind universelle Fragen. Wie will man miteinander leben, wie organisiert man das? Das ist für jeden Kontext neu zu beantworten.«

Rojava als Inspiration, Rojava aber auch als ein Ort, an dem man sich einbringen kann, wo man voneinander lernt. Michael Knapp möchte zum Beispiel wissen, wie »eine Gesellschaft ohne Knast« funktionieren kann. Kann sie das überhaupt? In Rojava hat man 2012 die »Gefängnisse weitgehend geleert« und Friedenskomitees gegründet, die Streit schlichten und Straftaten verstehen helfen sollen. Miteinander sprechen, auch über die Rolle, die die Gesellschaft spielt. Dabei nicht nur auf Juristen hören, sondern auch auf diejenigen, die die Bevölkerung in diese Komitees gewählt hat. Haft als »Ultima Ratio«,[21] und das in einem Gebiet, in dem der Krieg real ist und nicht nur eine Erinnerung in den Geschichtsbüchern. Bis Ende 2017 sind in Nordsyrien fast 20 000 Menschen im Kampf gegen den IS umgekommen.[22] Es gibt weiter Morde in Rojava, auch im Namen der Ehre. Und es gibt Volksgerichte, die sich für unantastbar halten.[23] Jede Revolution braucht Zeit. Und keine Revolution hat Zeit, auch die im Norden Syriens nicht.

Michael Knapp weiß noch, wie er sich als großer Junge gefühlt hat und als junger Mann, in den frühen 1990ern. Keine Alternative nirgends, auch wenn man das selbst nicht glauben mag, erst recht nicht in diesem Alter. »Wenn ich jetzt sehe, was in Rojava versucht wird, wie da ein anderes Gesellschaftsmodell umgesetzt wird, dann ist das herausragend.« Ende 2016 wurde der »Gesellschaftsvertrag der Demokratischen Föderation« verabschiedet. 83 Artikel auf 23 Seiten über einen dritten Weg jenseits des Nationalstaats mit einem starken Zentrum, jenseits von Patriarchat, Umweltzerstörung, Krieg und Chaos.[24] Die Föderation hat keinen kurdischen Namen, weil so viele andere Völker in Rojava leben, mit vielen verschiedenen Religionen. Die ersten Wahlen im September und Dezember 2017 scheinen funktioniert zu haben. Fast 70 Prozent Beteiligung, auch und gerade von Frauen. »Das macht unser System sehr stark«, sagt Foza Yûsif, Co-Vorsitzende des Exekutivrats der Föderation, kurz vor Weihnachten 2017.[25]

Ein Österreicher in der YPG

Peter Schaber hat keine Angst, dass der Verfassungsschutz mit einem Foto kommt und ihn nach seiner YPG-Uniform fragt. »Das fechte ich zur Not bis zum Ende durch«, sagt er. »Nach dem, was ich erlebt habe, sind selbst anderthalb Jahre Gefängnis hier in Deutschland keine Drohung mehr.« Schaber ist Ende 2017 über sein Geburtsland Österreich aus Rojava zurückgekommen nach Berlin. Dort gibt es keine PKK-Prozesse und erst recht keine gegen die YPG.

Viele Revolutionäre aus der großen, weiten Welt hat Schaber im Norden Syriens nicht getroffen. »Vielleicht 100«, sagt er. »Ein paar Amis. Auch Hipster-Studenten. Die Gruppe ist kleiner, als man denkt. In Großbritannien oder in Spanien gibt es mittlerweile drastische Strafen selbst für Kleinkram.« Schaber arbeitet für die *junge Welt*, eine Tageszeitung mit DDR-Vergangenheit, einst Auflagenmillionär und heute ein Nischenprodukt.[26] In der Redaktion wird gerade über die Bezahlung gestritten. Man ist Idealist, das schon. Aber man muss auch leben können. Schabers Wohnung in Kreuzberg wird mit Kohle geheizt. Auch warmes Wasser gibt es nur auf diesem Weg. Trotzdem 600 Euro Miete. Dafür jeden Tag von 8 bis 19 Uhr im Büro und wenig Zeit für eigene Projekte, für das *Lower Class Magazine* zum Beispiel, ein Onlineportal mit dem feinen Untertitel »Proletkulturjournalismus von der Straße für die Straße« und dem Slogan »Make Journalism a Threat Again«.[27] Nutzerzahl: 15 000 pro Woche, manchmal auch deutlich mehr.

Die Geschichte, die uns Peter Schaber erzählt, greift ein bisschen vor, weil es auch um die Türkei geht und um das, was den Kurden dort nach 2015 passiert ist, in Cizre zum Beispiel, einer Großstadt in Südostanatolien, die wochenlang mit Panzern und Hubschraubern belagert wurde. Bilanz: mehr als 150 Tote, zum Teil verbrannt in Kellern, ohne dass Sanitäter, Familien, Freunde helfen durften. Ein Verbrechen, begangen von der türkischen Armee im Namen der Jagd nach Terroristen. Wir unterbrechen Peter Schaber trotzdem nicht und vertrösten auf das nächste Kapitel. Seine Geschichte zeigt, wie alles zusammenhängt: das Private und das Politische, Kapitalismus und die Lust auf Demokratie, die Prinzipien der kurdischen Bewegung und der Kampf gegen den IS, die Flüchtlinge, die nach Europa kommen, und das, was in Rojava passiert. Und: Peter Schaber war da. Er weiß, was dort funktioniert und was nur auf dem Papier steht.

»Ich bin seit 10, 15 Jahren in der deutschen Linken aktiv. Kurdistan ist da traditionell ein Thema. Es gibt große Exil-Communities. Da arbeitet man zusammen. Ich mache seit zehn Jahren Kurdistan-Soliarbeit. Das ist intensiver geworden, als die deutsche Linke debattiert hat, wie man wegkommen kann von dieser Kampagnen- und Symbolpolitik. Wie kann man mit der Bevölkerung

Politik machen? Da haben die Texte aus der kurdischen Bewegung eine Rolle gespielt. Ich bin dann oft in die Türkei gefahren. Ich habe ja auch journalistisch gearbeitet. Zu Gezi zum Beispiel, im Sommer 2013. Das hat sich zu einer stetigen Beziehung entwickelt. Nach Rojava wollte ich früher schon, war aber immer nur in Bakur, im türkischen Kurdistan. Ich hatte auch nie die Zeit. Das lohnt sich ja auch nur, wenn man ein paar Monate bleibt. Ende 2016 gab es dann eine Delegation. Ich bin mitgeflogen, auch als journalistischer Begleiter. Ich wollte verstehen, wie so eine Bewegung entsteht und wie sie es geschafft hat, zu einer so breiten Massenbasis zu kommen. Ich wollte das für die deutsche Linke aufschreiben, um das hier diskutieren zu können.

Meine Eltern sind anständige sozialdemokratische Arbeiter. Wir haben ein sehr gutes Verhältnis. Bei mir hat sich das sehr früh entwickelt, mit 14. Über Literatur hauptsächlich. Am Anfang irgendwelche Romane und dann relativ bald Marx. Die leichten Schriften. Das Manifest und so. Das war an der Peripherie Wiens. Wahrscheinlich hatte ich einfach Glück. Ich bin jetzt 33. Damals fand ich das eine ganz angemessene Beschreibung der Wirklichkeit. In der Jugend wird das schnell identitätsbildend. Man sagt: Das ist total wichtig für mich. Das war lange eher oberflächlich. Man neigt auch zum Dogmatismus. Das war also eine recht starre ML-Identität. Marxismus-Leninismus in Reinkultur. Spätestens in Deutschland ist das dann aufgebrochen. Ich war dann ja autonom organisiert. Ich sehe mich aber immer noch als Marxist und möchte diese Sozialisierung auch nicht missen. Wir hatten keine Alt-68er-Lehrer. Eher Reaktionäre. Katholiken. Ich bin da recht bald nach Wien gependelt. Da gab es ja eine kommunistische Jugend.

Ich hatte nie die Idee, Journalist zu werden. Ich habe Philosophie studiert und habe hin und wieder was geschrieben. Dann hat sich die *junge Welt* gemeldet und gefragt, ob ich dort nicht arbeiten möchte. Ich habe dann da angefangen. Finanziell ist mir das egal. Ich fand aber schade, dass linke Medien keine Ressourcen haben, um einen einfach mal vier Wochen loszuschicken für eine Reportage. Du sitzt im Büro. Das war nicht das, was ich machen wollte. Deshalb habe ich gekündigt und bin als Freelancer herumgefahren. Das hat mir Steuerschulden in vierstelliger Höhe eingebracht. Ich habe nie eine Steuererklärung ausgefüllt. Ich kann das nicht. Diese Dokumente sind mir total zuwider. Ich war in der Ukraine oder in der Türkei. Das fand ich wirklich schön. Du bist wochenlang da. Du lebst mit den Genossen, du kämpfst und du schreibst das aus dieser Perspektive auf. Ich habe das aber nie als Journalismus begriffen. Ich bin linker Aktivist und schreibe auf, wenn ich etwas interessant finde. So läuft das auch beim *Lower Class Magazine*, bei allen, die da schreiben. Jetzt machen wir zum Beispiel viel aus Kreuzberg, diese ganzen lokalen Kämpfe, in denen man eh aktiv ist. Man führt Gespräche und schreibt das auf. Wenn man nach Kurdistan fährt, macht man das Gleiche. Ein Nebenprodukt. Wir sind nie nach Kurdistan gefahren, um dort journalistische Arbeit zu machen.

In der Türkei war das anders. Damals gab es so wenig Öffentlichkeit für diesen Krieg. Da wollten wir zeigen, was vor Ort los ist. Das Massaker von Cizre zum Beispiel. Wie wenig Aufmerksamkeit das international gekriegt hat. Das ist erstaunlich. Da geht eine Armee hin und verbrennt ein paar Dutzend Zivilisten bei lebendigem Leibe. Oder dass die Luftwaffe gegen eine Stadt auf dem eigenen Territorium eingesetzt wird. Bei Assad ist das skandalisiert worden. Zu Recht. Bei der Türkei waren das kleine Meldungen. ›Die kurdische Bewegung behauptet.‹ In diesem Stil. Als ob man daran zweifeln müsste. Ein paar Monate später sagte es dann auch der IHD, der türkische Menschenrechtsverein. Könnte schon was dran sein. Dabei war das ein Seite-1-Thema. Ein enger Verbündeter verbrennt Jugendliche in Kellern.«

Peter Schaber erzählt weiter. Jetzt über die kurdische Bewegung

»Das ist ein sehr breites Thema. Zunächst: Es ist ihr gelungen, die eine entscheidende Frage zu stellen. Was treibt die Leute dort um? Das war die Frage nach einem unabhängigen Kurdistan, am Anfang nach einem sozialistischen Kurdistan. Das hat sich mit der Zeit verändert, wenn man aber in die 1970er kuckt, dann ist Grabesstille in Bakur, in den türkischen Gebieten Kurdistans. Öcalan beschreibt das ja auch so. Diese ganzen Massaker. Die Leute haben sich geschämt, wenn sie kurdisch gesprochen haben. Dann kamen die Leute um Öcalan mit dieser Position: Wir sind eine Kolonie innerhalb der Türkei. Wir sind eine Kolonie in Syrien. Wir sind eine Kolonie im Irak. Die Leute haben gesagt: stimmt. Das denken wir eigentlich auch. Das war der Hebel, um Politik zu machen.

Das Zweite ist: Sie haben einen langen Atem bewiesen. Es ist ja nicht so, dass 2012 in Rojava spontan alle gesagt haben: Oh, gute Idee, lass uns das mal machen. Es gibt eine lange Tradition in der Auseinandersetzung mit dieser Ideologie. Die Familien kannten Öcalan. Er war da im Exil. Die waren schon patriotisch. Dann ist total wichtig, dass das eine Kaderorganisation ist. Das wird in der eigenen Propaganda oft vernachlässigt. Man sagt, dass alles basisdemokratisch ist. Das ist es ja auch. Die gesellschaftlichen Institutionen sind so. Der Aufbau und die Initiative kommen aber aus einer Kaderorganisation. Das ist entscheidend. Ich war ja bei ganz vielen Platzbesetzungen in halb Europa. Spontane Aufstände. In Griechenland, in Spanien, in der Türkei. Da geht die Wut raus, aber es gibt keine Strategie und keine Kraft, die sagt, wir haben eine gemeinsame Linie. Das war in Kurdistan immer anders. Die PKK hatte von Anfang an einen Plan.

Zugleich haben sie es geschafft, die innerparteiliche Demokratie zu erhalten. Das mussten sie erst lernen. In den 1990ern war das wie in jeder anderen ML-Partei. Vielleicht noch eine Ecke schlimmer, weil innerparteiliche Konflikte mit harter Repression ausgetragen wurden. In den Bergen trägt jeder eine Waffe. Jetzt ist *hevaltî* die Basis der Kaderorganisation. Freundschaft. Da gibt es Kritik und Selbstkritik auf einer täglichen Basis. Über Tekmils zum Beispiel. Man kommt zusammen und diskutiert. Das habe ich selbst erlebt. Wenn das schlecht gemacht wird, ist das repressiv. Sonst hilft es dem Kollektiv, zusammenzuwachsen. Man redet offen miteinander. *Hevaltî*. Dann erlebst du das nicht als Angriff. Du musst dich nicht verteidigen. Die Kritik ist zum Teil megahart, aber du denkst: ja, stimmt. Es hängt immer davon ab, wie diese Prinzipien angewandt werden.

Einer meiner Kommandierenden hat immer gesagt: Du musst dich entscheiden, ob du Revolutionär sein willst oder Journalist. Ich habe mich immer schnell aufgeregt. Er hat gesagt: Für einen Journalisten ist das okay. Ein Journalist kann von außen draufschauen und sich aufregen. Ein Revolutionär muss sich dagegen fragen: Was habe ich denn selbst dazu beigetragen, dass es nicht mehr so ist. Du kannst dich da nicht rausnehmen. Ich fand das wichtig. Man leistet sich gegenseitig einen Dienst. Beim Militär hatten wir einen wirklich guten Kommandanten. Wenn wir uns nicht kritisiert haben, hat er gesagt: Ihr seid richtig schlechte Freunde. Wer nicht kritisiert, der sabotiert den anderen. Der kommt nicht voran. Es ist ausgeschlossen, dass jemand keine Mängel hat. Das ist wirklich so. Das muss man irgendwann auch einsehen.

Das ist gerade in der deutschen Linken wichtig. Man ist nicht perfekt. Man ist ja sozialisiert in dieser Gesellschaft. Natürlich hat man patriarchale Verhaltensweisen. Natürlich hat man rassistische oder eurozentristische Gedanken. Das muss man sich eingestehen. Viele Linke sind ja moralisch erhaben und denken, dass diese Arschlöcher im Osten, die da so rassistisch sind, mit uns gar nichts zu tun haben. Das bricht man dort auf. Die sagen dir dort schon, was nicht passt. In Rojava ist das total wichtig. Die Bewegung wächst megaschnell. Du hast dort viele Leute, die gar nichts mit linker Politik zu tun hatten. Manche kommen aus islamistischen Gruppen. Bei den Internationalisten hast du viele Ex-Söldner oder Leute, die aus völlig irren Motiven dahinkommen. Wenn es keine Tekmils gibt, keine Kritik und Selbstkritik, dann geht alles vor die Hunde. Das merkst du. Der Krieg ist schnell oder es ist eh zu kompliziert, weil manche nur arabisch sprechen und manche nur Kurmandschi. Dann scheißt man drauf, und die Beziehungen zwischen den Leuten werden katastrophal. Gerade in Raqqa war das selten, dass Einheiten das noch gemacht haben. Da waren ja vor allem arabische Einheiten. Von selbst machen die das nicht. Die kennen das ja gar nicht.«

Jetzt zu Rojava. Utopie und Alltag

»Politisch ist die Entwicklung sehr gut. Wenn man sagt: Wir bauen Kommunen auf, wir bauen Rätestrukturen auf, wir beteiligen die Bevölkerung, dann gibt es da richtige Fortschritte. Das hat man bei den Kommunalwahlen gesehen. Die Beteiligung war relativ hoch. Die Kommunen sind sehr lebendig. In Dêrik zum Beispiel, ganz im Nordosten, hatte man am Anfang Rätestrukturen nur für die ganze Stadt. Jetzt hat sich das umgekehrt. Es beginnt in den kleineren Einheiten. Von unten nach oben. Man darf das natürlich auch nicht idealisieren. Das ist ein Prozess.

Mehr gemacht werden müsste auf dem Feld des Ökonomischen. Öcalan sagt ja: Die Kommune und die Kooperative gehören zusammen wie der Finger und der Nagel. Wir haben mit jemandem aus dem Ökonomie-Komitee gesprochen. Der sagt: Zwei bis fünf Prozent sind kommunal-kooperativ. Zwei bis fünf Prozent. Das ist fast gar nichts. Da ist viel zu tun. Du hast richtig viel Schmuggel-Wirtschaft. Ein paar Firmen verdienen sich eine goldene Nase. Das sind richtige Monopole. In Raqqa zum Beispiel kannst du das Leitungswasser nicht trinken. Du kriegst nur Flaschen. Das ist eine Firma aus Südkurdistan, letztendlich wahrscheinlich türkisch. Die machen Millionen. Wenn da 50 000 Soldaten sind und jeder braucht zehn Flaschen am Tag. Du musst ja damit auch duschen. Das ist in der ganzen Gesellschaft so.

Es gibt schon Steuerungsmechanismen. Die Regierung in Rojava verlangt Zölle für die Einfuhr und besteuert die lokale Produktion nicht. Aber letztlich braucht man eine kooperative Wirtschaft. Das ist schwierig. Die Leute kennen das ja nicht. Was ist das überhaupt, so eine Kooperative? Ist das nicht riskant? Lohnt sich das für mich? Die Beteiligung war am Anfang nicht so gut. Die Leute müssen das sehen. Wenn es Frieden geben sollte, dann werden die Grenzen offen sein und Konzerne werden versuchen, da reinzukommen. Das Gleiche gilt für das Öl. Wie betreibt man das? Die wollen das selbst machen. Die Leute, die das früher gemacht haben, waren vom Assad-Regime. Die sind weg. Die Infrastruktur gibt es nicht, und Südkurdistan lässt keine Maschinen einführen. Nur Fertiggüter. Schokoriegel. Die wollen nicht, dass Rojava selbstständig wird. Auch die großen Dämme. Du brauchst Expertenwissen und Technologie. Das ist das Wichtigste für die nächsten Jahre.

Dann die Fluchtgeschichte. Auch das war ein Problem für Rojava. Da hat sich meine Perspektive noch mal verschoben. Natürlich war ich hier in Refugee-Welcome-Strukturen. Jeder, der einmal hier ist, muss das Recht haben, auch bleiben zu dürfen. Das ist eine Minimalforderung. Von der anderen Seite gesehen ist das Braindrain. Da musst du eher Kampagnen machen, die sagen: Geht nicht. Bleibt und baut euch etwas auf. Das Bild, das ihr von Europa habt, ist völlig falsch. Das kommt aus irgendwelchen türkischen oder arabischen Fernsehsendern. Da glauben dann alle Jugendlichen, ich gehe nach Europa und fahre da einen BMW, habe den ganzen Tag Sex und auch genügend Geld. Das ist ja völlig verrückt. Wenn du dort mit Jugendlichen sprichst, bist du automatisch Fluchtverhinderer. Du sagst dann, was deine Wohnung kostet und was die Packung Kippen und dass du dafür den ganzen Tag im Büro bist. Da kosten die Häuser ja meist nix. Die fragen, ob du irre bist, weil du von 8 bis 19 Uhr aus dem Haus gehst. Das macht doch kein Mensch. Die glauben, es ist im Westen so, wie sie es in der Werbung sehen. Auch über ihre Smartphones. Das ist massive Propaganda. In Deutschland sind sie dann enttäuscht. Du sitzt ein paar Monate im Lager rum, kriegst keinen Job und wirst auch noch rassistisch bepöbelt.

Die Bedingungen für die Beteiligung sind anders als in Europa, wo der Kapitalismus alles durchdringt. Die Leute in Rojava haben nicht so einen Job von 8 bis 19 Uhr. Dazu kommt die Kultur, im Stadtteil miteinander zu reden und mit dem Nachbarn Sachen auszuhandeln. Beim Tee oder so. Das gibt es da sowieso. Es hat funktioniert, diese Kultur zu politisieren. Es ist ja auch nicht so, dass alle im Stadtteil immer in der Kommune rumhängen. Die kommen, wenn etwas ist. Dann gibt es die Komitees in der Kommune. Da sind die, die mehr machen wollen. Es gibt Anlaufpunkte, wenn man Probleme hat. Es sind ja nicht alle Vollzeitaktivisten. Ich will das auch nicht zu rosig beschreiben. Es ist schon noch ein weiter Weg. Die Partizipation ist lokal sehr unterschiedlich. In Kobanê oder Minbic ist das anders als in Dörfern nahe Raqqa. In Minbic habe ich krass viele junge arabische Frauen gesehen in den Rätestrukturen. Für die war das total neu. Sie können selbst was machen und mitbestimmen. Für die war das schön. Da gibt es diese Politikverdrossenheit nicht. Hier gehe ich ja auch nicht wählen. Das macht für mich keinen Sinn. Das betrifft ja mein Leben nicht. Wenn du siehst, dass diese Mechanismen Auswirkungen haben auf deinen Alltag, dann beteiligen sich die Leute auch.

Es gibt in Rojava Dutzende Parteien. Klar: Die Hegemonie hat die kurdische Bewegung. Aber nicht über Repression, sondern

Qamischli 2017: Kämpfer der »Gesellschaftlichen Verteidigungskräfte« (HPC). Foto: Willi Effenberger

Kobanê 2018: Gedenktafel der PKK. Foto: Kerem Schamberger

Kobanê 2017: Heval Renaz, Verantwortlicher für das Widerstandsmuseum, blickt auf die nahe türkische Grenze. Foto: Willi Effenberger

Kobanê 2017: Die »Gesellschaftlichen Verteidigungskräfte« (HPC) haben auch Frauenverbände (HPC-Jin). Foto: Willi Effenberger

weil die Bevölkerung das so will. Es gibt eine kommunistische Partei, es gibt eine liberale Partei. Die sind halt klein. Das ist aber nicht die Schuld der Bewegung. Du siehst in Qamischli Fensterscheiben, in denen Öcalan und Barzani hängen. Alle beide im gleichen Fenster. Es gibt total viele Bewusstseinsformen und total unterschiedliche Strömungen. Die PYD wird massiv überschätzt. Das ist ein diplomatisches Instrument, um nach außen zu kommunizieren. Die Macht liegt bei den Räten. Ich hatte in Rojava fast nie mit der PYD zu tun. Die draußen wollen halt mit Parteien reden. TEV-DEM ist wichtig. Die Räte. Das mit der PYD wird total dramatisiert. Als würde die PYD Rojava regieren. Das ist wirklich nicht der Fall. Die PYD-Leute sitzen auch in Räten. Aber da sitzen die anderen auch.«

Wie man in Rojava Ausländer sieht und was man dort lernen kann

»Mein Eindruck ist: Die Bevölkerung reagiert sehr gut auf Menschen, die selbst Revolutionäre sind. Die da sind, weil sie einen politischen Anspruch haben. Nicht weil sie helfen wollen. Das ist eine Illusion. Die brauchen uns wirklich nicht. Wir kommen, um zu lernen. Um zu verstehen, wie das geht, und um die Revolution dann in unseren Ländern umzusetzen. Diesen Hilfsgedanken hat kaum ein politischer Internationalist. Niemand sagt: Meine Leistung ist so großartig. Wir wollen lernen. Dafür müssen wir in den Strukturen arbeiten. Dafür musst du Kurdisch lernen. Sonst kannst du mit niemandem reden. Wenn du Kurdisch sprichst, dann bist du in jeder Familie wie ein Kind dieser Familie. Kurmandschi ist eine schöne Sprache. Gar nicht kompliziert, weil es sehr wenig Grammatik gibt. Du musst natürlich sprechen. Aus dem Buch ist es schwierig. Es gibt total viele Dialekte, regional sehr unterschiedlich. Die Grammatik hast du nach einer Woche. Das Vokabular haben wir dann aufgeschrieben.

Ich war auch in der Kommune der Internationalisten. Das ist ein Versuch, den Leuten von außen etwas anzubieten. Eine zivile Ausbildung. Ideologie, Sprache. Klassische Lehrgänge. Da bist du zwei Monate und kannst dann mitarbeiten. Das Dorf ist schon halbwegs bewohnbar. In Syrien kannst du ja bauen, was du willst. Du brauchst keine Genehmigungen. Wir hatten riesige Natursteine und einen abgestorbenen Aprikosenwald in der Nähe. Es gibt eine Quelle. Jetzt soll Landwirtschaft kommen. Dieses Projekt ›Make Rojava Green Again‹.[28] Da sollen Setzlinge gezogen werden, um die Wiederbewaldung voranzutreiben. Es wird auch Gemüse geben und Gärten. Es war dort sehr schön. Es waren Leute aus vielen Ländern da. Man merkt, wie ähnlich die Positionen sind, auch über Ländergrenzen hinweg. Das kann dann auch der Linken in Europa helfen.

Es gibt natürlich Leute, die aus anderen Motiven kommen. Da kann ich verstehen, dass es Probleme gibt. Manche denken, der IS ist so schlimm und wir müssen Muslime töten. Die verstehen das Konzept Rojava nicht. Manche lernen es dort, manche nicht. Manche wollen einfach Ruhm abgreifen und nehmen Privilegien in Anspruch. *Sie nannten mich Held*.[29] Das gibt es auch. Und dann gibt es kulturelle Regeln. Wenn du die nicht respektierst, gibt es Probleme. Wenn du im Dorf eine Affäre anfängst. Dann bist du ein Arschloch und kein Gast. Wenn du sagst: Ich will nicht so sitzen, wie ich sitzen soll, und ich ziehe mich auch nicht so an. Man muss sich an solche Regeln halten, selbst wenn man sie für falsch hält. Man kann ja diskutieren. Es gibt Leute, die sagen: Ich will jetzt nackt baden. Mitten in Rojava. Oder sie fangen Liebesbeziehungen an und denken, das ist wie im Westen. Du schläfst zweimal miteinander und sagst dann, ich will dich nicht mehr sehen. Das führt zu Problemen.

Jeder Krieg zieht Söldner an. Die hast du da auch. Für die will ich nicht in die Bresche springen. Die Internationalisten diskutieren, wenn es Konflikte gibt, auf Augenhöhe. Man fährt ja mit einem idealisierten Bild dorthin. Man hat nie eine Revolution selbst erlebt. Demokratischer Konföderalismus. Das muss das Schlaraffenland sein. Das ist nicht so. Zum Beispiel ist oft üblich, dass die Frauen nur das bekommen, was die Männer übriglassen. Manche Freunde sagen dann, dass sie keinen Hunger haben, wenn es bei solchen Leuten etwas zu essen gibt. Der Typ merkt dann schon, warum die Gäste keinen Hunger haben. Oder man macht das Geschirr selbst. Deutsche Linke würden gar nicht zu der Familie gehen. Das sind Sexisten, da will ich nicht hin. Die Bewegung sagt: Das sind unsere Väter, Mütter, Schwestern, Brüder. Wir können keinen aufgeben.

Was ich gelernt habe? Erstens ist mein Glaube gestärkt worden, dass eine Revolution möglich ist. Man sieht sie. Zweitens wird man geduldiger in der Auseinandersetzung mit anderen Ideologien. Wie funktioniert ein Kollektiv. Das ist auch hier in Deutschland total wichtig. Drittens die theoretische Ebene. Das Verhältnis von Kaderpartei und spontanen Prozessen. Die Bewegung ist hierarchisch, die Gesellschaft nicht. Das muss man trennen. Revolutionäre können nicht sagen: Morgen kann ich nicht. Morgen hat meine Oma Geburtstag. Die anderen können das schon.

Und dann lernt man, wie diese Region funktioniert. Man fängt zumindest an, es zu lernen. Das ist von außen total schwer. Es ist so chaotisch. So viele Kräfte, so viele Traditionen. Du kannst in Qamischli mittags mit Assads Soldaten im selben Lokal sitzen und Burger essen. Zwei Stunden später gibt es Krieg gegen die, weil 500 Kilometer weiter weg irgendein Checkpoint zu war oder weil das im Iran gerade jemand will. Es ist kompliziert, dort Politik zu machen. Wo ich kritisieren wollte, hatten doch meist die Leute recht, die das da seit 40 Jahren machen. Es gibt ja all diese Vorwürfe gegen die kurdische Bewegung. Kooperation mit dem Regime, Kooperation mit den USA, Kooperation mit der Hisbollah. Du hast dort zwei Optionen: Entweder hängst du dich an einen ausländischen Player, der dich schützt. Das macht das Assad-Regime. Dann bist du ein Proxy. Oder du versuchst, in diesen Kräfteverhältnissen zu lavieren, um einen Freiraum zu kreieren für das, was du selbst machen willst. Die kurdische Bewegung hat immer mit jedem geredet. Nicht mit dem IS. Sonst gab es selbst im Krieg immer eine Gesprächsebene. Das bricht den eigenen Dogmatismus auf. Dann verstehst du, dass eine Miliz an einem Tag gegen dich kämpfen kann und am nächsten mit dir in der SDF ist, in den Demokratischen Kräften Syriens. Der Imperialismus hat dort ein Chaos sondergleichen hinterlassen. Ethnien, Religionen gegeneinander ausspielen. Das hat eine Eigendynamik, die verrückt ist.«

Warum ein Österreicher in den Krieg gezogen ist

»In die militärische Ausbildung bin ich aus Interesse gegangen. Das ist keine Abrichtung zur Kampfmaschine. Du hast drei Wochen Ideologie und Lebensführung und eine Woche Umgang mit Waffen. Das ist die erste Stufe. Manche gehen dann in Spezialausbildungen. Sechs Monate Sniper. Das habe ich nie gemacht. Ich wollte meine Sprache verbessern und es ging mir schon auch um die Inhalte. Das ist erst mal ein Bildungsgang. Im Mittleren Osten ist es notwendig, zu wissen, wie eine Waffe funktioniert. Zur Selbstverteidigung. Wenn du mit dem Auto rumfährst. Es gibt IS-Zellen, es gibt Checkpoints vom Regime.

Dass ich dann an die Front gegangen bin, hat auch mit den Leuten zu tun, die ich getroffen habe. Da waren zwei Genossinnen aus Europa, die einen schweren Autounfall hatten. An der Front. Wirbelsäule kaputt bei der einen, schwere Gehirnerschütterung bei der anderen. Die wollten unbedingt zurück, ihre Genossinnen nicht im Stich lassen. Ich hatte das Gefühl, ich würde mich sonst vor etwas drücken. Meine Mutter hat hinterher gefragt, ob das nicht jemand anders machen kann. Genau das wollte ich nicht. Ich wollte nicht sagen: Das sollen die Araber und die Kurden machen. Ich wollte auch meine eigenen Grenzen austesten. Kann ich das? Bin ich in der Lage, mein Leben zu riskieren für das, was ich für richtig halte? Ich kann nicht einfach sagen: Man muss diese Revolution verteidigen. Wer ist eigentlich man? Sind das immer nur die anderen? Es hat mir da auch nicht so gut gefallen an der Front, ich will das aber nicht missen. Es hat mir mehr Entschlossenheit gegeben. Zu wissen, dass ich das kann. Ich weiß ja, dass sie so was hier irgendwann verurteilen wollen. Das ist für mich nicht mehr so wichtig. Was sie dir androhen in dieser Gesellschaft, ist nicht mehr bedeutend.

Ich wollte auch Raqqa sehen und diese Kriegsführung. Das war schon sehr beeindruckend. Dieser Apparat. Dieser US-Kriegsapparat. Man weiß ja, dass er irgendwann gegen dich eingesetzt wird. Was ein Luftschlag ist, kann man nicht auf Videos nachvollziehen. Oder eine Gatling Gun. So ein Maschinengewehr ist dermaßen roh und brutal. Man gewöhnt sich aber total schnell an diese Sachen. In der ersten Nacht haben wir auf einem Dach geschlafen. Ein oder zwei Kilometer bis zur Front. Du siehst natürlich die Luftschläge. Ich dachte, da kannst du nicht hinfahren. Da kannst du nicht überleben. Nach ein paar Tagen ist es normal. Du schläfst Luftschläge durch. Das kann man durchhalten, wenn das Kollektiv funktioniert. Manche waren in arabischen Einheiten und konnten mit keinem reden. Für die war das viel schlimmer. Ich war mit drei Freunden aus Europa da. Man ist sich gegenseitig Halt.

Ich bin auch kein Wahrsager. Ich glaube aber nicht, dass Rojava verschwinden wird. Es ist stark genug, um zu überleben. Die türkische Regierung setzt alles daran, das zu zerstören. Das ist ihnen wichtiger als ihr eigenes rationales Interesse. Es ist total irrational, nach Afrin einzumarschieren. Weltpolitisch, aber auch regional. Sie wissen, dass türkische Soldaten sterben werden und dass Zivilisten sterben werden. Es werden sich wieder Jugendliche radikalisieren, es wird Anschläge geben. Das wissen sie alles. Der Hass gegen dieses Projekt ist so groß, dass sie es trotzdem probieren. Das Projekt ist auch sonst an tausend Ecken gefährdet. Ökonomisch, durch die Amis, durch die Türken. Es gibt dieses Zitat in der PKK. Wenn auch nur ein Kader übrigbleibt, muss der in der Lage sein, die ganze Bewegung wieder von null aufzubauen. Jetzt sind es viele Zehntausend. Sie werden die kurdische Frage nicht militärisch lösen. Deutschland hilft ja fleißig mit, dieses Projekt zu erdrosseln. Wie niederträchtig ist das denn: An dem Tag, wo Erdoğan beginnt, Afrin anzugreifen, verspricht Gabriel Waffenlieferungen. Dass der IS nicht erstarkt ist, ist die Leistung der kurdischen Bewegung. Und aus Dankbarkeit schickt der deutsche Außenminister Panzer an diejenigen, die den IS hochgepäppelt haben.«

Rojava 2017: Beerdigungszeremonie für YPJ-Kämpferinnen, die am 15. April 2017 türkischen Luftangriffen auf das Hauptquartier in Qaracox zum Opfer gefallen sind
Foto: Willi Effenberger

7 Recep Tayyip Erdoğan und ein Volk, das sich nicht türkifizieren lässt

Leyla Imret war in Cizre, als die Stadt von der türkischen Armee belagert wurde. Zwei Ausgangssperren. Erst neun Tage, im September 2015. Neun Tage im Haus bleiben, auch wenn die Toilette im Garten ist und das Trinkwasser in der Zisterne. Neun Tage ohne Arzt und ohne Nachschub, aber mit Scharfschützen rundherum. Die Babys, die Alten. Hoffen, dass man gesund bleibt. Und bloß nicht rühren. Ein Verbot aus heiterem Himmel, mit einer halben Stunde Vorlaufzeit. Beim zweiten Mal, am 14. Dezember 2015, wussten die Menschen schon, wie sich so eine Ausgangssperre anfühlt. Vorräte kaufen, die Stadt vielleicht sogar verlassen. »Es gab diese Gerüchte«, sagt Leyla. »Drei Tage vorher. Es kam pausenlos Militär in die Stadt. Panzer. Da wusste man, dass es diesmal länger wird und noch härter.«[1] Die meisten blieben da. Trotzdem. »Wo sollten sie auch hin? Sie hatten Angst, dass ihre Häuser zerstört werden.« 79 Tage später sind fast 300 Menschen tot, junge Menschen vor allem, und die Stadt liegt in Trümmern.

Leyla Imret war nicht einfach so in Cizre. Sie ist dort 2014 als Bürgermeisterin gewählt worden, als Kandidatin der HDP, der Demokratischen Partei der Völker, mit über 80 Prozent der Stimmen. Leyla war damals 26. Die jüngste Bürgermeisterin der Türkei, in einer Stadt mit mehr als 100 000 Einwohnern. Leyla fühlt sich zuständig für das, was dort passiert. Immer noch. Und es lässt sie nicht los, auch jetzt nicht, wo sie wieder in Deutschland ist und die Geschichte ihrer Stadt erzählt. »Das bleibt in meinem

Kopf«, sagt sie. Die Stimmen, die um Hilfe rufen, aus den Kellern, von denen schon Peter Schaber berichtet hat.[2] Jungen und Mädchen, nur wenige Meter von ihr entfernt. »Wir haben versucht, mit Ankara zu sprechen, mit dem Innenministerium. Da sind viele Menschen. Ihr müsst aufhören zu schießen. Die sind nicht bewaffnet. Wir haben Namenslisten gemacht. Das sind Kinder. In Ankara haben sie gesagt, das sind alles Terroristen. Das Militär hat Spezialkräfte geschickt. Das war kein Gefecht. Das war eine Bombardierung. Nonstop. In den Nachrichten hieß es dann, man habe 60 Terroristen umgebracht. Aus dem Keller kam kein Anruf mehr. Sie haben alle ermordet. Dann kam der zweite Keller und dann der dritte. Wir konnten sie nicht retten. Die Eltern waren immer wieder bei uns. Sie haben geweint, jeden Tag. Das ist vor den Augen der ganzen Welt passiert.«

Cizre ist wie ein Brennglas: In dieser Stadt kann man die Geschichte der Kurden in der Türkei studieren, das Auf und Ab aus Grabesstille, Rebellion, Hoffnung und brutaler Unterdrückung. Es gibt einen Dokumentarfilm über Leyla Imret, *Dil Leyla*, die Abschlussarbeit von Aslı Özarslan an der Filmhochschule Ludwigsburg, nominiert für den Grimme-Preis 2018. Gleich zu Beginn sieht man Archivbilder vom 21. März 1993. Newroz, das Neujahrsfest der Kurden, der Tag, an dem sie sich an das Monster Sohak erinnern und den Beginn des Frühlings feiern. Die Monster im Film sind grün, sie fahren auf die Menschen in ihren bunten Festkleidern zu, drängen sie in die Häuser, schießen. Einige bleiben auf der Straße liegen, einfach so, an ihrem Feiertag. Leyla Imret war ein kleines Mädchen damals und schon Halbwaise. Auch von ihrem Vater gibt es Archivbilder im Film. Das türkische Fernsehen hat 1991 seine Ermordung gemeldet, ein Erfolg im Krieg gegen die PKK. Leylas Vater war in der Guerilla zuständig für Cizre. Das Fernsehen zeigt ein Haus, viele Einschusslöcher, eine Leiche. Ausgeräuchert, das Verbrechernest.

Leyla Imret kennt das meiste davon nur aus Erzählungen. In der Wohnung in der Nähe von Bremen, in der sie ihre Jugend verbrachte, gibt es eine Bilderecke. Fünf Fotos von einem stolzen Mann. Offene Augen, Entschlossenheit, ein wenig Zuversicht. Leyla weiß noch, wie es war, wenn der Vater wieder los musste, oft nach ein paar Stunden schon, nach schönen Stunden, in denen er nur für sie da war, seine älteste Tochter. *Dil Leyla*. Leyla, mein Herz. Nach dem kurzen Moment des Glücks: die Mutter traurig, die Mutter schimpfend. »Wenn es dunkel wurde, haben die Gefechte angefangen. Wir mussten vorher alle schnell in den Keller.« Jedes Haus in Cizre hatte damals einen Keller. »Das ist eine Stadt, in der es immer Widerstand gab«, sagt Leyla. »Dort leben nur Kurden. Die einzigen Türken sind die Beamten. Lehrer und so weiter. Wir waren total kurdisch eingestellt. Für die Kurden, die dort leben, ist die Freiheit zentral. Das erklärt auch die Freiheitsbewegung in den 1990er Jahren. Jede Familie hat einen Freiheitskämpfer oder jemanden, der immer noch inhaftiert ist. Gefoltert, politisch inhaftiert.«

Der Häuptling mit der gespaltenen Zunge

35 576 Tote seit den 1980ern, schreibt Ezgi Başaran, bis März 2016 Chefredakteurin von *Radikal* und dann zurückgetreten, weil die Berichte der Zeitung über das Ende des Friedensprozesses von der Regierung in Ankara zensiert wurden. 35 576 Tote im Kampf zwischen der Türkei und der PKK, ziemlich genau zehnmal so viele wie in dem Bürgerkrieg, der jahrzehntelang Nordirland in Atem hielt und der noch heute jeden Zeitzeugen im Westen erschauern lässt. Die Zahl, die Ezgi Başaran nennt, ist von 2013, aus dem Jahr, in dem die Gegner wieder begannen, miteinander zu verhandeln.[3] Fast hätte dieser Dialog aufgehört, bevor er richtig losging. Am 9. Januar, kurz nach der entsprechenden Ankündigung von Recep Tayyip Erdoğan, damals noch Ministerpräsident,

wurden in Paris drei PKK-Frauen ermordet: Sakine Cansız, Fidan Doğan und Leyla Söylemez. Sakine Cansız gehörte zum Gründerzirkel der Partei, zu den wenigen, die von Anfang an dabei waren. Ein Mythos, erschossen in Paris. Dieser 9. Januar war ein Mittwoch. Am Samstag demonstrierten Zehntausende Kurden aus ganz Europa auf den Straßen der französischen Hauptstadt und forderten Aufklärung. Der türkische Staat, der Geheimdienst MIT. Wer sonst sollte so etwas tun?

Man hat dann doch miteinander gesprochen, mehr als zwei Jahre lang. Für die Journalistin Ezgi Başaran waren das goldene Jahre. Sie war dabei, als die PKK im April 2013 einen ganzen Tross türkischer Reporter in ihr Hauptquartier in die Kandil-Berge kommen ließ. Guerilla-Kämpfer, die man nach ihrem Leben fragen konnte und nach ihren Träumen, eine Pressekonferenz, geleitet von Murat Karayılan, Kommandeur der Streitkräfte und damit für Ankara bis vor Kurzem noch der Oberterrorist.[4] Die Karriere von Ezgi Başaran aus Istanbul ist gar nicht so viel anders als die von Leyla Imret aus Cizre. Bei *Radikal* war Başaran erst die jüngste Redakteurin aller Zeiten und dann die erste Frau an der Spitze. Sie hat aus dem Irak und aus dem Iran berichtet, aus Pakistan und aus dem Kaukasus, aus Malaysia und natürlich aus dem Südosten der Türkei, immer wieder. Die Kurden und die Türkei: Das ist ihr Lebensthema. Başaran hat so gut wie mit jedem gesprochen, der dazu etwas zu sagen hat.[5]

Den Friedensprozess von 2013 bis 2015 erklärt sie mit einem Patt. Was auch immer die Kriegsparteien versucht hätten: Keinem sei es gelungen, den anderen zu besiegen, und alle hätten gewusst, dass ein solcher Sieg nach wie vor in unendlich weiter Ferne lag. Also verhandeln. Ezgi Başaran schreibt, dass beide Seiten der Pause auch deshalb zugestimmt hätten, weil sie ihre Kräfte gerade für etwas Wichtigeres brauchten. Die PKK für das Projekt Rojava, geboren im Juli 2012 in der Not des syrischen Bürgerkrieges, vorgedacht und vorbereitet aber in den langen Jahren des Kampfes gegen die Herrschenden in der Türkei.[6] Und die AKP, die Partei Erdoğans, an der Macht seit 2002, für die Wahlen 2014 und 2015 und vor allem für die Auseinandersetzung mit der Gülen-Bewegung, aus Regierungssicht eine Art »Parallelstaat«, gegen die man dann allerdings erst nach dem Putschversuch vom 15. Juli 2016 in die entscheidende Schlacht zog. »Falsche Gründe«, schreibt Başaran,[7] und vergisst dabei noch, dass Ankara »ein vereintes Land« brauchte, ohne starke Opposition, ohne Anschläge, um den Krieg in Syrien gewinnen und weiter in Richtung Regionalhegemonie schielen zu können.[8]

Wenn man will, kann man den Friedensprozess mit der PKK auch als letzten Versuch von Recep Tayyip Erdoğan sehen, doch noch die Herzen der kurdischen Bevölkerung zu gewinnen oder wenigstens ihre Stimmen. Der Name Erdoğan steht auch für den Bruch eines Tabus in der türkischen Innenpolitik: Man redet über die Kurden. Man musste über sie reden und sogar etwas für sie tun, schon nach dem ersten Wahlsieg der AKP 2002. Zu laut war dieses Volk inzwischen und zu präsent, durch die PKK natürlich, aber auch sonst. Seit 1991 de facto autonom im Nordirak[9] und immer wieder auf der Straße, in der Türkei, in Westeuropa.[10] Seit Dezember 1999 war die Türkei außerdem EU-Kandidat. Drei Jahre später, auf dem Gipfel von Kopenhagen, wurde ein Fahrplan für den Beitritt beschlossen, in dem Menschenrechte und der Schutz von Minderheiten sehr weit oben standen.[11] Also Reformen. Den Ausnahmezustand aufheben (im November 2002), Vereine und Demonstrationen zulassen.[12] Dabei den Waffenstillstand nutzen, den die PKK nach der Festnahme von Abdullah Öcalan 1999 erklärt hatte und der bis 2004 halten sollte.[13] Kurdisch erlauben und Sprachkurse, wenn auch nur privat und nicht in den staatlichen Schulen. Radio- und Fernsehsender auf Kurdisch, solange sie nicht an den Verfassungsgrundsätzen rühren. Eine Flagge, eine Sprache, eine Nation, hat Rosa Burç gesagt. Territoriale Integrität.[14] Kindern endlich wieder kurdische Namen geben können, wenn auch zunächst noch ohne die Buchstaben Q, W und X.[15] Am 12. August 2005 sagt Recep Tayyip Erdoğan in Diyarbakir, dass der Staat in der Vergangenheit Fehler gemacht habe. Er selbst werde die Kurdenfrage lösen – mit »mehr Demokratie, mehr Bürgerrechten, mehr Wohlstand«.[16] Eine Sensation.

Die Indianerhäuptlinge in den Büchern von Karl May würden sagen: Dieser Erdoğan sprach mit gespaltener Zunge. In Diyarbakir Demokratie und Bürgerrechte versprechen und gleichzeitig die traditionelle Assimilationspolitik fortsetzen. Wir sind alle Türken. Schickt eure Kinder in türkische Schulen und Kindergärten, ihr Kurden, die Mädchen vor allem. Und wer türkische Fahnen verbrennt (wie zwei Jungs bei einer Newroz-Feier 2005 in Mersin), ist genauso ein »Pseudo-Bürger« wie Menschen, die demonstrieren, wenn Geheimdienstleute eine Granate in einen Buchladen werfen, der von einem PKK-Mann geführt wird (im November 2005 in Şemdinli im äußersten Südosten).[17] Die *Neue Zürcher Zeitung* berichtete im April 2005 von einer »Nationalismus-Welle in der Türkei«, von »Lynchjustiz«, von Mobs und von einer Bücherverbrennung in Bilecik in Südostanatolien. Opfer: Orhan Pamuk, der vorher in einem Interview gesagt hatte, dass die Türkei einst eine Million Armenier getötet habe.[18] Die AKP ist gerade erst drei Jahre an der Macht. Man weiß noch nicht, dass Erdoğan schon im März 2006 den Sicherheitskräften freie Hand bei Protesten geben wird (»egal ob das Frauen und Kinder sind«; nach Unruhen mit 14 Toten in Diyarbakir[19]) und dass seine Partei nach dem Wahlsieg von 2007 alles tun würde, um die politische Konkurrenz um die Gunst der Kurden auszuschalten (die DTP, die Partei der demokratischen Gesellschaft).[20]

Zunächst noch einmal zurück auf Los, in das Jahr 2005, in dem die Verhandlungen über einen EU-Beitritt beginnen. Mesut Yılmaz, damals Ministerpräsident, hatte schon 1999 gesagt, dass die Straße zur EU durch Diyarbakir führe.[21] Auch der Weg zu Wahlsiegen in der Türkei führt über Ost- und Südostanatolien. Die HDP, die Demokratische Partei der Völker, für die Leyla Imret 2014 in Cizre als Bürgermeisterin kandidierte und die auch um türkische Linke und andere Demokraten warb, hatte viele Vorläufer: Kurdische Parteien, die zwar in der Regel schnell verboten wurden oder sich selbst auflösten, um einem Verbot zu entgehen, von denen es aber einige schafften, die Zehn-Prozent-Hürde zu umgehen – über ein Bündnis mit den Sozialdemokraten zum Beispiel (HEP, Arbeiterpartei des Volkes, 1991) oder über unabhängige Kandidaten, die sich dann erst im Parlament zu einer Fraktion zusammenschlossen (DTP, 2007 und ihre Nachfolgerin BDP, Partei des Friedens und der Demokratie, 2011). Seine Wahlkampagne für 2014 hatte Recep Tayyip Erdoğan ausdrücklich den gemeinsamen religiösen Werten gewidmet und mit der gleichen Argumentation auch Masud Barzani empfangen, den Führer der Kurden im Nordirak – wieder in Diyarbakir, wo sonst.[22] Mit Barzani kam Şivan Perwer, ein berühmter kurdischer Sänger, und Erdoğan nannte den Gast aus dem Irak »Präsident«[23] – ein Zeichen für die konservativen Kurden, die den Clanführer verehren, mit den Linken eigentlich nichts am Hut haben und nun doch bitte AKP wählen mögen. In diese Linie passt die »Politik der demokratischen Öffnung«, angekündigt im Sommer 2009 nach deutlichen Verlusten bei den Kommunalwahlen im März. Kurz vor dieser Wahl (am 1. Januar 2009) hatte die AKP einen neuen Staatssender gestartet: TRT 6, inzwischen TRT Kurdî. Zur Eröffnung gab es sogar ein paar kurdische Worte von Erdoğan.[24]

Demokratische Öffnung auf Türkisch

Leyla Imret wohnt in diesen Jahren in der Nähe von Bremen, bei ihrer Tante. Für ihre Familie war Cizre zu einem Ort des Schreckens geworden. Der Vater ermordet, Willkür, Kämpfe, Willkür,

Kämpfe. Nie wieder. Nicht mehr mit uns. Die Mutter ist mit ihren beiden Töchtern fortgezogen, mit Leyla und ihrer kleinen Schwester, nach Mersin, 750 Kilometer entfernt von Cizre. Deutschland: Das ist der Sehnsuchtsort für viele Kurden, damals schon, in den frühen 1990ern. Und: Ein Teil der Familie hatte es ja geschafft, die Türkei zu verlassen. »Für uns hat sich das immer weiter verschoben«, sagt Leyla. »Irgendwas mit den Papieren hat nicht geklappt.« Die kleine Leyla geht schließlich allein, zu einem neuen Bruder und einer neuen Schwester, die eigentlich Cousin und Cousine sind und die man im Film *Dil Leyla* sehen kann. Man tanzt die Tänze aus der Heimat, man spricht Kurmandschi, wie zu Hause mit der Mutter, man macht im Kulturverein mit und in der kurdischen Jugend. Leyla geht zur Schule und gewöhnt sich an das neue Land.

Als sie 18 wird, schlägt die deutsche Bürokratie zu. Wer volljährig ist, kann für sich selbst sorgen, ohne Tante und Onkel. Abschiebung in die Türkei. »Ich konnte mir das überhaupt nicht vorstellen. Ich wollte nie dort leben. Ich war hier, seit ich neun war, und konnte mich noch gut an den Krieg erinnern. Ich habe dann alles für eine Aufenthaltsgenehmigung getan. Mit einem Anwalt, auf der Ausländerbehörde. Die meinten, ich solle arbeiten. Ich hatte aber keine Arbeitserlaubnis.« Geholfen haben am Ende eine Bekannte und ein Frisör. Eine Lehrstelle. Drei Jahre Aufschub, auch wenn Leyla Imret eigentlich studieren wollte, Sozialpädagogik zum Beispiel, und dafür auch alles mitbrachte – bis auf die Erlaubnis, zu bleiben. »Nach den drei Jahren ging das Spiel von vorn los. Da brauchte ich einen unbefristeten Arbeitsvertrag. Irgendwann konnte ich dann einen türkischen Pass beantragen. Den hatte ich vorher nicht.«

Die Signale, die Recep Tayyip Erdoğan und seine AKP nach Brüssel senden, kommen auch im Norden Deutschlands an. Diese scheinbar so ganz neue Kurdenpolitik. Leyla Imret entschließt sich, ihre Mutter und ihre Schwester zu besuchen, 2009, mit Anfang 20, nach fast anderthalb Jahrzehnten in einer anderen Familie. »Die Türkei hatte sich verändert. Man konnte Kurdisch sprechen, sogar auf der Straße, ohne Angst haben zu müssen. Ich dachte, es sei demokratischer geworden. Ich dachte, das sind nicht mehr die 1990er Jahre. Dort kannst du eigentlich auch leben. Bis 2013 war ich dann regelmäßig dort. Ein, zwei Mal im Jahr.«

Es ist die Zeit, in der die Regierung Erdoğan gefeiert wird im Westen. Die Öffnung des Marktes, die Privatisierung von Staatsunternehmen und von Rohstoffvorkommen, das Wachstum. Recep Tayyip Erdoğan als Musterschüler des Neoliberalismus, ein Mann, der es schafft, die Löhne zu kürzen und die Rechte der Gewerkschaften zu beschneiden, ohne spürbar an Zustimmung in der Bevölkerung zu verlieren.[25] Im ersten AKP-Jahrzehnt steigt das Bruttoinlandsprodukt »atemberaubend« (mit einem kleinen Knick wegen der globalen Finanzkrise 2008/09), und die Wirtschaft brummt längst lauter als zum Beispiel im Iran, beim großen regionalen Konkurrenten, der 1980 noch vor der Türkei lag.[26] Cihan Tuğal, Soziologe in Berkeley, hat den Aufstieg dieses »türkischen Modells« beschrieben. Formale Demokratie plus freier Markt plus moderat-konservative Religion. Die »Herausforderung durch den politischen Islam« annehmen, »statt ihn zu unterdrücken«: »Die Türkei wurde als Prototyp gepriesen, und das nicht in abstracto, sondern vor der Negativfolie des Iran«,[27] wo seit 1979 Gott selbst regierte, wenn auch zunächst nur über einen Stellvertreter.

Die »kurdische Frage« interessiert Cihan Tuğal nur am Rande. Sein Thema sind die »Mäntelchen«, die die AKP ihrer autoritären Herrschaft umhängt (ein »demokratisches« und ein »islamisches«[28]), und das, was in der Wirtschaft wirklich passiert, jenseits der Indikatoren, die die Weltbank begeistern oder den Internationalen Währungsfonds. Die Ungleichheit zum Beispiel, die keineswegs schwächer wird, auch wenn die Politik der Wahlgeschenke den ganz Armen hilft, die Arbeitsbedingungen und die Zahl der tödlichen Arbeitsunfälle (in der Türkei so hoch wie sonst fast nirgendwo auf der Welt) oder das Leben der Bevölkerung, das nicht wirklich besser wird. Wer die Türkei bereist hat in jenen Jahren und dabei nicht nur am Strand von Antalya lag, weiß, wovon Cihan Tuğal spricht. »Anstatt die Sorgen der Menschen ernst zu nehmen, tadelte Erdoğan öffentlich jede Person, die ihn auf Hunger, Arbeitslosigkeit oder Wohnungsnot ansprach. Auf Parteitagen sagte er den Armen, sie sollten sich gefälligst zusammenreißen und selbst etwas für sich tun, anstatt das von der Regierung zu erwarten.«[29]

Die »kurdische Frage« beantworten Recep Tayyip Erdoğan und seine Regierung genau andersherum: Rhetorik und Symbole, die nichts kosten, aber Brüssel beruhigen, gar nicht wenige Kurden in der Türkei dazu bringen, bei Wahlen die AKP anzukreuzen, und Leyla Imret in der Nähe von Bremen sogar darüber nachdenken lassen, in ihre Heimat zurückzukehren. Eins aber ändert sich nicht: die Idee vom türkischen Einheitsvolk. Eine Flagge, eine Sprache, eine Nation. Wir Türken und ihr Kurden: Wir teilen doch die Religion und eine ruhmreiche osmanische Vergangenheit. Wir sind eins, und unser Staat ist unteilbar. Wir lassen euch eure Lieder und eure Sprache, wir stellen sogar euren Lieblingssänger auf eine Wahlkampftribüne und einen Stammesführer aus dem Irak, eure Parteien aber marginalisieren oder verbieten wir, eure Bürgermeister werden sabotiert oder aus dem Amt gejagt,[30] eure Forderungen in Sachen Föderalismus und Verfassungsrecht ignorieren wir, und die PKK wird so lange bekämpft, bis sie aufgibt.[31]

Angebote für einen Waffenstillstand oder gar Verhandlungen lehnt die Regierung stets ab. Dass man 2009 bis 2011 in Oslo miteinander spricht und dabei auch Abdullah Öcalan einbezieht, bleibt geheim.[32] Öffentlich spürbar dagegen ist der Druck, der für kurdische Vereinigungen aller Art immer größer wird. Die Panzer, die Ende 2015, Anfang 2016 wieder durch Cizre rollen und dort um sich schießen, haben ein ganzes Jahrzehnt Vorgeschichte. Der Vorwurf ist dabei immer gleich: Verbindungen zur PKK. Hilfe für die Terroristen, »Terrorpropaganda«. Selbst Kinder stehen vor Gericht, weil sie demonstriert haben, organisiert von legalen Parteien wohlgemerkt.[33] Die DTP, die Partei der demokratischen Gesellschaft, gegründet 2005 und bei den Kommunalwahlen im März 2009 Sieger in den kurdischen Gebieten, wird im Dezember 2009 vom Verfassungsgericht verboten – der Schlusspunkt unter eine »Repressions- und Festnahmewelle«, die gleich nach den Wahlen anrollt und die neben der DTP auch die Union der Gemeinschaften Kurdistans (KCK) erfasst, eine 2007 gegründete Dachorganisation, die sich Öcalans Ideen Autonomie und demokratischer Konföderalismus auf die Fahnen geschrieben hat.[34]

Zur Erinnerung: Auf dem Höhepunkt dieser Welle verspricht die Regierung eine »Politik der demokratischen Öffnung« und zeigt im November 2009, was sie damit meint: kurdische Ortsnamen, Kurdologie an den Universitäten, Kurdisch als Wahlfach in der Schule, Kurdisch im Wahlkampf, Kurdisch im Gefängnis. Immerhin: Die »kurdische Frage« hat es bis ins Parlament geschafft. Die Partei aber, der die Kurden vertrauen, die DTP, wird im nächsten Monat verboten.[35] Und als die (geheimen) Gespräche in Oslo gescheitert sind und die PKK im Juli 2011 wieder Sicherheitskräfte angreift, verwandelt sich die Provinz Diyarbakir im Handumdrehen in eine »Kriegszone«. Mehr als 8000 Aktivisten, Politiker und Journalisten werden eingesperrt. Terrorismus, was sonst.[36]

Der innere Okzident und die Brille des *Zeit*-Lesers

»Man konnte schon damals sehen, dass uns dieses Regime massiv Probleme bereiten wird«, sagt Axel Gehring, der Politikwissenschaftler aus Marburg, der die Idee Rojava für eine Notgeburt hält und für ein Baby, das es schwer hat in einer vermachteten kapitalistischen Welt. »In der Türkei war die Liberalisierung eigentlich schon 2007 vorbei.«[37] Gehring spricht über die Ergenekon-Prozesse, bei denen es vordergründig um ein Verschwörer-Netzwerk aus Offizieren, Anwälten und Verbrechern ging, um das, was in der Türkei »tiefer Staat« heißt, und um einen Machtkampf mit dem Militär. Ins Gefängnis kamen aber auch Erdoğan-Gegner, die damit beim besten Willen nichts zu tun haben konnten, und »Pro-Ergenekon« war ab sofort ein Brandmal, fast genauso wirksam wie der Hinweis auf die PKK und den Terrorismus.[38] Axel Gehring: »In der ersten Verhaftungswelle wurden ja viele unsympathische Militärs angeklagt. Das war 2007. Bei der zweiten Welle 2008 ging es immer noch um unsympathische Figuren, jetzt waren aber auch Gewerkschafter dabei oder Feministinnen. Politisch waren manche der Opfer vielleicht zweifelhaft, sie waren aber auf keinen Fall vom Militär oder aus dem Geheimdienst. In der Klageschrift war schon von linken Organisationen die Rede und von der PKK, die angeblich von Ergenekon ferngesteuert wurden. Da lag eine Verschwörungstheorie auf dem Tisch, die sich gegen jede Opposition in der Türkei instrumentalisieren ließ.«

Axel Gehring ist zur Türkei gekommen wie die Jungfrau zum Kind. »Ich wollte mit Erasmus weg, als Student. In der Türkei war gerade noch was frei. So bin ich im Sommer 2006 in Izmir gelandet.« Izmir ist nicht Ankara ist nicht Istanbul. »Die kemalistische Hochburg schlechthin«, sagt Axel Gehring. »In dieser Stadt hat die AKP nie Boden unter den Füßen bekommen. Das ist das Gleiche wie Diyarbakir für die Kurden.« Er erinnert sich an einen Busfahrer, der 14 Atatürk-Porträts in seiner Kabine hatte. »Alle selbst eingeklebt.« Der Kemalismus lebt, zumindest in Izmir. Staat und Religion formell trennen, die Wirtschaft nicht nur dem Markt überlassen. »Ich habe dort 2007 Kundgebungen erlebt mit deutlich kemalistisch-nationalistischen Untertönen. Die Menschen waren unzufrieden mit der AKP, obwohl das ja noch die relativ liberale Phase war. Es gab damals noch nicht jeden Tag Verhaftungen.«

Auch die Universität, an der Axel Gehring in Izmir studiert, ist weit weg vom Zentrum der Macht. »Diese Opposition fand ich verrückt«, sagt Gehring. Die Seminarinhalte, der Habitus der Lehrenden, die Kommilitonen. Überall Kemalismus. »Wir hatten einen Kurs über diplomatisches Schreiben. Erst sollten wir sagen, warum es den Genozid an den Armeniern nicht gegeben hat. Und dann, warum das Militär die Regierung Menderes weggeputscht hat. Erklären Sie das bitte der Weltöffentlichkeit.« Dieser Putsch war lange vor Gehrings Zeit. 1960. Im Jahr darauf wird Adnan Menderes gehängt. Der Vorwurf: zu nachgiebig gegenüber den Kurden, zu viel Islam. »Jeder konnte sehen, worum es bei dieser Übung eigentlich ging: Stellen sie sich hinter einen möglichen Militärputsch gegen die AKP und Erdoğan. Die Menderes-Regierung war ideologisch auf der gleichen Linie.«

Das Thema Türkei hat Axel Gehring seit dem Erasmus-Jahr nicht mehr losgelassen. Er hat in Izmir nicht nur gesehen, was die alten kemalistischen Eliten von den neuen Machthabern halten und wie tief die Staatsideologie, die auf Mustafa Kemal zurückgeht, im Volk verankert ist. Der Busfahrer mit seinen 14 Atatürks. Axel Gehring hat auch erlebt, wie die AKP mit jeder Opposition umgeht, 2007 schon und nicht erst bei den Gezi-Protesten 2013, wo der Staat erst in Istanbul Wasserwerfer und Tränengas einsetzt und dann im ganzen Land und so die schöne, heile »AKP-Erzählung in drei oder vier Wochen« zerlegt. Tausende Verletzte, Tote gar. Vor der Haustür, bei einem Verbündeten. »Bei uns wurde diese Partei vorher über den grünen Klee gelobt. Auch im akademischen Diskurs. Ich habe mich schon 2007 gefragt, wie das sein kann. Wie kann es sein, dass die europäischen Eliten hochproblematische Entwicklungen einfach so durchwinken und das in ihren Fortschrittsberichten sogar noch als Schritte zur Demokratisierung darstellen?« Axel Gehring sieht das, was er »eine Forschungslücke« nennt, und beginnt, die Geschichte der türkischen Republik zu rekonstruieren und die Geschichte ihrer Beziehungen zu Europa. Er will eine Alternative anbieten zur »herrschenden Erzählung« und muss dafür sehr weit ausholen. Fast 100 Jahre zurück, um gegen das anzugehen, was in Deutschland und in Westeuropa über die AKP gesagt wird.[39]

An der Universität stößt Axel Gehring mit dieser Idee auf wenig Gegenliebe. Ein Geldgeber ist zwar schnell gefunden (die Rosa-Luxemburg-Stiftung), aber jeder Doktorand braucht Betreuer, die das gut finden, was er macht. Die Türkei-Forscher in der Orientwissenschaft oder in der Politikwissenschaft? »Sehr konservativ«, sagt Gehring. »Voll im Rahmen der Parameter, die die AKP mit ihrer Erzählung gesetzt hat.« Diesen Kolleginnen und Kollegen gibt er eine »Mitschuld an dem, was heute in der Türkei passiert«. Wissenschaft hat hier wortwörtlich Wissen geschaffen. In der Sprache von Axel Gehring: »Sie haben die Hegemonie der AKP transnationalisiert und die Ideologie geliefert, die dafür gesorgt hat, dass die westlichen Öffentlichkeiten nicht wahrnehmen konnten, was in der Türkei abläuft.« Absicht? Vielleicht. Eher aber Beziehungen zu Universitäten in der Türkei, die einem lieb und teuer sind, und die Drittmittelmaschine, die gerade in den Geisteswissenschaften von Interessenten aus der Politik geschmiert wird. »Das eine wird besser gefördert als das andere.« Axel Gehring findet an der Universität Marburg einen Außenseiter: John Kannankulam, ein Politökonom, der seit 25 Jahren in einer Ska-Band singt, über Staatstheorie arbeitet und nicht viel über die Türkei wusste, aber die Idee sofort verstand. »Mir war damals schon klar, dass ich etwas sehr Unkluges tue«, sagt Axel Gehring. »Das ist so, wenn man sich oppositionell mit der Türkei auseinandersetzt.« Reaktionen aus der Fachwelt auf seine Arbeit? »Wenig. Das kann man als nicht-positive Aufnahme deuten.«

Axel Gehring ist so, wie man sich einen Politikwissenschaftler vorstellt, wenn man noch keinen kennt. Er weiß unheimlich viel und spricht in langen, verschachtelten Sätzen, das eine Argument gegen das andere abwägend. Genau das Gegenteil von einem Politiker wie Recep Tayyip Erdoğan, der die »osmanische Ohrfeige« womöglich nicht nur im Wortschatz hat. Bei Axel Gehring muss man zweimal hinhören und dann am besten noch einmal nachlesen, um zu verstehen, was er meint. Der Habitus des Intellektuellen, zu dem komplexe Begriffe gehören und der Versuch, alles anders zu sehen als die anderen. Besser, genauer. Mit Ernesto Laclau unterscheidet Gehring zwei Formen von Herrschaft: Politik und Klasse. Oder: Volk versus Machtblock und Lohnarbeit versus Kapital. Er braucht diese Unterscheidung, um die Linie zu zeichnen, die von den Kemalisten der 1920er Jahre bis zu Recep Tayyip Erdoğan führt. Auf Harmonie setzen und Klassenwidersprüche leugnen. Konservative, Islamisten, Nationalisten, die die Interessen des Kapitals vertreten, aber trotzdem behaupten: »Wir sind die authentische Stimme des türkischen Volkes, die vom inneren Okzident bedroht wird. Von linken Gewerkschaften zum Beispiel oder von der kurdischen Bewegung. Das ist der Herrschaftstrick, der seit den 1950ern funktioniert.«

Der innere Okzident ist für die Türkei etwas ganz Ähnliches wie der Dolchstoß für Deutschland. Eine Bedrohung, die eigentlich von außen kommt (wahlweise: aus Moskau, aus dem Westen), aber Helfershelfer im eigenen Land gefunden hat. Axel Gehring: »Der politische Islam hat nie den klassenharmonischen Topos der Kemalisten in Frage gestellt. Auch Erdoğan nicht. Er tut so, als seien sozio-ökonomische Unterdrückungsverhältnisse eine Erfindung des inneren Okzidents. Erdoğan ist nicht so radikal-oppositionell zur kemalistischen Kontinuität, wie er sich selbst verkauft.« Und der Westen? »Eine Liebesheirat«, sagt Axel Gehring, schaut durch die Brille des *Zeit*-Lesers auf den Nahen und Mittleren Osten und sieht »das orientalische Klischee« von einer kleinen, weltoffenen Elite, die weit weg ist von der Bevölkerung und verhasst, schon aus religiösen Gründen. Ein Hort der Instabilität.

»Die AKP ist genau das, was dieser Leser, was der Westen haben wollte. Eine Partei, die sagt, wir repräsentieren die kulturelle Identität der Masse, aber wir fordern den Westen nicht heraus. Wir sind anders als die iranische Revolution oder als die Muslimbrüder. Wir sind wie die USA, wo es ja auch eine liberale Verfassung gibt und trotzdem sehr viel Religiosität. Ein sanfter Islam, ohne Extreme, der dazu noch die Tür für westliches Kapital öffnet, der privatisiert, der die Konzerne profitieren lässt. Was will man mehr. Medien und Wissenschaft haben dann die Narrative erzeugt, die die Interessen der Wirtschaftseliten bedienen.«

Sein Konzept von Herrschaft hilft Axel Gehring auch zu verstehen, warum die AKP an der »kurdischen Frage« gescheitert ist. »Harmonie allein führt nur bis zu einem gewissen Punkt. Die kurdische Frage ist auch eine Klassenfrage.« Welchen Indikator man auch anschaut: Der Osten der Türkei steht stets ganz unten. Die wenigsten Ärzte und die meisten Analphabeten, die wenigsten Unternehmen und die meisten Arbeitslosen, die wenigsten Landbesitzer und die meisten Armen. Wenn der Staat in der Region investiert, dann zuallererst in Garnisonen.[40] Und die Kurden, die aus ihrer Heimat vertrieben wurden und es nicht wie die Tante von Leyla Imret nach Westeuropa geschafft haben, leben oft an den Rändern der türkischen Metropolen, auf der dunklen Seite des Grabens, der Arm und Reich trennt.[41] »Die AKP übersieht, dass sich die kurdische Frage nicht nur aus sprachlichen Unterschieden speist und aus religiösen Gemeinsamkeiten«, sagt Axel Gehring. »Die Partei denkt, dass sie schon eine Alternative zur kemalistischen Politik hat, wenn sie die kulturellen Eigenheiten anerkennt. Dass die Kurden dann schon Abstand nehmen werden von linken Spinnereien, vom Feminismus, von der Autonomie. Dabei ist das ein Ergebnis politischer Selbstorganisation. Die kurdische Bewegung von heute hat wenig zu tun mit den Aufständen in den 1920ern und 1930ern. Damals war das ja eher konservativ, unter Führung feudaler Eliten. Heute sind Antikapitalismus und

Geschlechteremanzipation für viele ein Teil kurdischer Identität. Da reicht es nicht, im Fernsehen ein bisschen auf Kurdisch zu senden oder zwei Schulstunden in der Woche anzubieten.«

Ein türkischer Trotzkist, der »Freiheit für Öcalan« ruft

Erkin Erdoğan ist in Izmir geboren worden und dort aufgewachsen, in der Stadt, in die es Axel Gehring 2006 mit einem Erasmus-Ticket verschlagen hat. Der Name Erdoğan ist gar nicht so selten in der Türkei. In der deutschsprachigen Wikipedia findet man allein zehn Fußballspieler, die so heißen.[42] Erkin Erdoğan ist nicht mit dem Präsidenten verwandt, weder familiär noch sonst. »Mein Vater war in der Gewerkschaft aktiv und irgendwie auch links, aber die Familie hat traditionell CHP gewählt.«[43] Die CHP, die Republikanische Volkspartei, ist Atatürks Partei. Wir sind in Izmir, wie gesagt, in der Hauptstadt der Kemalisten.

Ende der 1990er Jahre haben Erkins Eltern zum ersten Mal mit jemandem von der PKK gesprochen, in dem Gefängnis, in dem ihr Sohn saß. »Sie haben mich dort oft besucht«, sagt Erkin. »Es gab interessante Begegnungen, auch mit politischen Häftlingen. Was sie da erlebt und gehört haben, war nur schwer mit der Staatspropaganda vereinbar. Von den Werten der Republik war damals so gut wie nichts mehr übrig.« Erkin Erdoğan ist 17, als er eingesperrt wird. »Fast 18. 15 Tage haben gefehlt. Weil ich noch nicht volljährig war, habe ich eine Art Discount bekommen. Nur zwei Drittel der Strafe. Eigentlich waren es drei Jahre und neun Monate. Man konnte aber auch wegen guter Führung eher entlassen werden und sich so ein Viertel sparen. Ich habe einen doppelten Discount bekommen.«

Mit zwei Jahrzehnten Abstand erzählt sich so etwas leichter, selbst über ein Gefängnis in der Türkei. Erkin Erdoğan ist Jahrgang 1980. Als er zur Highschool geht, kann keine Rede sein von stabilen Verhältnissen.[44] Die Regierungen geben sich die Klinke in die Hand, Journalisten, Oppositionelle, kurdische Aktivisten und kurdische Geschäftsleute werden ermordet, und Gefangene verschwinden, einfach so. Für »das Rekordjahr 1994« spricht Deniz Yücel in der Tageszeitung *Die Welt* von »191 sicher bestätigten Fällen« und 341 Vermutungen.[45] Seit Mai 1995 demonstrieren die Samstagsmütter in Istanbul. Diese Mütter wollen nicht viel. Ihre Kinder beerdigen. Aufklärung. Ein Ende der Willkür. Die meisten der Vermissten sind aus den kurdischen Gebieten. Dort hat der Staat Mitte der 1990er Jahre mehr als 200 000 Leute in Uniform. Außerdem hat er sich den »Dorfschützer« ausgedacht – Einheimische, die im Anti-PKK-Kampf auf seiner Seite stehen und aktiviert werden können, wenn es gegen die Guerilla geht. Bis 1993 bekommen auf diese Weise fast 35 000 Kurden Waffen.[46]

Man kann sich vorstellen, was das aus einem Dorf macht. Man kann das auch in Romanen nachlesen, in *Zeit der Brombeeren* zum Beispiel von Murat Türk, der sich 1992 der PKK anschloss und von einer Odyssee durch seine Heimat erzählt, die er nur überlebt, weil die Hilfsbereitschaft stärker ist als das System der Dorfschützer.[47] In *Istanbul Istanbul* von Burhan Sönmez, der in eine Zelle hinabtaucht und vier politischen Gefangenen zuhört.[48] Oder, poetischer, bedrückender, in einer Erzählung von Yavuz Ekinci, die den kurdischen Mythenschatz auf wundersame Weise verwebt mit dem allgegenwärtigen Militär. *Der Tag, an dem ein Mann vom Berg Amar kam*: ein Buch, in dem kein einziges Mal vom Krieg, von Türken oder Kurden gesprochen werden muss, um zu wissen, was gemeint ist.[49]

Erkin Erdoğan ist in der Haft Trotzkist geworden. »Politisiert wurde ich schon vorher, im Kampf um die Demokratie«, sagt er. Die 1990er, die Studentenbewegung. Erkin macht Magazine, er interessiert sich für Demonstrationen. Nichts Dramatisches. In die Mühlen des Staatsapparates kommt er durch eine Verwechslung.

»Zwei von meinen Freunden haben in der Schule ein Banner aufgehängt, für eine stalinistische Organisation. Es hing dort keine 30 Minuten, von halb sieben bis um sieben. Sie haben auch so etwas wie eine Bombe aufgestellt, damit die Polizei das nicht sofort beschlagnahmt.« Die Polizei kommt trotzdem. Der Bericht, den die beiden Freunde im Gefängnis für die Funktionäre ihrer Organisation schreiben, wird abgefangen. In diesem Bericht stehen auch Namen. Nicht Erkin, aber etwas, was ganz ähnlich klingt. Der Polizei ist das egal. Sie suchen einen Dritten, jemanden, der geholfen hat beim bösen Banner. Drei Jahre und neun Monate.

Auch der doppelte Discount kann nicht verhindern, dass Erkin Erdoğan in dieser Zeit endgültig zum Aktivisten wird. »Im Gefängnis hat man die Chance, viele linke Organisationen zu beobachten. Es waren ja alle da.« Am besten gefallen ihm die Genossen von der PKK, auch wenn sie den Mund für seinen Geschmack etwas zu voll nehmen. Die sozialistische Revolution in Kurdistan und in der Türkei. Nun ja. Größer geht es wohl nicht. »Das waren fünf oder sechs Leute, die wirklich jedes Buch gelesen hatten. Auf ihrer Leseliste standen auch Romane oder Geschichtsbücher. Das war breiter als bei den Marxisten.« Auch Erkin Erdoğan liest viel in jener Zeit. Trotzki zum Beispiel oder Tony Cliff, Lenin in zwei Bänden.[50] »Mir ist klar geworden, dass es im Marxismus einen wichtigen Kern gibt: Die Arbeiterklasse soll sich selbst emanzipieren. Du kannst da nicht mit ein paar Helden hingehen und sie retten wollen. Das müssen sie schon selbst machen.«

Draußen, in der Freiheit, schließt sich Erkin Erdoğan einer kleinen trotzkistischen Gruppe an, ganz legal. »Bei den Wahlen haben wir die Linksfront unterstützt. Die Partei war dann auch an der Gründung von HDP und HDK beteiligt. Ich war als Delegierter in Ankara.« HDK, der Demokratische Kongress der Völker, ist so etwas wie die Mutter der HDP. Ein Projekt, das sich für Demokratie in der Türkei einsetzt, für soziale Gerechtigkeit, für ein friedliches Miteinander von Türken, Kurden und anderen Minderheiten. »Ein

Netzwerk«, sagt Erkin Erdoğan. »Das passt besser zu uns als eine formale Partei.« Da Projekte oder Netzwerke nichts für Wahlen sind, hat man eine Partei gegründet, die HDP.

Vielleicht ist das das Neue an HDK und HDP: dass Menschen wie Erkin Erdoğan dabei sind. Dass Kurden und türkische Linke zusammenarbeiten und nicht mehr für sich alleine kämpfen, wie in den 1990ern und in den Nullerjahren, als die Zehn-Prozent-Hürde für jede kurdische Partei schwerer zu überwinden war als der Berg Ararat. »Ich fand unseren Ansatz zur kurdischen Bewegung sehr gut«, sagt Erkin Erdoğan über seine Freunde von der trotzkistischen Splitterpartei. »Von Anfang an bedingungslose Unterstützung. Das war damals in der Linken gar nicht so einfach. Jeder hat Öcalan kritisiert. Jeder hat ihn als Verräter diffamiert. Das ist jemand, der Kompromisse mit dem Staat macht und so die Ideale seiner Bewegung verkauft. In meiner Partei war davon nichts zu merken. Unser Slogan war Freiheit für Öcalan, gleich nach seiner Gefangennahme. Wir haben das am 1. Mai in Istanbul gerufen. Alle haben uns angeschaut, als ob wir Verrückte wären.«

Erkin Erdoğan ist Türke. Ein linker Türke. »Einer unserer wichtigsten Werte ist Solidarität mit den Unterdrückten und Verfolgten. Kurden sind die Menschen, die am stärksten unterdrückt werden. Meine Schule in Izmir war in einem Armen-Vorort. Dort lebten lauter Kurden, die vor dem Krieg geflohen waren. Menschen in ärmlichen Verhältnissen und mit allen möglichen Verletzungen. Das ist ein wichtiger politischer Kampf und zugleich ein Kampf um Emanzipation.« Erkin Erdoğan war im Sozialforum aktiv, erst in Istanbul und dann ab 2004 als Koordinator für die Türkei. Er hat über dieses Thema eine Masterarbeit geschrieben. Auf dem Titelblatt stehen die Begriffe »soziale Bewegungen« und »neoliberale Hegemonie«. Heute sieht er das Sozialforum als eine Wurzel für den Erfolg des Projektes HDP. »Wir haben viele Brücken gebaut. Die türkischen Linken und die kurdische Bewegung.

Früher hat man sich gegenseitig kritisiert. Das Sozialforum war ein Ort, wo man Kontakt hatte. Wir haben zum Beispiel unabhängige Kandidaten unterstützt. Das hat zur Vertrauensbildung beigetragen.«

Wie eine Friseurin aus Bremen Bürgermeisterin in Cizre wird

Aus dem fernen Deutschland ist es nicht ganz einfach zu verstehen, was so eine Partei bedeuten kann und überhaupt – so eine Wahl. Hier ein paar Prozentpunkte mehr, dort ein paar weniger. Mal vier Jahre nicht im Bundestag, wenn man zu den Grünen hält oder zur FDP. Viel mehr war da nicht seit Willy Brandt. Wer Spannung fühlen will, muss *Dil Leyla* sehen, den Film von Aslı Özarslan. Bilder aus Cizre vom Abend des 7. Juni 2015, auch von den Tagen davor. Menschen, die sich gegenseitig Mut zusprechen. Es wird schon, keine Angst. Menschen, die mitfiebern vor Bildschirmen und Lautsprechern, nervös, schweigend, und die dann in Jubel ausbrechen. 13 Prozent für die HDP. Wir sind im Parlament in Ankara. Wir können mitbestimmen. Es wird Frieden geben, endlich.

Es hat diesen Frieden dann doch nicht gegeben. Das Filmteam muss Cizre wenig später verlassen. Die erste Ausgangssperre, nur gut ein Vierteljahr nach der Euphorie am Wahlabend. Leyla Imret hat zwei Jahre vorher das erste Mal am Grab ihres Vaters gestanden, im September 2013. »Dort habe ich mich entschieden zu bleiben. Ich dachte, das ist mein Recht. Ich möchte hier stehen, wann immer ich will. Sie haben dir deinen Vater weggenommen und das Leben mit deiner Familie. Aber jetzt bist du wieder hier, und jetzt bleibst du auch hier.«[51] Ihre Mutter sieht das anders. Man kann das auch im Film hören. Bloß nicht zurück nach Cizre. Immer noch nicht. Sie wird dann auch nicht wollen, dass ihre

Tochter in die Politik geht. Erst der Ehemann und jetzt das. So viel kann ein Mensch doch gar nicht ertragen.

Leyla weiß das. Sie kann aber nicht anders. »Ich bin durch die Straßen von Cizre spaziert und war glücklich.« Sie geht zum Kulturverein, zu Stiftungen, zu den Parteien. Viele Häuser haben keinen Keller mehr, vor allem die neuen nicht. Der Krieg ist lange her, auch wenn er für ihre Mutter nicht vergehen will. Leyla sieht die Kandidaten, die sich für die Kommunalwahlen vorstellen. Sie hat Ideen für die Stadt. »Irgendwann sagte jemand: Leyla, warum machst du das nicht? Ich habe sowieso einen Grund gebraucht, um dableiben zu können.«

In einer Stadt wie Cizre, im Herzen der kurdischen Bewegung, läuft der Wahlkampf etwas anders als in Köln oder Istanbul. Die HDP weiß, dass sie diese Kommunalwahl am 30. März 2014 gewinnen wird, egal wen sie aufstellt. Die Entscheidung muss folglich vorher fallen. Leyla Imret ist eine von 13 Kandidatinnen, die um die Nominierung streiten. 13 Frauen. Die Partei hat entschieden, dass das Rathaus von Cizre weiblich wird. Die Idee der Frauenbefreiung soll mehr wert sein als das Papier, das Abdullah Öcalan dazu beschrieben hat. »Es gab eine Kampagne, in der ich fast 20 Projekte beworben habe«, sagt Leyla Imret. »Das und das will ich machen, das und das will ich verändern. Ich habe natürlich gefragt, was das Volk möchte. Ich habe viele Hausbesuche gemacht.«

Es sind diese Gespräche mit den Menschen in Cizre, die Leyla endgültig zurückbringen in ihre Heimatstadt. »Es war so, als ob ich schon immer dort gelebt hätte. Alle haben von meinem Papa gesprochen. Alle hatten Erinnerungen. Da war dein Vater bei uns zu Hause, so war er als Mensch. Das war die schönste Erfahrung meines Lebens.« Abdulvahap Imret ist eine Legende in Cirze. Kommandant Haşım Zana. Das ist der Name, der sich in das kollektive Gedächtnis eingraviert hat. Jemand, der sein Leben gegeben hat für die kurdische Sache. Jemand, den man deshalb nicht vergisst.

Seine Tochter Leyla glaubt nicht wirklich, dass sie die Vorwahlen gewinnt. Eine Friseurin aus Bremen, 26, neu in der Stadt. Eine Frau, die zwar perfekt Kurmandschi spricht, aber allenfalls mittelmäßig Türkisch, die Sprache der Behörden. Es ist Leyla auch ein bisschen egal. Sie ist wieder daheim, bei all den Menschen, die ihre Familie kennen. Wenn sie nicht Bürgermeisterin wird, kann sie ja vielleicht als Stadträtin bleiben. Die Delegierten, die bei der Versammlung im Dezember 2013 zu entscheiden haben, sehen das anders. Leyla Imret bekommt 290 von 620 Stimmen, mehr als doppelt so viele wie die Zweitplatzierte. »Mir wurde eiskalt. Ich dachte: Oh mein Gott. Jetzt wird es ernst. Sie haben dir ihr Vertrauen gegeben. Du darfst dieses Vertrauen niemals enttäuschen. Du musst etwas zurückgeben.«

Aslı Özarslan hat im Film *Dil Leyla* festgehalten, was die Bürgermeisterin damit meint. Leyla Imret in der Sprechstunde, Leyla Imret auf Baustellen, Leyla Imret auf großer Bühne vor den Menschen von Cizre, die Newroz feiern. Leyla Imret im Auto, winkend. Leyla Imret überall, immer freundlich, schließlich ist die Kamera dabei. Aber immer auch klar und fordernd. Ich bin die Bürgermeisterin. Wenn ich sage, dass es so gemacht wird, dann wird es so gemacht. Die Bilder sind bunt und fröhlich. Es ist eine schöne Zeit. Der Friedensprozess. Auch die Beamten, die der türkische Staat eingesetzt hat, spielen mit. »Sie haben gesehen, dass ich respektiert werde. Polizei und Gouverneur waren auf uns angewiesen. Wir waren die Brücke zum Volk. Ohne uns ging nichts. Bei jeder Demonstration haben wir vorher miteinander gesprochen. Wenn ihr nichts macht, werden wir auch nichts machen. Es gab keine Probleme. Mal ein paar Jugendliche, die Steine geworfen haben, mal etwas Tränengas. Das war aber eher wie ein Spiel.«

Leyla Imret sagt diese Sätze in der Vergangenheitsform. Die schöne Zeit dauert eigentlich nur sechs Monate. Im Oktober 2014 weigert sich die türkische Regierung, Kobanê zu helfen. Der IS steht vor den Toren der syrisch-kurdischen Stadt und zum Teil schon mittendrin. In Suruç, nur ein paar Kilometer entfernt, aber schon in der Türkei, sind die schwarzen Flaggen genauso klar zu sehen wie der Rauch, der aus brennenden Häusern aufsteigt.[52]

Kobanê 2017: Kinder auf einem IS-Panzer, der zu einem Denkmal im Stadtzentrum gehört. Foto: Willi Effenberger

Hunderte Kurden wollen über die Grenze, um mit YPG und YPJ zu kämpfen. Ankara aber weigert sich. Auch die Kämpfer, die in den Rojava-Kantonen Afrin und Cizre bereitstehen und nur über die Türkei nach Kobanê kommen können, werden nicht durchgelassen. Die Ausnahme: Peschmerga aus dem Nordirak, Barzanis Leute. Für Recep Tayyip Erdoğan ist Kobanê Rojava. Der Funke, der überspringen könnte. Lieber den Teufel Feuerwehr spielen lassen und diesem Teufel helfen, wo immer es geht, heimlich und gar nicht so heimlich.[53] Am 7. Oktober sagt der türkische Präsident, dass die Stadt bald in die Hände des IS fallen werde. Schluss, aus, vorbei. Seine Regierung hatte schon vorher immer wieder erklärt, dass sie zwischen PYD und IS keinen Unterschied sehen würde. Terroristen, so oder so.[54] Folge eins: Aufruhr in vielen Orten des Landes, mehr als 50 Tote. Folge zwei: Die USA und ihre Verbündeten entscheiden sich, YPG und YPJ aus der Luft zu helfen.[55] Die Schlacht um Kobanê wird im Januar 2015 gewonnen.

Leyla Imret ist gerade bei einer Schulung, als dieser Kampf beginnt. Das erste Seminar mit allen Bürgermeistern der HDP. »Ich kann mich gut erinnern. Auf einmal war das Seminar egal. Alle mussten nach Suruç fahren. In manche Gebiete durften damals nur Abgeordnete, Menschen mit Mandat. Andere wurden gar nicht hineingelassen. Manchmal war ich drei, vier Wochen dort. Kurz in Cizre und dann wieder nach Suruç. Präsent sein, solidarisch sein. Das hat die ganze Arbeit verändert. Dann ging es mit den Jesiden aus dem Shingal weiter. Cizre liegt ja direkt an der Grenze zum Irak. Die Menschen kamen zuerst zu uns. Wir hatten 5000, 6000 Flüchtlinge in der Stadt. Wir haben versucht, diese Wunde zu heilen. Essen, Zelte. Alles aus dem Stadtbudget. Nor-

Diyarbakir 2016: Jesidische Männer im Flüchtlingslager Shingal
Foto: Willi Effenberger

malerweise muss das der Staat machen, aber Erdoğan hat diese Flüchtlinge erst später anerkannt. Als er die Jesiden für die AKP gewinnen wollte.« Für den IS sind die Jesiden Ungläubige, die man umbringen kann, versklaven kann, vergewaltigen kann. Was im Sommer 2014 im Shingal-Gebirge passiert ist, nennen die Jesiden Farmãn, wie die Massaker der Osmanen, wenn sich ihre Vorfahren nicht zum Islam bekehren lassen wollten. Farmãn: das ganz große Unheil, vergleichbar mit dem Wort Shoa im Hebräischen.

Ein Friedensprozess, der keinen Frieden bringen kann

Für Leyla Imret endet mit Kobanê auch das Tauwetter zwischen Regierung und PKK. In Suruç hat sie den Teufel IS gesehen und seinen Verbündeten, die Türkei. »Es war richtig schlimm. Wir wussten, dass dort Menschen sterben. Wir wurden auch selbst angegriffen. Die wollten nicht zulassen, dass wir an der Grenze stehen. Nach dem großen Sieg gab es für die AKP keinen Friedensprozess mehr, keinen Kurdenkonflikt mehr. Sie haben wieder angefangen, Jugendliche zu verhaften, überall in der Türkei und besonders in Cizre. Und dann kam der Krieg, vor allem in den Hochburgen der Kurden.«

Zwischen Kobanê und diesem Krieg gegen die eigene Bevölkerung im Osten des Landes liegen die Parlamentswahl vom 7. Juni 2015 und die Siegesfeiern in den kurdischen Gebieten, von denen man eine im Film *Dil Leyla* sehen kann. 13 Prozent für die HDP: Damit kippt die absolute Mehrheit von Erdoğans AKP, obwohl es im Wahlkampf zahlreiche Anschläge auf HDP-Büros gab und obwohl bei der Abschlusskundgebung der Partei in Diyarbakir vier Menschen sterben. Wenn Ezgi Başaran recht hat und der Friedensprozess dem Präsidenten ohnehin nur Zeit verschaffen soll und einen Erfolg an der Wahlurne, dann macht es für ihn jetzt Sinn, endlich wieder in den Kampf zu ziehen. Die Wahl verloren, sich in Kobanê vertan und Rojava stärker denn je, nachdem YPG und YPJ kurz nach den Wahlen die syrische Grenzstadt Tall Abyad vom IS befreien und so die Kantone Kobanê und Cizre vereinigen, wieder mit Hilfe ihrer neuen Freunde in Washington. Schon Ende Januar 2015 hatte Recep Tayyip Erdoğan eines unmissverständlich klar gemacht: Wir wollen kein zweites Rojava, kein zweites Nordsyrien. Alles, nur das nicht.[56]

Ezgi Başaran spricht von »separation phobia«.[57] Das muss man nicht übersetzen. Ein autonomes Kurdistan in Nordirak. Jetzt der Norden Syriens unter dem Banner von Abdullah Öcalan. Heute gehört uns Rojava und morgen die Türkei. Was die kurdische Bewegung von diesem Friedensprozess erwartet, ist viel, viel weniger. Bildung in der Muttersprache. Ein Menschenrecht. Freilassung von Kranken, die im Gefängnis sind, weil sie zu PKK oder KCK gehören sollen. Noch so ein Menschenrecht. Kranke gehören ins Krankenhaus und nicht in eine Haftanstalt. Die Anti-Terror-Gesetzgebung ändern, in Richtung Meinungsfreiheit und Organisationsfreiheit vor allem. Klar. Eine Amnestie für PKK-Kämpfer, wenn der Krieg tatsächlich beendet ist, mit Ausnahmen, über die man reden kann. Die Dorfschützer entwaffnen. Öcalans Haftbedingungen verbessern. Die kurdische Identität in der Verfassung anerkennen. Und, am wichtigsten: Lasst uns selbst entscheiden, was in unseren Städten und Dörfern passiert.[58]

Eigentlich lächerlich, schreibt Ezgi Başaran. Ein paar Verwaltungsakte, und schon hätte das Blutvergießen ein Ende haben können. Eine Sache von einem Monat, höchstens. Pustekuchen. Macht abgeben und Abdullah Öcalan: Vor allem über diese beiden Hürden habe die Regierung nicht springen wollen.[59] Der prominente Gefangene war dabei trotz Isolationshaft mittendrin im Friedensprozess. Der türkische Geheimdienst sprach mit ihm, die

HDP vermittelte zwischen ihm und der PKK. Am 21. März 2013 wurde in Diyarbakir eine Botschaft verlesen. Newroz. Eine Million Menschen hörten, dass Abdullah Öcalan seine Partei zu einem Waffenstillstand aufforderte und zum Rückzug aus der Türkei. Die PKK reagierte und begann im Mai tatsächlich, ihre Kämpfer zu verlegen. Bei den Gezi-Protesten wenig später, zunächst gegen ein Bauprojekt in Istanbul und dann fast überall im Land gegen die AKP, bleibt es in den kurdischen Gebieten ruhig. In den großen türkischen Städten sind zwar Kurden dabei, aber ihre Organisationen mobilisieren nur mit halber Kraft.[60] Zu wertvoll, der nahe Frieden. Der Dank aus Ankara: ein »Demokratisierungspaket«, verabschiedet im September, das zum Beispiel die Buchstaben X, Q und W erlaubt, aber nichts von dem enthält, was die Kurden wirklich wollen.[61] Wieder ein bisschen Kulturkosmetik. Das alte Rezept der AKP.

Es sind bewegte Wochen und Monate für Recep Tayyip Erdoğan, nicht nur wegen Gezi, wo der Staat so brutal zuschlägt, dass Tote und Verletzte zurückbleiben, Tausende Verletzte, aber keine politische Kraft, die aus den Protesten eine Alternative zur Regierung formen könnte.[62] In der kurdischen Bewegung aber wächst ein Herausforderer: Selahattin Demirtaş, ein Menschenrechtsanwalt aus Diyarbakir, der, glaubt man Ezgi Başaran, am liebsten in seinem Job geblieben wäre. »Ich mochte Politik nie«, sagt Demirtaş in Ba şarans Buch. »Ich bin dort hineingeraten, weil viele Menschen gedacht haben, dass ich das tun soll. Ich selbst glaube immer noch, dass ich als Anwalt mindestens genauso nützlich wäre.«[63]

Selahattin Demirtaş sitzt seit November 2016 im Gefängnis. Terrorpropaganda, die PKK. Nicht einmal zehn Jahre hat seine politische Karriere gedauert. 2007 als Einzelkandidat ins Parlament, DTP-Fraktion, nach dem Verbot dieser Partei Vorsitzender der Nachfolgerin BDP, 2011 wieder als Unabhängiger ins Parlament. Im Juni 2014 HDP-Co-Chef (mit Figen Yüksekdağ). Platz drei bei der Präsidentschaftswahl im August, mit knapp zehn Prozent der

Stimmen. Viel weniger als Sieger Erdoğan (knapp 52 Prozent), aber genug, um im Palast die Alarmglocken läuten zu lassen. Ein Gegner mit Charisma, der die sozialen Medien genauso beherrscht wie die offene Debatte und der die Jugend besser erreicht als jeder andere Politiker. Ein »kurdischer Obama«, sagt die westliche Presse.[64]

Für Ezgi Başaran ist Selahattin Demirtaş ein »game changer«.[65] Altes Spiel, aber neue Regeln. Jemand, der nicht nur die kurdische Bewegung erreicht. Folgt man Ezgi Başaran, dann hat der türkische Staat diesen Herausforderer selbst produziert. Sie erzählt von Vedat Aydın, Aktivist und Politiker, am 7. Juli 1991 ermordet von der Geheimpolizei JITEM. Der erste große Tropfen im Fluss aus Blut, der die Türkei in den 1990er Jahren fast ertrinken lassen wird. Wie hunderttausend andere ist Selahattin Demirtaş bei der Beerdigung von Aydın in Diyarbakir. Er sieht den Protest, er sieht die Polizei, er sieht drei Tote und Hunderte Verletzte. Demirtaş ist gerade 18, und nichts war mehr wie vorher. In Başarans Geschichte ist er später, als Student, fast zur PKK gegangen, weil er wütend gewesen sei über die Verhaftung seines Bruders, aber irgendetwas habe nicht geklappt mit dem Kurier, der ihn in die Berge bringen sollte. Also doch das Jurastudium zu Ende bringen, in Ankara die Türken verstehen lernen und dann als Politiker nicht sie verantwortlich machen, sondern nach vorn schauen. Für eine andere Regierung arbeiten, damit alle glücklich sind, Kurden und Türken. Berühmt geworden ist seine kürzeste Rede. Am 17. März 2015 sagte Selahattin Demirtaş vor Abgeordneten seiner Partei in Richtung Recep Tayyip Erdoğan: Wir werden Sie nicht zum Präsidenten machen. Wir nicht.[66]

Vier Tage später, zum Newrozfest, gab es zwar noch einmal eine Botschaft von Öcalan (Kern: Verhandlungen, Beobachterkomitee, Wahrheitskommission),[67] der Friedensprozess war aber de facto gelaufen. Nur noch die Wahlen abwarten. Die AKP sitzt ihre Niederlage vom Juni dann einfach aus und erlebt vor der Neuauf-

Diyarbakir 2015: Newroz-Feier. Foto: YXK-Delegation

Hakkari, Nordkurdistan, 2013: Newroz-Feier
Foto: YXK-Newroz-Delegation

lage am 1. November eine Anschlagsserie, die selbst für die Türkei beispiellos ist. Das Selbstmordattentat in Suruç vom 20. Juli hat es bis in die deutsche Punkliteratur geschafft. Monchi, Frontmann der Band Feine Sahne Fischfilet, kam gerade mit einem

Hilfskonvoi aus Mecklenburg-Vorpommern an, als die Bombe explodierte. Die allermeisten der 34 Toten waren Freiwillige, die in Kobanê mitmachen wollten. Für seinen Song »Suruç« hat Monchi eine kurdische Losung übersetzt: »Wir haben's verteidigt, bauen es gemeinsam wieder auf«.[68] Von einem normalen politischen Leben kann nach diesem Anschlag keine Rede mehr sein. Polizisten sterben, die Luftwaffe bombardiert die Kandil-Berge im Nordirak, das Herz der PKK, zweieinhalb Jahre vorher noch offen für Reporter wie Ezgi Başaran. Ihren Gipfel erreicht die Gewaltwelle am 10. Oktober in Ankara. Mehr als 100 Tote bei einer Friedensdemonstration, organisiert von HDP und Gewerkschaften. Vor Gericht kommt heraus: Der Staat kannte die Attentäter und wusste von ihren Plänen.

Ausläufer dieser Welle schwappen bis nach Berlin, wo Erkin Erdoğan im September 2015 Wahlkampf für die HDP macht. »Vor den Juni-Wahlen war alles offener. Wir hatten vier Monate Kampagne, ab März. Wir haben auch mit Konservativen geredet, über den Friedensprozess, über unsere Partei. Die offizielle Staatslinie war, dass man darüber sprechen soll. Also sprach man darüber.« Im September, als der nächste Wahlkampf beginnt, wird Erkin beschimpft und angegriffen. »Das war hart. Die ganze Medienpropaganda. Man hat uns Terroristen genannt. Die Attacken in der Türkei waren koordiniert, am 12., 13. und 14. September. Mehr als zehn Attacken am Tag, in vielen Städten. Hier in Berlin war es der 13. oder der 14. Ich weiß den Tag nicht mehr genau. Wir hatten einen Stand am Kottbuser Tor.« Es fängt ganz harmlos an. Ein Junge mit einer türkischen Flagge auf dem T-Shirt. Eine kleine Provokation, mehr nicht. Dann werden Bierflaschen aus einem Auto geworfen, eine Mädchengruppe kreischt Slogans und schließlich fliegen Steine. »Das waren ungefähr 15 Leute. Damit war unser Stand am Ende.«

Krieg den kurdischen Städten, Krieg allen, die eine andere Türkei wollen

Ezgi Başaran sagt, auch die PKK sei verantwortlich dafür, dass es wieder losging. Ja: Erdoğan sei der Erste gewesen, der diesen neuen Krieg hätte verhindern können. Das schon. Stattdessen habe er einfach noch ein paar Jahre im Amt bleiben wollen. Die Angst vor einem türkischen Rojava und die Verlockungen von Allmacht, die das Präsidialsystem bringt, mit äußerst knapper Mehrheit abgesegnet beim Referendum im April 2017.[69] Recep Tayyip Erdoğan als Alleinherrscher, wie einst der Sultan bei den Osmanen. Und die PKK? Die Zeichen falsch verstanden, sagt Ezgi Başaran. Die Stimmen für die HDP nicht als Stimmen für den Frieden gedeutet, sondern als Rückenwind für die eigene Partei, genau wie die militärische Hilfe für YPG und YPJ aus dem Westen, und deshalb viel zu früh begonnen, die kurdischen Gebiete der Türkei nach dem Vorbild von Rojava umzubauen – in der Hoffnung, dass der Staat schon nicht zuschlagen werde, weil er zivile Opfer fürchte. »Die Führung der PKK hat sich geirrt.«[70]

Das klingt plausibel, einerseits. Wenn sich im normalen Leben zwei streiten oder am Ende gar trennen, ist nie nur einer schuld. Andererseits: Die PKK würde es gar nicht geben, wenn der türkische Staat die Kurden nicht verleugnet und unterdrückt hätte. Eine Flagge, eine Sprache, eine Nation. So sollte es sein, vom ersten Tag an. Die Partei hätte dann später niemals wachsen können, wenn dieser Staat nicht mit äußerster Brutalität gegen alles Kurdische vorgegangen wäre, um sie zu besiegen. Kommandant Haşım Zana, ermordet 1991 in Cizre und dort bis heute genauso unvergessen wie die Panzer im Stadtzentrum zu Newroz 1993. Und die »kurdische Frage« wäre längst keine Frage mehr, wenn Erdoğan und seine AKP in anderthalb Jahrzehnten Regierungszeit nicht nur Placebos geliefert hätten. Ein bisschen Folklore und selbst das nur halbherzig. Dafür neue Dorfschützer, neue Militärstationen[71] und Staudammprojekte, bei denen es vielleicht um Wasser geht, aber ganz sicher um Rückzugsräume für die PKK.[72]

Die Experimente mit Räten und Selbstbestimmung in den kurdischen Gebieten der Türkei sind außerdem viel älter als Rojava. »Ende der 1990er Jahre haben wir die ersten Kommunalverwaltungen bei Wahlen erobert«, sagt Ercan Ayboğa, der Umweltaktivist, der 2014 bis 2016 in Diyarbakir gearbeitet und vorher viele Jahre gegen den Ilisu-Staudamm und für die römische Felsenstadt Hasankeyf gekämpft hat.[73] Das Sandershaus in Kassel, Hitze, ein Vortrag über Rojava. Das ist Ercan Ayboğa. »Gesetzlich gab es natürlich keine Autonomie, aber sonst war alles da. Parteien, Gewerkschaften, Berufsorganisationen, NGOs, die Frauen, die Jugend. Dazu die Verwaltungen. All diese Akteure hatten ja ohnehin miteinander zu tun und haben das gemeinsam entwickelt.« Konkreter wird es ab 2007, im Demokratischen Gesellschaftskongress (DTK), einem Dachverband ganz nach dem Geschmack von Abdullah Öcalan. Alle sollen mitmachen können, nicht nur Kurden, nicht nur Moslems, nicht nur Sozialisten. »Das waren sehr interessante Erfahrungen«, sagt Ercan Ayboğa. »Wer entscheidet wo mit? Wie sieht das konkret aus? Wie viel Gewicht haben die Bürokraten und wie viel die normalen Bürger? Das ist fast einmalig. Der Staat ist sehr zentralistisch organisiert, aber in der Region, in der du die Mehrheit hast, da versuchst du, das anders aufzubauen.«

Versuch und Experiment: Das trifft es ganz gut. »Die konkrete Praxis«, sagt Ercan Ayboğa und lächelt. Nicht so einfach. Sein Feld ist die Umwelt. Irgendetwas laut fordern ist leicht, vor allem wenn es gegen den Staat geht. Hier aber sind es die eigenen Leute, die im Rathaus sitzen. »Die haben es nicht so gern, wenn sie aus ökologischen Gründen irgendwas einschränken sollen. Erst recht nicht, wenn sie gesetzlich dazu gar nicht verpflichtet sind.« Der DTK hilft. Dort kann man darüber sprechen, wie man Projekte entwickelt, wie man die Menschen aktiviert, wie man sich miteinander vernetzt. Der DTK will, dass Entscheidungen von möglichst vielen getragen werden, in der Kommune, in der Provinz. Räte gibt es seit 2008, 2009. Mal stärker, mal schwächer. Das Neue braucht immer auch einen Motor vor Ort. »Vernetzung ist wichtig«, sagt Ercan Ayboğa. »Das beginnt im Stadtteil, mit den Stadtteilräten, mit Stadtteilhäusern. Das hat nicht überall gleich gut funktioniert, aber die HDP-Verwaltungen waren anders als die anderen. Vor allem waren sie sozialer.«

Anfang 2014 beschließt der DTK, überall da Doppelspitzen einzusetzen, wo die HDP regiert. »Eigentlich ist das für die Frauen eingeführt worden«, sagt Leyla Imret. »Es gab ja nur wenige Städte, die als Bürgermeisterin eine Frau hatten. Mir wurde ein Mann zugeteilt.« Schwierig, für beide Seiten. Leyla Imret erinnert sich an die Zweifel in Cizre. Vielleicht kann sie es ja doch nicht, diese junge Frau, die da aus Deutschland zu uns gekommen ist. Vielleicht hat die Partei das jetzt gemerkt. Leyla sieht aber schnell, dass auch ihr neuer Kollege zweifelt. »Er war ja nicht vom Volk gewählt worden.« Vor allem sieht sie, dass der türkische Staat nicht mitspielt. »Sie wollten nur mit mir reden. Wir haben das trotzdem zusammen gemacht. In den Versammlungen hatten wir beide den Vorsitz, und wir haben alles doppelt unterschrieben. Am Anfang hat der Gouverneur die Briefe zurückgeschickt. Er wollte das nicht akzeptieren. Der zweite Name müsse weg und bei mir der Begriff Co-Bürgermeister. Ohne Co. Wir haben trotzdem weitergemacht. Als der Staat mich 2015 abgesetzt hat, war es genau andersherum. Jetzt wurde er anerkannt und ich nicht mehr, obwohl sich für mich und meine Arbeit eigentlich gar nichts geändert hatte.«

Die Geschichte der jüngsten Bürgermeisterin in der Türkei hat kein Happy End, und all das, was die kurdische Bewegung im Osten des Landes aufgebaut hat, die Räte, erste Kooperativen, lokale Demokratie, ist zerstört oder liegt auf Eis. Der Staat schlug vor allem dort zu, wo die HDP bei den Wahlen vom 7. Juni 2015 am stärksten war und wo jugendliche PKK-Anhänger anschließend begonnen hatten, Gräben auszuheben, um das Militär fernzuhalten: in Sur, der Altstadt von Diyarbakir (79 Prozent für die HDP), in Şırnak (91 Prozent), in Silopi (89 Prozent), in Nusaybin (90 Prozent). Sur, im Sommer 2015 noch in die Weltkulturerbeliste der Unesco aufgenommen, gibt es nicht mehr. Denkmalgeschützte Häuser, Kirchen, das Zusammenleben von Religionen und Kulturen, ein seit Generationen gewachsenes Netzwerk von 5 000 Familien: alles kaputt. Der Staat baut dort jetzt ein türkisches Toledo, mit Doppelhaushälften ohne versteckte Höfe und ohne schmale Gassen. Ein Ort ohne Geschichte, kontrollierbar. Vielleicht, so mag Ankara hoffen, wählen die neuen Bewohner dann endlich AKP, aus Dankbarkeit, weil der Staat, der erst alles verwüstete, nun über seine Wohnungsbauverwaltung TOKI Ersatz schafft.[74]

Die Bilder aus Sur machen traurig. Und doch sind sie fast harmlos gegen das, was in Cizre passiert ist. Die Keller. Menschen, die bei lebendigem Leib verbrannt wurden. Menschen, die auf der Straße starben, weil Ausgangssperre war und ihnen kein Arzt helfen durfte. Eltern, die später von Krankenhaus zu Krankenhaus laufen mussten, um die Leichen ihrer Kinder zu finden, und oft mit ein paar verkohlten Knochen abgespeist wurden. Am Anfang haben es Leyla Imret und die Gemeinde noch geschafft, die Gräben wieder zuzuschütten. Bloß keinen Vorwand liefern. Den Frieden sichern. »Die Jugendlichen waren sauer«, sagt Leyla. »Sie wollten das nicht verstehen. Zwei Stunden später wurde ein zwölfjähriges Kind umgebracht. Ein Panzer kam in die Straße und hat geschossen. Einfach so. Es gab einen Toten und zwei Verletzte.« Für die Bürgermeisterin beginnt ein Spießrutenlauf. »Ich war die Schuldige. Ich hatte die Gräben zumachen lassen. Ich wurde fast eine Woche nicht gegrüßt. Dem Gouverneur habe ich dann gesagt, dass ich die Jugendlichen jetzt machen lassen werde. Wenn ihr die Sicherheit nicht garantieren könnt, dann kann ich das auch nicht.«

Der Staat hat nun seinen Vorwand. Die Gräben. Widerstand gegen die Zentralgewalt. Der Krieg, den er gegen die Menschen in Cizre führt, bleibt nicht geheim, schon bei der ersten Ausgangssperre nicht. Immer wieder läuft Leyla Imret zu einem Festnetzanschluss an der Straße, Lebensgefahr hin, Lebensgefahr her. Sie spricht mit Selahattin Demirtaş und mit Deniz Yücel, sie ist live auf Sendung im kurdischen Fernsehen. Bei einem dieser Telefonate erfährt die Bürgermeisterin auch, dass sie abgesetzt worden ist, wegen eines Interviews mit *Vice News*, das der Innenminister als Aufruf zum Aufstand missversteht. Missverstehen will. »Auf einmal war ich die Böse. Nicht mehr die junge Frau, die aus Europa in ihre Heimat zurückgekommen ist, sondern die Tochter eines Terroristen, die die Menschen aufhetzt, die Rache will.« Die Bürger von Cizre sehen das anders. »Als alles vorbei war, als wir zu den Zisternen konnten, um Trinkwasser zu holen, haben die Menschen angefangen zu klatschen. Für uns bist du die Bürgermeisterin. Ich konnte nicht mehr in die Gemeinde, weil es einen Haftbefehl gab. Ich habe trotzdem weitergemacht, mit Hausbesuchen, beim Saubermachen, beim Aufräumen.«

Leyla Imret ist immer noch überzeugt von der Vision, die Abdullah Öcalan für die Gesellschaft hat. »Die konföderalistische Moderne aufbauen. Mit Selbstverwaltung zu einer freien Identität. Das war unser Wahlprogramm. Das hätte auch geklappt, wenn es den Krieg nicht gegeben hätte. Die Menschen leben das. Sie leben im Kollektiv. Das ist unsere Kultur, das ist unsere Tradition. Es gibt auch keine Wand zwischen Volk und Politikern. Wenn ich auf die Straße gegangen bin, hatte ich sofort 50 Leute um mich. Als Politikerin bist du wie sie. Du drückst ihren Willen aus. Deshalb kämpfen sie auch für dich. Sie haben dich ja schließlich gewählt.«

Erdoğans Antwort auf die »kurdische Frage«: eine Diktatur

Leyla Imret hat ihre Heimat Ende 2016 verlassen. Kein Vertrauen mehr in die türkische Justiz, sagt sie.[75] Viermal festgenommen. Viermal zwar gleich wieder freigelassen, aber seit dem 15. Juli 2016 sei alles anders. Der Putschversuch. Der Ausnahmezustand. Menschen, die ohne jede Anklage im Gefängnis sitzen. Vielleicht ein Jahr wie der Journalist Deniz Yücel, vielleicht drei Monate wie Peter Steudtner, vielleicht viel länger. Menschen, die mit fadenscheinigen Begründungen zu langen Haftstrafen verurteilt werden. Menschen, die ihren Job verlieren. Es gibt eine Website mit dem makabren Titel turkeypurge.com, die solche Fälle zählt, betrieben vermutlich von Leuten aus der Gülen-Bewegung, die in der Türkei seit März 2016 wie die PKK als Terrororganisation gilt und dort für den Putschversuch verantwortlich gemacht wird.[76] Die Daten vom 22. Juli 2018, zwei Jahre nach dem Putschversuch: 170 372 Beamte, Verwaltungsleute, Lehrer, Akademiker, Richter, Staatsanwälte entlassen, 3 003 Bildungseinrichtungen geschlossen und 189 Medienunternehmen, 141 558 Verhaftungen.[77]

Solche Zahlen, zumal in diesen Größenordnungen, übersteigen das, was wir uns normalerweise vorstellen können. Der einzelne Fall: Das ist das, was uns erregt, was uns aufregt. Die beiden Studenten Suat Mustafa Şenci und Hüseyin Kaya zum Beispiel, zwei Kurden, die am 20. März 2017 an der Dicle-Universität in Diyarbakir über den Campus schlendern und Lieder pfeifen. Auch »Çerxa Şoreşê«, ein Revolutionslied. Man ahnt, was kommt, und kann sich das im Internet auf einem Video auch anschauen:[78] Zivilpolizisten sind in der Nähe, sie schubsen, sie prügeln. Nach zwei Videominuten sind 17 Studenten festgenommen. Zwölf werden später angeklagt. Die Vorwürfe: Propaganda für eine terroristische Organisation, Verbrechen im Namen einer terroristischen

Organisation, Widerstand gegen die Staatsgewalt und Verstoß gegen das Versammlungsgesetz. Wenn es nach der Staatsanwaltschaft geht, gibt es dafür Gefängnis, irgendetwas zwischen acht und 27,5 Jahren. Für das Pfeifen eines Liedes.[79] Im Januar 2018 sitzen in der Türkei 69 031 Studenten im Gefängnis. Noch so eine unglaubliche Zahl. Fatih Kurt, Ufuk Aydın und Barış Okutucu, drei Kurden, Wirtschaft auf Lehramt, haben jeder zwölf Jahre bekommen, von einem Sondergericht. Ihr Vergehen: eine Kundgebung in der Universität. Dass diese Kundgebung genehmigt war, spielte keine Rolle.[80]

Axel Gehring, der Politikwissenschaftler aus Marburg, ist eher ein Mann der Analyse als der Emotionen. »Die AKP steht seit 2013 unter Dauerfeuer«, sagt er. Seit Gezi eigentlich. »Sie will verhindern, dass sich all die disparaten Strömungen, all die verschiedenen Oppositionsgruppen unter einem Dach vereinen. Die kurdische Bewegung und die CHP zum Beispiel, die Atatürk-Partei. Auch deshalb hat sie 2015 diesen Bürgerkrieg entfesselt. Dazu kommt die Sorge, dass sich eher konspirative Netzwerke wie die Gülen-Bewegung mit Teilen des Staatsapparates oder mit CHP und HDP absprechen. Das darf nicht passieren, erst recht nicht mehr nach dem Putschversuch. Also: massives Vorgehen gegen alles. Besser 1 000 Leute festnehmen und dabei 900 Unschuldige treffen, als einen entkommen lassen. Das ist absolut logisch. Deshalb musste die AKP mit der Rechtsform brechen. Deshalb hat sie den Ausnahmezustand erklärt.«

Recep Tayyip Erdoğan hat die »kurdische Frage« mit einer Diktatur beantwortet.[81] Die Presse »gleich- oder ausgeschaltet«, der Ausnahmezustand als »Regelfall«.[82] Viele der Bürgermeister, die 2014 auf dem Ticket der kurdischen Bewegung gewählt oder dann als »Co« eingesetzt wurden, sitzen genau wie einige Parlamentsabgeordnete der Partei und Selahattin Demirtaş im Gefängnis. 90 von 104: Das ist die Zahl der Rathäuser, in die Ankara einen Staatskommissar geschickt hat.[83] »Jede Person, die sich heute zur kurdischen Frage äußert, erleidet den gesellschaftlichen Tod«, schreibt Aslı Erdoğan, eine türkische Schriftstellerin. Noch eine Erdoğan, wieder weit weg vom Präsidenten. »Ihr wird schlaglichtartig vor Augen gestellt, dass Titel, Ansehen, Identität und dergleichen weniger Bestand haben als ein Atemzug.«[84]

Wer all die Nachrichten aus der Türkei nicht mehr hören kann, die Berichte über die tagtäglichen, alltäglichen Menschenrechtsverletzungen, über den Krieg gegen die Kurden im eigenen Land und außerhalb, über die Jagd auf überhaupt alles, was sich dem »neuen Sultan«[85] entgegenstellt, der nehme das Buch von Aslı Erdoğan, aus dem dieses Zitat stammt. Man kann dort lesen, wie sich die Putschnacht in Istanbul angefühlt hat. »Schwester, hinlegen! Auf den Boden! Auf den BODEN!«[86] Vor allem aber findet man Texte zur »kurdischen Frage« und zur Antwort der AKP, von einer Türkin, die »nicht Mittäterin sein« will.[87] »Krieg, Auschwitz oder Cizre« in einer Zeile. Die Angriffe auf HDP-Büros und kurdische Geschäfte als »Spielart« der Kristallnacht.[88]

Aslı Erdoğan sieht eine Parallele zum Armenier-Genozid. Weil man dieses Kapitel kaum besser zusammenfassen kann, kurz vor Schluss ein langer O-Ton: »Oder die Kurden, von denen wir zunächst behaupteten, sie würden gar nicht existieren, und denen wir nun, wenn sie denn doch weiter auf diesem Stück Erde existieren wollen, mitteilen, dass sie nur zu unseren Bedingungen und nach unseren Definitionen weiterleben können … Und am meisten geben unsere Reaktionen, unsere Lügen und unsere Massaker preis. Wenn jemand an einer Protestkundgebung teilnimmt, fordert die Staatsanwaltschaft sechs Mal lebenslänglich, wer nicht daran teilnimmt, bekommt elf Jahre. (Das ist die ermäßigte ›Strafe‹ in diesem Land, die für das Tragen eines Kurdenschals verhängt wird!) Die Angehörigen derjenigen, die von F16-Jägern abgeschossen wurden, werden wegen ›versuchten Mordes‹ festgenommen, diejenigen, die über Kinder berichten, die in Gefängnissen vergewaltigt werden, nimmt man wegen ›Propaganda‹ fest.«[89]

Ergenekon war nur das Vorspiel für das, was die Türkei seit dem Putschversuch vom 15. Juli 2016 erleidet.

Als wir mit Leyla Imret sprechen, im November 2017, im ruhigen Norddeutschland, ist die zweite Ausgangssperre in Cizre anderthalb Jahre her. Die junge Frau, die im Film von Aslı Özarslan lächelt und winkt, Lebensfreude und Optimismus ausstrahlt, gibt es nicht mehr. Vor uns sitzt eine Politikerin, die der Welt erzählen muss, was sie erlebt hat. Die Leichenkeller, die Scharfschützen. Aber auch der ganz normale Wahnsinn. »Irgendwann haben sie mit Hausdurchsuchungen angefangen. Jedes Haus, zwei, drei Mal in der Woche. Einfach um Unruhe zu stiften, auch da, wo es gar keine Gefechte gab. Faschisten. Sie haben in den Straßen den Nationalmarsch gespielt und die Menschen beschimpft. Vor jedem Haus standen zehn Militärs. In der Stadt waren es locker 15 000. Man konnte sich nicht frei bewegen. Manche von uns wurden gefoltert. Je nach Laune. Sie haben gerufen: Ihr Armenier! Ihr seid keine Muslime! Ihr seid alle Christen! Ihr Kurden verdient es nicht anders. Ihr seid wie der IS.«

Ezgi Başaran spricht von einem Teufelskreis. Die Jugendlichen, die die Gräben in Cizre ausgehoben haben: Das seien die Söhne und Töchter, die Brüder und Schwestern von denen, die der türkische Staat in den 1990er Jahren getötet hat. Kinder, die damals tagelang zwischen Leichen lagen und den Gestank nie vergessen konnten. Enkel, die in einem Kriegsgebiet groß wurden und gesehen haben, wie Eltern und Großeltern leiden.[90] Das ist die Geschichte von Leyla Imret, die ihre Jugend fern vom Grab ihres Vaters verbringen musste und in Cizre trotzdem oder gerade deshalb Bürgermeisterin sein konnte. Aus einem Teufelskreis gibt es kein Entrinnen, solange der Teufel selbst an der Macht ist.

8 Noch einmal Rojava, aus aktuellem Anlass

Im März 2018 hat die Türkei Afrin eingenommen, den kleinsten der drei Kantone im Norden Syriens, die die Kurden Rojava nennen. Der Krieg war kurz. Zwei Monate nur. Das Völkerrecht? Die Türkei ist in der Nato. Viel mehr muss man dazu gar nicht sagen. Die meisten deutschen Medien haben den Angriff eher versteckt und sonst nacherzählt, was sich Ankara ausgedacht hatte. Den IS vertreiben (den es in Afrin nie gab). Terroristen bekämpfen (die kurdische Selbstverwaltung und die Volksverteidigungseinheiten, die sich auf Abdullah Öcalan berufen und deshalb als Ableger der PKK gesehen werden). Die eigene Sicherheit verteidigen. Nebenan, auf der anderen Seite der Grenze.

Wahrscheinlich wäre noch weniger berichtet worden, wenn es all diese Demonstrationen nicht gegeben hätte. Raus aus Afrin. Stoppt Erdoğan. Keine deutschen Panzer für seinen Angriffskrieg. Überall ist Afrin. Überall ist Widerstand. Überall war auch die deutsche Polizei. Ruhe vor der Haustür bitte, wenn ein Verbündeter seine Nachbarn überfällt. Viel zu lesen und zu hören war in der deutschen Öffentlichkeit in jenen Wochen aus Ost-Ghouta, einem Gebiet in der Nähe von Damaskus, wo »Freiheitskämpfer« und »Oppositionelle« (Dschihadisten) gegen Assad kämpfen.[1]

Im Exposé für dieses Buch gab es nur ein Rojava-Kapitel. Die Türkei drohte zwar schon damals, im Frühjahr 2017, mit einem Einmarsch, aber so richtig wahr haben wollte das niemand, der mit dem Projekt sympathisiert. Das Völkerrecht. Als Zehntausende Kurden und Deutsche am 3. März 2018 durch das Stadtzentrum von Berlin marschierten, um den Krieg zu stoppen, ist Kerem Schamberger nach Rojava gefahren. Was er dort gesehen und erlebt hat, verdient ein eigenes Kapitel.[2]

Kerem Schamberger erzählt. Zuerst über die Anreise und den Alltag in Rojava

»Die Idee für diese Reise gab es schon länger. Für meine Dissertation über kurdische Medien muss ich mit Journalisten vor Ort sprechen. Experteninterviews. Unklar war nur, wann und wie das funktioniert. Ich habe gesagt: Ich fahre in die Region und schaue, wie weit ich dort komme. Zuerst habe ich versucht, ein Visum für den Irak zu bekommen. Die Flughäfen in Erbil und Sulaimaniyya waren ja seit dem Referendum im September 2017 gesperrt für den internationalen Verkehr. Der einzige Weg führte seitdem über Bagdad, wo man ein Visum braucht. Auf eine Antwort aus der Botschaft warte ich bis heute. In die Türkei darf ich im Moment nicht. Dort liest man ziemlich genau, was ich auf Facebook so mache. Also blieb nur der Weg über Teheran. Von einem Kollegen, der an einer Universität in Sulaimaniyya arbeitet, wusste ich, dass es immer noch Grenzübergänge zwischen dem Iran und dem Irak gibt, die nur von den Kurden kontrolliert werden. Ich bin also in Teheran in einen Bus gestiegen und 750 Kilometer gefahren. 17 Stunden. Am Ende waren wir noch zu dritt. An der Grenze sieht man schon Autos und LKWs. Man handelt miteinander. Es gibt aber keine Backpacker oder so. Keine Touristen aus dem Westen. Ein großer Teil des Handels geht auch nicht über die offiziellen Posten, sondern über Schmuggelrouten in den Bergen. Es passiert gar nicht so selten, dass der Iran diese Routen bombardiert und dass dabei viele Leute sterben. Man nennt diese Menschen dort Kolber. Das ist eine Berufsbezeichnung. Grenzhändler, Lastenträger.

In Sulaimaniyya war ich dann nur gut einen Tag. Nach Rojava gibt es von dort zwei Wege. Entweder offiziell über Fishkabour oder illegal über die Berge. Der eigentliche Grenzübergang liegt an einem Fluss. Es gibt dort ein Boot und eine Pontonbrücke. Dieser Übergang wird von der KDP kontrolliert, von Barzanis Leuten. Die Beamten dort sind willkürlich. Man weiß nicht, wen sie rein- und rauslassen. Die Genehmigungen hängen von Kontakten ab, oft von Barzani selbst. Das kann wochenlang dauern. So viel Zeit hatte ich nicht. Ich bin dann auch über diesen Fluss gegangen, aber auf geheimen Wegen. Ich stelle mir vor, dass es so ähnlich ist, wenn Menschen nach Europa flüchten. Von der Türkei nach Bulgarien oder von der Türkei nach Griechenland. Viel Wasser, der Mond, Militär. Das Gebiet ist umkämpft. Die türkische Luftwaffe bombardiert dort regelmäßig. Sie zielen auf Stellungen der PKK in den Bergen. Allein in den paar Tagen, die ich in der Region war, sind bei solchen Angriffen mehrere Zivilisten getötet worden. Über dem Kopf hört man ständig ein Surren. Türkische Drohnen, die die Gegend abtasten. Gibt es irgendwelche Bewegungen, auf die wir reagieren können? Es scheint egal, ob das Zivilisten sind oder kurdische Kämpfer. Ich habe mich nicht unwohl gefühlt, aber das Risiko ist schon etwas größer als auf dem offiziellen Weg.

In Rojava gibt es ganz normalen Alltag. Ich war vor allem in größeren Städten. In Qamischli, in Kobanê. Es ist nicht so, wie man sich das im Westen oft vorstellt. Es gibt genug zu essen. Man bekommt das, was der Mensch braucht. Shampoo, Seife. Solche Sachen. Der Markt in Qamischli ist riesig. So wie man sich einen Markt im Nahen Osten vorstellt. Händler, die laut rufen und ihre Waren anbieten. Obst, Gemüse, Stoffe. Man merkt eigentlich nicht, dass der Krieg so nah ist. Es gibt Cafés, es gibt Bäckereien, es gibt Maklerbüros. Gewöhnungsbedürftig ist der Verkehr. Es wird viel gerast. Und dann die Tanklaster. Bei einer Nachtfahrt haben wir einen nach dem anderen überholt. Das Öl ist wichtig für Rojava.

Qamischli ist multikulturell. Das ist in ganz Rojava so, aber dort noch einmal potenziert. Allein die vielen Christengruppen. Das Stadtbild ist sehr bunt. Frauen mit Kopftuch und Frauen ohne. Eine halbe Stunde entfernt liegt Dêrik. Eine sehr reiche Stadt. Es ist nicht weit bis in den Irak. Viele Kurden leben vom Grenzhandel, den es immer noch gibt. Entsprechend groß ist in Dêrik die Unterstützung für Parteien, die sich Barzanis KDP verbunden fühlen. Die Leute leben ja davon, dass die KDP den Handel nicht unterbindet. Auch in Dêrik gibt es viele Christen, Armenier zum Beispiel. Dort habe ich auch Frauen im Minirock auf der Straße gesehen. Das soll jetzt nicht sexistisch klingen oder so. Ich will nur sagen, dass man die Vielfalt sieht.

Die Situation in Qamischli ist schon deshalb besonders, weil ein Teil der Stadt nach wie vor in der Hand von Assad ist. Rein militärisch wäre es für die Kurden nicht schwierig, diese Teile einzunehmen. Das Ganze ist eine Art Deal. Wir nehmen euch eure Gebiete in Qamischli nicht weg, wenn ihr uns unsere Gebiete in Aleppo lasst. Dort werden ja einige Stadtteile von Kurden kontrolliert. In Qamischli merkt man von der Zweiteilung nicht viel. Die Lage ist immer nur dann angespannt, wenn im großen Syrien irgendetwas passiert. Es gibt keine Checkpoints und auch sonst keine Kontrollen. Jedenfalls nicht in den ruhigen Zeiten. Nur die Fahnen und die Bilder wechseln. Die syrischen Soldaten laufen in Uniform durch die kurdischen Viertel, wenn sie von der Arbeit nach Hause zu ihrer Familie gehen. Wo sie die Kontrolle haben, leben meist Araber und Christen. Der alte Assad hat die Christen bevorzugt. Hafiz, der Vater von Baschar. Das waren die Beamten, die Verwaltungsleute. Deshalb sind manche der Christen jetzt skeptisch. Sie fürchten, ihre Privilegien zu verlieren. Langsam ändert sich das aber. Sie sehen, dass die Kurden auch die christliche Religion akzeptieren.

Die Sicherheitsvorkehrungen in der Stadt sind schon stark. An jeder Einfallstraße gibt es einen großen Kontrollpunkt, wo die Autos auf Bomben untersucht werden. Kofferraum auf, Spiegel unter dem Boden. Nicht bei jedem, aber oft. Man fragt die Menschen, wo sie herkommen und was sie so machen. Jede Stadt und jedes größere Dorf ist außerdem komplett von einem Graben umgeben. Zwei Meter breit, drei Meter tief. Dazu eine Art Wall. Panzersperren. Niemand soll die Straßen umgehen können. Man hat gelernt aus dem Kampf um Kobanê. Da sind die Panzer einfach über die Felder in die Stadt gefahren.

Das Sicherheitssystem in der Stadt ist sehr komplex. YPG und YPJ findet man dort eigentlich nicht. Die sind an der Front. Es gibt aber zivile Einheiten, HPC. Mich hat das ein bisschen an Kuba erinnert, an die Komitees zur Verteidigung der Revolution. Nachbarschaftsgruppen, die in ihren Vierteln zuständig sind und manchmal sogar Straßensperren haben, um zu sehen, wer alles so hineinwill. Teilweise stehen da 70-jährige Opas in khakibraunen Westen und mit Kalaschnikows. Andere Checkpoints werden von der Jugend organisiert. Dahinter steht die Idee, die gesamte Gesellschaft zu befähigen, sich selbst zu verteidigen. Man will kein Militär, das sich irgendwann absondern könnte. Ich selbst war immer mit militärischen Fahrzeugen unterwegs. Es gibt dort spezielle Kennzeichen. Dann muss man nicht warten. Ich wurde in der ganzen Zeit nur einmal kontrolliert. Als ich in Dêrik Kirchen fotografiert habe, am Palmsonntag. Die christlichen Sicherheitskräfte hatten Angst, dass ich einen Anschlag vorbereite. Waffen gehören in Rojava zum Leben. Das ist am Anfang schon sehr irritierend. Man fragt sich, was alles passieren kann, auch ganz ohne Absicht. Ich habe dann gemerkt, dass das den Leuten dort klar ist. Sie haben alle eine Ausbildung und wissen, dass sie bestraft werden würden. Deshalb durfte ich zum Beispiel keine Waffe anfassen.

Die Grenze zur Türkei ist sehr präsent. Die Mauer ist mittlerweile 900 Kilometer lang. Betonteile, drei oder vier Meter hoch.

Man sieht diese Mauer auch in Qamischli. Auf türkischer Seite heißt die Stadt Nusaybin. Die Grenze wurde nach dem Ersten Weltkrieg auf der Linie der Bagdadbahn gezogen, mitten durch die Stadt. Es gibt einen Grenzübergang in der Hand von Assad. Der ist aber geschlossen. Mir wurde gesagt, dass ich nicht zu nah an die Grenze herangehen soll. Die türkische Armee schießt immer wieder auf Bauern, die dort ihre Felder haben. Ich war gerade im Büro einer Nachrichtenagentur, als die Meldung kam, dass die Türkei jetzt auch in Qamischli Teile der Mauer abreißt. In Afrin hat so der Krieg angefangen. Wir sind sofort in einen Übertragungswagen gesprungen und an die Grenze gefahren. Zum Glück waren das dann Fake-News.

Ich habe in Qamischli im Stadtviertel Heleli geschlafen. Das ist eines der Armenviertel. Lehmhäuser, ebenerdig. Man hält Tiere, man hat einen kleinen Garten. Die Unterstützung für die kurdische Revolution war dort am größten. Gefühlt 80 oder 90 Prozent, würde ich sagen. An jeder Ecke hängt eine Fahne oder ein Porträt von jemandem, der gefallen ist. Man sieht die Büros für Frauenangelegenheiten, man sieht die Jugendzentren, man sieht unglaublich viele Aktivitäten. Man darf nicht vergessen, dass sich die PKK in Syrien gut 20 Jahre relativ frei bewegen konnte, von Ende der 1970er bis Ende der 1990er Jahre. Es gibt viele Kurden, die eine Beziehung zu dieser Bewegung haben. Sie waren auf den Akademien, sie haben Söhne und Töchter, die gekämpft haben oder sogar gefallen sind. Journalisten haben mir erzählt, dass ihre Kollegen von Rudaw gar nicht so selten angegriffen wurden, zum Teil auch mit Gewalt. Rudaw ist ein Sender, der Barzani im Irak nahesteht und eher negativ über Rojava berichtet. Diese Angriffe waren nicht organisiert. Die Leute waren einfach sauer, als sie abends gesehen haben, was Rudaw über die Aktion sagt, bei der sie gerade noch selbst gewesen sind. Die Menschen wissen, welche Rolle Barzani spielt. Sich mit Politik zu beschäftigen, ist eine Frage von Leben und Tod.«

Was die Bücher sagen und was man dann vor Ort erlebt

»Überrascht hat mich, wie viel die Jugend tatsächlich machen darf. Wo ich auch hingekommen bin: Alles wird von Jugendlichen organisiert. Auch und gerade die Medien. Menschen zwischen 17 und 25, vielleicht 28. Sie haben eigene Budgets, eigene Räume, eigene Fahrzeuge. Auch eigene Waffen zur Selbstverteidigung. Einfach alles. Das ist eine Revolution der Jugend. Und dann die Frauen. Ich kannte ja das theoretische Konzept von Abdullah Öcalan. Die Befreiung der Gesellschaft beginnt mit der Befreiung der Frau.[3] An ganz vielen Stellen ist das Realität. Dort sitzen Frauen und bestimmen, selbst in den Sicherheitsstrukturen. Das verändert auch die Männer. Das beginnt ja schon bei den Kontrollen. Ein Mann, der einer Frau seinen Pass zeigen muss. Es gibt natürlich noch Luft nach oben. In Hazima habe ich an einer Stadtratssitzung teilgenommen. Das ist ein Dorf bei Raqqa, in einem arabischen Gebiet. Dort saßen 20 Männer und eine Frau. Ich habe gefragt, wie das kommt. Warum haben die Frauen hier nicht 50 Prozent? Erstens sind das Araber, hat man mir gesagt. Sie kennen das Konzept der Frauenbefreiung noch nicht so lange. Und zweitens trauen sich das noch viel zu wenige Frauen zu, so kurz nach der Befreiung vom IS. Die Akademien bieten jetzt Kurse an.

Die Gesellschaft in Rojava ist insgesamt sehr jung. Viele von den Alten sind gestorben oder geflohen. Universitäten gibt es nicht. Man versucht gerade, eine Rojava-Universität aufzubauen. Dafür gibt es ein unglaublich weit verzweigtes Netz von Akademien, wo man sich in kurzer Zeit bestimmte Themen aneignen kann. Zwei oder drei Wochen. Das System funktioniert, trotz Krieg, trotz Ausnahmezustand. In den Redaktionen war oft eine Person plötzlich nicht mehr da. Wenn ich gefragt habe, hieß es: Der oder die hat gerade Bildung. Bildung haben. Man lernt Dinge, man diskutiert. Was ist Rätedemokratie, wie mache ich eine Zeitung, was habe ich als Abgeordnete zu tun, wie entscheiden wir dort?

Jeder Mensch, mit dem ich in Rojava auf Türkisch oder Englisch sprechen konnte, verkörpert eine Geschichte, die man eigentlich erzählen müsste. Der Fahrer, der mich von Kobanê nach Qamischli gebracht hat, sah aus wie Ende 30. Er war aber erst Mitte 20. Ein Kurde aus der Türkei, der bei den Städtekriegen 2015/16 mitgekämpft hat.[4] Er war eigentlich schon so gut wie tot. Getroffen von vier Kugeln aus einem Maschinengewehr. Am Kopf, an der Schulter. Operiert worden ist er bei vollem Bewusstsein auf einem Wohnzimmertisch. Ohne Bluttransfusion, ohne Betäubung. Er kann nicht mehr zurück, wenn er nicht ins Gefängnis will. Oder Gamze Kafar, eine türkische Journalistin, die eine ganze Zeit mit mir gefahren ist. Sie hat Kobanê erlebt, 2014, auf der türkischen Seite. Seit einem Jahr arbeitet sie in Rojava als Korrespondentin für einen linken türkischen Fernsehsender in Köln. Sie hat mir erzählt, wie sehr sie ihre Familie, ihre Freunde vermisst. Der türkische Staat hat einen Haftbefehl gegen sie erlassen, wegen Guerillaaktivitäten, obwohl sie als Journalistin arbeitet, unter ihrem Namen, ganz normal. Für mich war es natürlich leichter, mit Kurden aus der Türkei zu sprechen als mit den Kurden aus Syrien, Irak oder Iran. In Rojava wird diese künstliche Teilung aufgebrochen. Hier kommen Kurden aus allen Gebieten zusammen und arbeiten an diesem Projekt.«

Rojava, der Überfall auf Afrin und Raqqa nach dem IS

»Den Krieg in Afrin hat man auch in den anderen Teilen Rojavas gespürt. Es gab überall Plakate, Graffiti, Demonstrationen. Aufrufe zur Solidarität. Ich war dabei, als drei- oder viertausend Leute einen Konvoi nach Afrin verabschiedet haben. Solche Konvois kamen auch aus arabischen Städten. Das war nicht nur eine kurdische Sache. Die Menschen waren traurig. Alle haben mir gesagt, dass Afrin der schönste Teil von Rojava ist. Ein bisschen wie Izmir. Mediterran. Und liberal. Es gibt Bars und Kneipen, man produziert Wein, man trinkt Alkohol. Neben der Trauer gab es aber auch Entschlossenheit. Wir haben eine Schlacht verloren, aber noch nicht den Krieg. Wir haben die Schlacht auch deshalb verloren, weil uns die Welt im Stich gelassen hat. Und dann war da Angst. Ist mein Kanton der nächste? Was wird der Westen dann sagen und was Russland?

Was in Afrin passiert ist, kann man kaum beschreiben. Das war ein Krieg ohne jede Verhältnismäßigkeit. In den ersten beiden Tagen hat die türkische Armee 72 Kampfjets eingesetzt. Viel mehr haben sie gar nicht. Das Wort Krieg passt eigentlich nicht. Die Stellungen und die Dörfer wurden so lange bombardiert, bis es keinen Stein mehr gab, hinter dem man sich hätte verstecken können. In Kobanê hat mir ein kurdischer Kämpfer erzählt, dass keiner der Verletzten eine Schusswunde hatte. Das hat zu Frustration geführt. Die Kurden haben ihren Gegner nicht gesehen.

Und dann haben die Bomben ja nicht nur Kämpfer getroffen. In Afrin sind mehr als 500 Zivilisten gestorben, vor allem kurz vor dem Fall der Stadt Afrin. Ungefähr 40 Prozent der Einwohner haben gesagt, sie bleiben dort, koste es, was es wolle. Gamze Kafar war dort vor dem Krankenhaus. Sie hat Pick-ups gesehen mit menschlichen Gliedmaßen und anderen Körperresten. Gar nicht in Worte zu fassen. Als die kurdische Seite verstanden hat, dass das auf ein Massaker hinauslaufen würde, hat sie entschieden, zu evakuieren und den Kampf verloren zu geben. So hat man wenigstens die Stadt gerettet und verhindert, dass die Türkei das von null neu aufbauen und dabei auch gleich neu komponieren kann. Zum Beispiel Dschihadisten da ansiedeln, wo vorher Kurden gewohnt haben.[5]

Als Mossul und Raqqa vom IS befreit wurden, war viel internationale Presse da. In Afrin war niemand. Es gab sogar Aufrufe an Journalisten. Kommt und berichtet. Was die kurdischen Medien

Raqqa im Frühjahr 2018
Foto: Kerem Schamberger

gebracht haben, wurde in der Welt nicht ernst genommen. Keine verlässliche Quelle. Viele kurdische Journalisten hat das in die Verzweiflung getrieben. Wir berichten, aber niemand hört uns.

Ich war dann auch drei Tage in Raqqa. Ich wollte sehen, wie die kurdischen Kräfte in so einer arabischen Stadt versuchen, neue politische Strukturen aufzubauen, so kurz nach der Befreiung, inmitten all der Zerstörung. Man kann sich das gar nicht vorstellen. Die Amerikaner haben alles in Schutt und Asche bombardiert. Die Menschen leben in Ruinen. Es gibt kein fließendes Wasser, keinen Strom und kein Abwassersystem. In dem Haus, in dem ich untergekommen bin, kam alle paar Tage ein Tankwagen vorbei und hat Wasser auf das Dach gepumpt. Zum Duschen, für den Tee. Ich bin nachts angekommen und habe die brennenden Tonnen auf den Straßen gesehen. Es war kühl und die Menschen suchten Wärme.

Raqqa im Frühjahr 2018
Foto: Kerem Schamberger

Der Wiederaufbau funktioniert aber erstaunlich gut. Man hört überall die Bagger oder einen Hammer. Man sieht Jugendgruppen, die politisch arbeiten. Ich war bei einem Jugendradio. *Denge Ciwanan*. Stimme der Jugend. Sie nennen das die »Stimme der Freiheit und Zukunft«. Sieben junge Leute, davon drei Frauen, die etwas versuchen. Wie überall in Nordsyrien.

Die Atmosphäre ist trotzdem komisch. Man hat mir gesagt, dass 30 oder 40 Prozent der Menschen in Raqqa immer noch den IS unterstützen. Manche aus Überzeugung und manche, weil sie denken, der IS kann wiederkommen und sich rächen. Alle haben gesagt, dass der Afrin-Krieg den IS gestärkt hat. Das war wie eine Verschnaufpause. Dadurch sind auch die Schläferzellen in der Region wieder aktiv geworden. Kurz bevor ich ankam, ist einer der bekanntesten Kurden umgebracht worden. Omar Alloush. Ein

Politiker, den die Araber genauso respektiert haben wie die Kurden. Ein Mordkommando in seinem Haus, mit sechs Schüssen. Wahrscheinlich war das nicht der IS. Der türkische Geheimdienst ist dort sehr aktiv und versucht gezielt, Menschen auszuschalten, die für einen Ausgleich sorgen könnten.

In Raqqa hatte ich auch etwas Angst. Ich habe selbst zwar nichts gesehen, was irgendwie hätte gefährlich werden können, das Gefühl war aber trotzdem da. Sicher auch eine Kopfsache. Trotzdem. Die Situation kann von einem Moment auf den anderen umschlagen, besonders am Freitag, wenn ohnehin alle angespannt und aufgekratzt sind.«

Journalismus in Rojava. Und ein Schlusswort, auch zum Sand und zu den Clans

»Am meisten haben mich natürlich die Medien interessiert. Wie sehen die Redaktionen aus, wie läuft die Ausbildung, wie arbeitet man da. Journalismus ist hier sehr jung. Kurden war es bis 2011, 2012 verboten, an den Universitäten in Damaskus und Aleppo Journalismus zu studieren. Sie durften auch keine eigenen Medien gründen. Viele haben ihre Erfahrungen jetzt in den letzten sechs Jahren gesammelt, auch ohne zu studieren. Was es meist gibt: eine ältere Frau oder einen älteren Mann, die in anderen Teilen Kurdistans schon als Journalisten gearbeitet haben. Die geben ihr Wissen weiter. Ganz konkret. Wie bediene ich eine Kamera, wie schreibe ich einen Artikel über ein so sensibles Thema wie die IS-Gefangenen, die zum Beispiel in Raqqa sind. Was bedeutet das politisch, wenn du das jetzt so und so veröffentlichst?

Der Andrang ist groß. Sehr viele Jugendliche wollen in den Redaktionen arbeiten. Nicht weil sie dort viel Geld bekommen, sondern weil sie ihre Geschichten erzählen wollen. Es gibt also eine

Auswahl. Man kann nach Talent aussuchen. Diese Journalisten sind keine neutralen Beobachter, die außerhalb des Geschehens stehen. Sie sehen sich als Teil eines Kampfes. Im Moment sind sie Berichterstatter und in drei Monaten vielleicht in einem Jugendzentrum. Ich spreche jetzt über die Medien der kurdischen Freiheitsbewegung. Es gibt auch Korrespondenten aus Südkurdistan, also aus dem Irak. Die kann man aber an den Fingern einer Hand abzählen. Für den ganzen Kanton Kobanê gab es einen Vertreter von NRT. Das ist ein großer südkurdischer Fernsehsender. Er musste alles selbst machen. Kamera, Schnitt und so weiter.

Ein regelmäßiges Einkommen wie hier kennt man dort nicht. Auch Arbeitsverträge nicht. Ich habe immer gefragt, wie viel man so verdient. Die Antwort war: Wir bekommen das, was wir zum Leben brauchen. Ein Dach über dem Kopf, Essen, Geld für Zigaretten. Ganz wichtig. Es wird ständig geraucht, selbst im Bett. Kurz vor dem Einschlafen, gleich nach dem Aufwachen und manchmal auch zwischendurch. Wer zum Markt gehen wollte oder einen Tee trinken, hat gefragt und das Geld bekommen. Aus der Redaktionskasse. Ich habe keinen gesehen, der sich darüber beschwert hat. Man hat ja immer noch eine Familie im Rücken, oft eine große Familie. Von zehn Kindern arbeiten vielleicht drei politisch, zum Beispiel in den Medien. Zwei sind Bauern, einer studiert. In den Familien wird geteilt. Die Journalisten hatten alle gute Handys, auch um die Nachrichten zu lesen. Es scheint also zu funktionieren.

Ich muss noch einmal etwas ausholen. Ein großer Teil Rojavas ist Wüste. Es gibt immer wieder Sandstürme. Überhaupt ist alles voller Sand. Der Sommer hat in Qamischli 50 Grad. Man kann eigentlich nichts machen. Berge gibt es nur in Afrin und in Dêrik. Der Rest ist flach. Es gibt auch kaum Bäume. Ich war zur schönsten Zeit da. In den zwei Frühlingswochen. Die Aktivisten, die aus dem Iran waren oder aus der Türkei, haben ein bisschen gelästert. Wir wissen, dass das hier auch zu Kurdistan gehört, aber wirklich schön ist es nicht.

Die Lage ist komplex. Hochkomplex. In ein paar Wochen durchschaut man das gar nicht alles. Wer sichert da wie Loyalität, damit die anderen nicht die Waffen gegen ihn richten. Es gibt immer noch arabische Scheichs, die einen unheimlichen Einfluss haben. Gamze Kafar hat einen von diesen Scheichs interviewt, in der Nähe von Qamischli. Den Co-Präsidenten des Kantons. Sein Stamm hat in Syrien und im Irak drei Millionen Mitglieder. Das muss man sich erst mal vorstellen. Er lebt zehn Kilometer außerhalb der Stadt in einem riesigen Palast, mitten in der Wüste, mit eigenen Sklaven. Und jetzt versucht eine linke, säkulare Bewegung, diesen Mann in ihre Strukturen zu integrieren und sich so zumindest Loyalität zu erkaufen. Die zweite Co-Präsidentin ist eine Frau aus der kurdischen Freiheitsbewegung. Die Clans sind nach wie vor mächtig. Diese Strukturen gibt es seit 2000 Jahren und die Revolution seit sechs.

Ich war beeindruckt, was dort unter diesen Bedingungen geschaffen wurde, auch nach diesem jahrelangen Krieg. Die gesellschaftlichen Strukturen sind zerstört, viele Menschen traumatisiert, viele Familien zerrüttet. Ein Leben zählt dort nicht viel. Auf den Straßen sind zum Beispiel ganz viele Mopeds unterwegs, teilweise mit fünf Leuten. Man fährt ohne Helm und ohne jede Rücksicht. Es gibt viele Unfälle. Einer meiner Fahrer hatte gerade einen Jugendlichen auf dem Gewissen. Er ist dann zur Familie gegangen, um sein Beileid auszusprechen und vielleicht auch zu bezahlen. Blutgeld. Was bei uns die Versicherungen machen, wird dort so geregelt. Der Vater hat gesagt: So schlimm ist das nicht. Ich habe noch acht andere Söhne. Mich hat das total schockiert. Der Fahrer war ein Kurde aus der Türkei. Er hat gesagt, dass er auch in Rojava sei, damit das Leben des Einzelnen wieder wertvoller wird.

Unter diesen Bedingungen wird versucht, etwas Neues aufzubauen. Vielleicht ist das auch die Voraussetzung, um etwas Neues aufbauen zu können. Das Alte ist kaputt. Viele der Aktivisten, die ich getroffen habe, sind die meiste Zeit Sozialarbeiter. In Qamischli habe ich lange mit einem der ranghöchsten Journalisten von ANHA gesprochen, einer Nachrichtenagentur. Wir saßen im Auto und er war total schlecht gelaunt. Ich wollte wissen, was los ist, und habe von einer achtstündigen Redaktionssitzung gehört, bei der es sieben Stunden um die persönlichen Probleme der Mitarbeiter ging und nicht um die Nachrichten. Ich weiß nicht, ob ich das selbst so könnte.«

Amude, Rojava, 2017: Feierlichkeiten zum Geburtstag Abdullah Öcalans. Am Horizont: die hochmilitarisierte Grenze zur Türkei
Foto: Willi Effenberger

9 Deutschland und die Türkei: Brüder für immer, nicht nur des Geldes wegen

Die deutsche Antwort auf die kurdische Frage trägt neuerdings wieder Uniform, und man muss ein bisschen nach ihr suchen. Die Leitmedien jedenfalls haben nicht berichtet, als Polizisten Anfang März 2018 in Neuss die Verlage Mezopotamien und MIR Multimedia »mehrere Tage am Stück durchkämmt« und »ganze Lastwagenladungen mit kurdischsprachigen Büchern und Musik« beschlagnahmt haben.[1] Ein paar Zeilen in der *Zeit*. PKK und so. Zwei winzige Verlage als Gefahr für die Völkerverständigung. Thomas de Mazière, noch Innenminister, darf im O-Ton verkünden: »Unser Rechtsstaat ist eine gegenüber allen extremistischen Phänomenen wehrhafte Demokratie.«[2] Mehr gibt es dazu offenbar nicht zu sagen. Abgesehen von ein paar linken Zeitungen und Alternativkanälen im Netz schweigt die Presse.[3]

Das *Börsenblatt*, wichtigste Plattform für den Buchhandel in Deutschland, informiert anderthalb Wochen später über eine Solidaritätsaktion der Branche. 117 Unterzeichner fordern, das Material zurückzugeben und auch »kurdischen Menschen in Deutschland« die »demokratischen Grundrechte« zu gewähren. Die Vorwürfe des Innenministers? »Haltlos«, sagt Initiator Jürgen Repschläger, der in Bonn ein Antiquariat betreibt. Verlage erst dichtmachen und dann prüfen: »Hier wird das Rechtssystem auf den Kopf gestellt.«[4] Wahrscheinlich hört man schlechter, wenn man den Boden unter den Füßen schon verloren hat. Die deutsche

Öffentlichkeit reagiert auch nicht, als Alexander Skipis, Hauptgeschäftsführer des Börsenvereins des Deutschen Buchhandels, Anfang April 2018 von einem »undurchsichtigen« Vorgang spricht, die »dürre Erklärung des Innenministeriums« kritisiert und den Verdacht äußert, Berlin habe »hier im Sinne der türkischen Regierung gehandelt«.[5]

Funktionärsdeutsch, klar. Aber immerhin. Eine Stimme im Meer der Stille. Mely Kiyak, Journalistin mit kurdischen Wurzeln und seit 2013 Kolumnistin am Gorki-Theater in Berlin, ist lauter. Man müsste ihren Text hier eigentlich in voller Länge drucken. Jeder Satz ein Schlag ins Gesicht der deutschen Politik. Schon die Überschrift: »Hitler erlaubt, kurdisches Grammatikbuch verboten«. Kiyak erzählt, dass sie schon lange vor dieser Durchsuchung in Neuss niemanden gefunden habe, »der das Risiko einging«, im Internet »ein paar kurdische Bücher zu kaufen«, Bücher von Abdullah Öcalan vor allem. »Wahrscheinlich wäre es einfacher gewesen, innerhalb von 24 Stunden eine Waffe zu besorgen.« Weiter im Text: »Einige türkische Freunde fanden mein Vorgehen lächerlich. Ich auch. Einerseits. Andererseits argumentierte ich so: ›Was in der Türkei im Zuge der Kurdenpolitik verboten ist, wird nach und nach auch in Deutschland verboten werden.‹ Ich war mir sicher, dass die Warenkörbe des Mezopotamien-Online-Shops eines Tages den Käufern zum Verhängnis werden könnten. Intuition. Erfahrung. Geschichtswissen.«

Wie gesagt: Man muss diese Kolumne eigentlich komplett lesen. Wer nach acht Kapiteln immer noch dabei ist, ahnt aber vielleicht auch so, was dort steht. Man weiß dann schon (oder wusste es längst vorher), unter welchen Umständen Abdullah Öcalan seine Bücher schreibt und dass diese Bücher nicht nur die HDP ermöglicht haben, die Demokratische Partei der Völker in der Türkei, sondern auch die »Vision einer demokratisch organisierten kurdischen Selbstverwaltung«, im Südosten des

Landes und in Rojava. Mely Kiyak: »Ich will nur lesen. Und verstehen.« Was ist die PKK, woher kommt sie, wie kann man den Konflikt lösen? Die Aktion in Neuss begreift Mely Kiyak als »Freundschaftsdienst« für die Regierung in Ankara. Gut einen Monat vorher, im Februar 2018, habe »Herr de Mazière« den türkischen Ministerpräsidenten Binali Yıldırım in München getroffen, bei der Sicherheitskonferenz. »Was kommt als Nächstes? Lässt der NATO-Partner Deutschland seine Truppen bei den kurdisch-deutschen Vereinen in Köln, Duisburg oder Berlin einmarschieren?«[6]

Intuition. Erfahrung. Geschichtswissen. Inzwischen weiß auch Mely Kiyak, dass sie gar nicht so weit danebengelegen hat. Richtig ist Berlin. Am 13. Juni 2018, anderthalb Wochen vor den Wahlen in der Türkei, haben deutsche Polizisten in der Hauptstadt kurdische Vereinsräume gestürmt und Wohnungen von Vorstandsmitgliedern durchsucht.[7] Wem das Wort »gestürmt« zu martialisch ist: Die Polizisten trugen Masken, zertrümmerten Türen, verwüsteten die Büros und nahmen die beiden PCs mit, die Civaka Azad, das Kurdische Zentrum für Öffentlichkeitsarbeit, für seine Redaktionsarbeit nutzt. Pressefreiheit? Vertraulichkeit? Schutz von Informanten? Civaka Azad beklagt, dass die Aktion durch keinen Gerichtsbeschluss gedeckt war, und spricht von einer »Razzia«, die »mit ihrem Timing eine faktische Wahlkampfhilfe für Erdoğan« gewesen sei. Tenor: Civaka Azad lahmlegen, überhaupt alle kurdischen Aktivitäten bekämpfen und so den Einzug der HDP ins Parlament verhindern.[8] Angeordnet hat die Durchsuchung die Berliner Staatsanwaltschaft. Das heißt: CDU und CSU sind nicht allein. In der Hauptstadt regiert Rot-Rot-Grün.[9]

Fahnen, Facebook, Neujahrsfeiern: Die deutsche Polizei ist wachsam

Neuss und Berlin sind nur Spitzen eines Eisbergs. Wir erinnern uns an das kurdische Kulturfestival in Köln, im September 2017. Ein Festival ohne Versorgung, aber mit sehr viel Polizei.[10] Ein Festival, bei dem es auch schon um Symbole ging. Polizisten, mit Schnellheftern bewaffnet, auf der Fahndung nach Öcalan-Bildern und nach Fahnen der kurdischen Einheiten YPG und YPJ, die in Syrien den IS bekämpft haben und der PKK nahestehen. Die Schnellhefter stützen sich auf ein Rundschreiben des Bundesinnenministeriums vom 2. März 2017. Dort heißt es sinngemäß, dass auch Symbole legaler Parteien und Vereine verboten sein können – wenn sie denn »ersatzweise« von der PKK genutzt werden oder auf deren Ziele hinweisen.[11] Neben YPG und YPJ kann das die Partei der Demokratischen Union (PYD) treffen, eine der treibenden Kräfte in Rojava, oder den Verband der Studierenden aus Kurdistan (YXK), der an vielen deutschen Universitäten aktiv ist. Und natürlich jeden, der irgendein Foto von Abdullah Öcalan vor sich her trägt.

So ein Rundschreiben aus dem Bundesinnenministerium ist eine feine Sache. Zumindest für den Innenminister und die Regierungsparteien. Steht doch alles klar drin, fein formuliert von unseren Juristen. Im Polizeialltag wird daraus ein Schnellhefter, der im Zweifel grünes Licht gibt für Verbote, Hausdurchsuchungen, Schikanen. »Ersatzweise« für die PKK. Puh. Wer will das schon so genau sagen. Bei Kerem Schamberger standen die Beamten im November 2017 um sechs Uhr morgens mit einem Beschluss des Amtsgerichts vor der Tür. Gesucht: »Bilder und sonstige Unterlagen, die auf das Hochladen der Abbildungen der ›YPJ‹-, ›YPG‹ sowie ›PYD‹-Fahne auf das Facebook-Profil des Beschuldigten schließen lassen«.[12] Mitgenommen wurden ein Laptop, das Handy und mehrere USB-Sticks. Wenn diese Geschichte nicht bitterer Ernst wäre (erklären Sie mal Ihrem Besuch aus Kolumbien, was fünf Polizisten vor dem Aufstehen in Ihrer Wohnung machen, und fangen dann an, mühsam die Dateien zu rekonstruieren, die Sie auf der Festplatte hatten), könnte man daraus eine Satiresendung machen. Schamberger hat nie bestritten, die Fotos hochgeladen zu haben, und immer auf den Kontext IS-Kampf verwiesen. Kein Wort von der PKK. Das wissen selbstverständlich auch die Behörden. Trotzdem laufen rund 200 Ermittlungsverfahren gegen Menschen, die auf Facebook Posts mit besagten Fahnen von ihm geteilt haben. Einem Musiker aus München ist das Gleiche sogar passiert, weil er einen Artikel des Bayerischen Rundfunks geteilt hat, in dem über die Durchsuchung bei Schamberger berichtet wurde.[13]

Ein Aktivist kann mit so etwas leben. Kerem Schamberger hat knapp 20 000 Abonnenten auf Facebook, und wenn er mit Polizei oder Gerichten zu tun hatte, dann wissen das sehr schnell auch viele Journalisten. Otto-Normal-Facebook-Artikel-Teiler dagegen traut sich oft nicht an die Öffentlichkeit. Wer stellt sich schon freiwillig, wenn er etwas getan hat, was vielleicht verboten ist. Und über die allermeisten Kurden in Deutschland berichtet ohnehin niemand. Auch nicht über die allgegenwärtige Unsicherheit. Welche Abzeichen und welche Plakate dürfen wir zeigen? Wann wird die Demo schon vorab verboten und wann schreitet erst die Polizei vor Ort ein? Sind fünf Fahnen schon zu viel oder erst 300? Was sage ich der Frau in Uniform, die möchte, dass ich das Foto wegstecke? Geht das, was neulich bei der Sicherheitskonferenz in München ging, auch wenn wir in Stuttgart gegen den türkischen Überfall auf Afrin protestieren oder in Hannover Newroz feiern wollen? Riskiere ich hier den Erfolg meines Einbürgerungsverfahrens, werde ich am Ende möglicherweise gar aus Deutschland abgeschoben?

Apropos Hannover: »Unglaublich« hat Herbert Schmalstieg das genannt, was dort vor dem Neujahrsfest im März 2018 passiert ist. Schmalstieg war mehr als 30 Jahre Oberbürgermeister in der Stadt, von 1972 bis 2006, und jetzt als Redner vorgesehen. Die Ankündigung der Polizei, das Fest verbieten zu wollen, nannte er einen Akt der »Leisetreterei« gegenüber der Türkei.[14] Schmalstieg hat dann doch auf der Kundgebung gesprochen und gefordert, Ankara keine Waffen mehr zu verkaufen. Ein Happy End nach einem Hickhack, zu dem auch eine Initiative »Kulturschaffende für den Frieden« gehörte. Diether Dehm, Konstantin Wecker und Dieter Hallervorden (die alte Garde sozusagen) hatten sicherheitshalber eine eigene Veranstaltung angekündigt – falls die Kurden tatsächlich nicht feiern dürften. Dehm zeigte dann auf der Bühne ein Bild von Öcalan und wurde abgeführt. Ein Verfahren gab es allerdings nicht. Zu wenig, sagt die Staatsanwaltschaft Hannover. Dehm habe nicht die PKK unterstützen, sondern lediglich die Menge beruhigen wollen. Ich zeige Öcalan, und ihr hört auf, verbotene Fahnen zu schwenken. Der Delinquent selbst sprach von »Irrsinn«. Polizei und Justiz blockiert mit Kleinkram, und das alles wegen eines Parteiverbots, das »endlich der Vergangenheit angehören« müsse.[15]

Die PKK, der öffentliche Debattenraum und Nachbarn, die Ankara die Stirn bieten

Das Verbot der PKK aufheben? »Nicht so einfach«, sagt Nick Brauns in der Torstraße in Berlin,[16] der Mann, der das Standardwerk über die Partei geschrieben hat[17] und jetzt im Büro der Bundestagsabgeordneten Ulla Jelpke unter anderem für die kleinen Anfragen zuständig ist, mit denen die Linkspartei die Bundesregierung regelmäßig zwingt, ihre gerade aktuelle Sicht auf das Problem sowie die Zahl der entsprechenden Strafverfahren offenzulegen. Trotzdem: »Es gibt keine Präzedenzfälle und würde Probleme mit der Türkei bringen. Man kann aber niedrigschwelliger ansetzen. Die Innenminister könnten sich auf eine andere Umsetzung einigen. Sie könnten beschließen: PKK ist nur, wenn sie die Parteifahne zeigen und Parteigeburtstag feiern. Alles andere ist nicht PKK.«

Alles andere: Das wären zum Beispiel YPG, YPJ und PYD, der Studentenverband YXK, Öcalan-Fahnen oder Nav-Dem, das Demokratische Gesellschaftszentrum der KurdInnen in Deutschland. Nick Brauns: »Man könnte das Verbot pro forma weiterlaufen lassen, genau wie bei der KPD, die ja auch immer noch verboten ist. Die Türkei würde gar nicht mitbekommen, wenn Deutschland die PKK-Kader nicht mehr verfolgt. Wir hätten weniger Ermittlungsverfahren und jedes Jahr auch ein paar Verhaftungen weniger. Für die kurdische Bewegung wäre das eine spürbare Erleichterung.«

Wir haben Nick Brauns im August 2017 besucht, vor der Newroz-Feier in Hannover, vor den Hausdurchsuchungen beim Mezopotamien Verlag, Civaka Azad und Kerem Schamberger und bevor die Verfahrenslawine ins Rollen kam, die kurdische Symbole und all ihre Träger in Deutschland unter sich begraben soll. Nick Brauns sah das schon damals kommen. Strategie, hat er gesagt. Das große außenpolitische Rad. »Es geht um die Disziplinierung der kurdischen Bewegung in Syrien. Das sieht man, wenn man auf die Konferenzen der Stiftung Wissenschaft und Politik geht. Der Thinktank der Bundesregierung, sozusagen. Dort heißt es: Wir kommen nicht an PYD und PKK vorbei, aber uns gefällt ihre Linie nicht. Deshalb müssen wir den Druck erhöhen. Das Fahnenverbot ist ein erstes Druckmittel. Man will die Rojava-Administration in eine gewisse Ecke drängen. Die Gefahr ist, dass wir bald gar nicht mehr über dieses Thema sprechen können, wie in den 1990ern. Damals konnten wir nicht mehr öffentlich über die PKK diskutieren. Uns wurden reihenweise Räume gekündigt, auch an Universitäten. Selbst Flugblätter zur Friedensinitiative wurden beschlagnahmt, wenn da ein Aufruf von Öcalan drauf war. Wenn sie die Daumenschrauben wieder anziehen, könnten auch Diskussionen über Rojava kriminalisiert werden.«

Für Rainer Mausfeld, einen Psychologen aus Kiel, der sich auch damit beschäftigt, wie Demokratie und Meinungsvielfalt zusammenhängen, ist das die Axt, die Politik und Neoliberalismus an den Frieden im Land legen.[18] Den »öffentlichen Debattenraum« einschränken. Steuern, wer was an welcher Stelle sagen darf. Mausfeld beschreibt die Öffentlichkeit als das »Herzstück« oder als den »Maschinenraum« der Demokratie – als den Ort, der die Pluralität der Gesellschaft spiegelt und deshalb nicht von politischen (oder ökonomischen) Interessen dominiert werden darf. Mausfelds Demokratie-Vision leuchtet sofort ein: alle als Freie und Gleiche anerkennen, auch wenn sie de facto sehr unterschiedlich sind. Kurden, Deutsche und Türken, Alte und Junge, Frauen und Männer, Menschen mit einer 1,0 im Abitur und Menschen ohne jeden Abschluss. Diese egalitäre Vision braucht den öffentlichen Debattenraum, weil wir hier zu »argumentativen Anstrengungen« gezwungen sind, um unsere subjektiven Interessen zu objektivieren. Übersetzt: Auch der Bundesinnenminister muss begründen, warum er die bunten Fähnchen hier toleriert und dort nicht und warum vermummte Polizisten gegen Bürostaub kämpfen dürfen. Wird die kurdische Bewegung aus dem öffentlichen Debattenraum verdrängt, muss der Minister nichts mehr erklären, mit fatalen Folgen für uns alle. Was nicht öffentlich diskutiert wird, ist einfach nicht da und auch nicht mehr im Horizont von denen, die zu entscheiden haben. Der Frieden, sagt Rainer Mausfeld. Das muss hier nicht ausbuchstabiert werden. Ein Blick in die Türkei genügt.

Nicht alle westeuropäischen Länder sehen die PKK und die kurdische Bewegung durch die Brille von Ankara. »Die Schweiz und die Türkei tun sich schwer miteinander«, schrieb die Boulevardzeitung *Blick*, nachdem der türkische Außenminister Mevlüt

Çavusoglu im November 2016 in Bern war. Stein des Anstoßes: Çavusoglu forderte, dass die Schweiz die PKK verbietet. Antwort von Bundesrat Didier Burkhalter: Sein Land kenne »keine schwarzen Listen für Organisationen«. Für »kriminelle Aktivitäten« gebe es das Strafgesetzbuch.[19] Auch Österreich bekommt von der Regierung in Ankara immer wieder zu hören, »Sympathien« für die PKK zu hegen und zu lax mit der Organisation umzugehen[20] – weil es dort kein Verbot gibt und man folglich legal für die Schriften von Öcalan werben oder Infostände betreiben kann. In Belgien entschied das oberste Gericht im September 2017, dass die PKK keine terroristische Vereinigung sei, und sprach 36 Kurden von dem Vorwurf frei, in Westeuropa Gelder erpresst sowie Jugendliche rekrutiert und für den Kampf gegen die Türkei ausgebildet zu haben. Begründung: Der Konflikt sei eine innere Angelegenheit des Landes. Mit Terrorismus habe das nichts zu tun.[21]

Der Imperativ des Geldes

Deutschland ist nicht die Schweiz ist nicht Österreich ist nicht Belgien. Deutschland stand schon immer an der Seite der Türkei, wenn »immer« das ist, was wir Zeitgenossen überblicken können. Murat Çakır, ein Vorkämpfer für Immigrantenrechte und 2017 OB-Kandidat der Linkspartei in Kassel, beschreibt die »enge Kooperation zwischen den herrschenden Klassen in beiden Ländern« als »Konstante« in den »über 150-jährigen deutsch-türkischen Beziehungen«. Festhalten an der »Waffenbrüderschaft« und alle türkischen Regierungen unterstützen: Das sei ein »strategischer Imperativ« deutscher Außenpolitik. »Selbst der verlorene Weltkrieg, der deutsche Faschismus oder die zahlreichen Interventionen der türkischen Militärs konnten dieser engen Kooperation nichts anhaben.«[22] Die Bagdadbahn, die Unterstützung beim

Völkermord an den Armeniern,[23] die Nato und ihr Brückenkopf in den Nahen Osten, der Flüchtlingsdeal mit Erdoğan.[24] Wir müssen hier nicht alles wiederholen.

Wenig gesprochen haben wir in diesem Buch bisher über die Wirtschaft. Mehr als 6 500 deutsche Unternehmen in der Türkei, die Zehntausende Menschen beschäftigen. Dann der Tourismus. Im Rekordjahr 2015 haben 5,6 Millionen Deutsche in der Türkei Urlaub gemacht. Die Delle von 2016 und 2017 war tatsächlich nur eine Delle.[25] Und die Exporte. Über 20 Milliarden Euro im Jahr. Die Türkei ist auch ein Markt (mit 80 Millionen Einwohnern kein kleiner) – ein Markt für deutsche Produkte und für deutsche Investoren. Wir könnten jetzt hier ein Zahlenfeuerwerk abbrennen, aber die Summen sind so groß, dass der Effekt verpuffen würde. Deshalb nur pars pro toto: Zwölf Milliarden Euro haben deutsche Unternehmen seit 1980 in die Türkei gesteckt. Kein anderes Land kommt auf mehr. Unter den Top Ten: Mercedes, Bosch Siemens Haushaltsgeräte, Bosch, Heidelberg Cement, Mannesmann.[26]

Sich »schwer« tun mit der Türkei wie die Schweiz? »Sympathien« für die PKK haben wie Österreich? Gar Gerichtsurteile wie in Belgien, die Ankaras Gerede von Terrorismus und Terrorpropaganda als das entlarven, was es ist (als Gerede)? Schwer vorstellbar in einem Land, das der wichtigste Geschäftspartner der Türkei ist (2015: 36,8 Milliarden Euro Handelsvolumen[27]). Dazu vielleicht doch noch eine dritte Zahl: 2017 hat die Bundesregierung Türkei-Exporte in Höhe von fast 1,5 Milliarden Euro über Hermesbürgschaften abgesichert. Diese Bürgschaften helfen deutschen Unternehmen, wenn ihre ausländischen Partner am Ende doch nicht zahlen. Ohne Hermes mehr Risiko und folglich weniger Handel. Dabei hatte die Regierung Merkel im September 2017 eigentlich eine »härtere Gangart« angekündigt. Wir erinnern uns: der Menschenrechtler Peter Steudtner sowie die Journalisten Mesale Tolu und Deniz Yücel in türkischer Haft. Der Streit um Wahlkampfauftritte in Deutschland. Erdoğans Nazi-Vergleiche. Überhaupt: der Kurs der AKP in Richtung Autokratie. Gute Gründe für eine »härtere Gangart«. In der realen Welt (jenseits von Sonntagsreden, in der Welt der Wirtschaft) lag die Hermes-Summe 2017 um gut ein Drittel höher als 2016.[28]

Okay: Jedes kleine Kind weiß, dass Politiker längst nicht immer das tun, was sie sagen und versprechen. Ein Problem ist dies vor allem dann, wenn es um Leben und Tod geht. Waffen fallen in der Exportstatistik zwar kaum ins Gewicht (was sind schon Granaten, Panzermotoren und Flugzeugteile für ein paar Millionen, wenn das Handelsbudget insgesamt im zweistelligen Milliardenbereich liegt), aber trotzdem: Zur »Neuausrichtung der Türkei-Politik«, verkündet im Spätsommer 2017, gehörte auch, den Verkauf von Rüstungsgütern einzuschränken. Was das genau bedeutet, ist wahrscheinlich Definitionssache. Die Ausfuhr ging jedenfalls weiter. Die Bilanz für den Zeitraum vom 31. Juli 2017 bis zum 15. Januar 2018: Genehmigungen im Wert von knapp 14 Millionen Euro. Dazu *Spiegel Online*: »Zwar ist das Volumen in der Tat geringer als im gleichen Zeitraum des Vorjahres, allerdings ist es immer noch stattlich. Und insbesondere die Art der exportierten Rüstungsgüter überrascht. Es handelt sich um Material, das in einem Kriegseinsatz, wie die Türkei ihn gerade in Nordsyrien ausführt, oder auch beim Vorgehen gegen Oppositionelle oder Minderheiten verwendbar sein dürfte.«[29]

Man braucht die Wirtschaft auch, um zu verstehen, warum die Fußballer Mesut Özil und Ilkay Gündogan im Mai 2018 bei Recep Tayyip Erdoğan zum Foto-Shooting waren. In der Öffentlichkeit ging es um Heimat und um Höflichkeit, um Wahlkampfhilfe und um die Frage, für welches Land denn nun das Herz der beiden Kicker schlägt. »Schäbige Propaganda«, urteilte die *Bild*-Zeitung. »Für Deutschland spielen, für Erdoğan kämpfen«.[30] Die *Süddeutsche Zeitung* sagte dagegen: Geld. Eine Einladung von türkischen Unternehmern, Özils türkische Follower auf Facebook und auf Twitter, Pläne der Familie Gündogan, in der Provinz Balikesir ein

Shoppingcenter zu bauen, die DFB-Sponsoren wie Adidas oder Mercedes. Beim Autohersteller sind Özil und Gündogan Markenbotschafter.[31] Mercedes steht ganz oben auf der Liste deutscher Investoren in der Türkei. Und das ARD-Politikmagazin *Monitor* zeigte am 1. Februar Militärfahrzeuge mit Stern auf dem Weg nach Afrin.[32]

Als der deutsche Journalist Deniz Yücel am 16. Februar 2018 nach einem Jahr aus dem Gefängnis durfte, hat die deutsche Öffentlichkeit diskutiert, was diese Freilassung wohl gekostet haben möge. Politisch, vielleicht auch sonst. Neue Panzer für die Türkei? Die alten Leoparden verjüngen? Wenigstens die kurdische Bewegung daheim härter anpacken?[33] »Für schmutzige Deals stehe ich nicht zur Verfügung«, hatte Yücel noch in der Haft gesagt.[34] Axel Gehring, der Politikwissenschaftler aus Marburg, der sich wie kaum ein Zweiter in dem wirtschaftlichen Geflecht auskennt, das die Türkei und Westeuropa verbindet,[35] hat diese Debatte auf seiner Facebook-Seite mit einem Kopfschütteln quittiert: »Vielleicht hat die Bundesregierung recht, wenn sie die Existenz von Deals mit Ankara verneint. Vielleicht hätte sie all das, was nun als Deal bezeichnet wird, ohnehin aus purem Eigeninteresse getan. Haben wir schon einmal darüber nachgedacht?«

Für Mely Kiyak wäre das keine Frage. Nach der Durchsuchung der beiden Verlage in Neuss schrieb sie in ihrer Gorki-Kolumne: »Vor einigen Wochen diskutierten sie bei *Maybrit Illner*, ob die türkische Politik Auswirkungen auf Kurden und Türken in Deutschland habe. Ich kenne nur eine Auswirkung der türkischen Politik auf die deutsche Sicherheit. Das äußert sich so, dass wir Autoren, Verleger, Künstler und Leser im Auftrag der türkischen Regierung hier in Deutschland kriminalisiert werden. Weil wir wissen wollen und weil wir Wissen vermitteln wollen. Ich fühle mich vom deutschen Innenministerium mehr bedroht als von einem türkisch-nationalistischen Gebrauchtwagenhändler aus Kreuzberg. Darüber haben sie bei Illner natürlich wieder nicht gesprochen.

Will in dieser Welt eigentlich irgendjemand überhaupt noch irgendetwas verstehen? Oder besteht der ganze Diskurs ausschließlich aus Herummeinerei? Halten Sie bitte Augen und Ohren auf. Ich plane, öffentlich aus Abdullah Öcalans Schriften zu lesen und eine Veranstaltung zum Thema kurdische Literatur und Lyrik sowie kurdische politische Literatur durchzuführen. Bleibt nur die Frage: Wer wird mich als Erstes von der Bühne tragen? Der türkische Geheimdienst oder die deutsche Polizei?«[36]

Wenn Sie das hier lesen, ist diese Frage vielleicht schon beantwortet. Wenn nicht, glauben Sie einfach Mely Kiyak. Intuition. Erfahrung. Geschichtswissen.

Epilog

Ein Buch ist keine Zeitung und erst recht nicht das Internet, wo es eine Website mit Updates gibt, mit Rezensionen, mit Hinweisen zu Veranstaltungen, bei denen Sie mit uns diskutieren können.[1] Diese Zeilen schreiben wir wenige Tage nach den Wahlen in der Türkei. Eigentlich sollte diese Abstimmung erst im Herbst 2019 stattfinden und dann endlich Erdoğans Vision vom Regieren Wirklichkeit werden lassen. Alles in einer Hand. Ein Präsident, der die Minister einsetzt und den Notstand ausrufen kann, ohne das Parlament fragen zu müssen. Kein Ministerpräsident mehr, kein Gegengewicht, nirgends – so abgesegnet beim Referendum im April 2017.[2] Zweieinhalb Jahre sind eine lange Zeit, mag sich dieser Präsident gedacht haben. Wer weiß. Vielleicht merkt das Volk ja doch, was genau es da beschlossen haben soll. Also die Wahlen vorziehen, die Opposition überrumpeln. Das Ergebnis am 24. Juni 2018: 52,5 Prozent für Recep Tayyip Erdoğan und 42,6 Prozent für seine AKP. Keine absolute Mehrheit, aber das ist in einem Präsidialsystem nicht wirklich wichtig, zumal der AKP-Partner MHP über die Zehn-Prozent-Hürde gekommen ist (de facto eine faschistische Partei).

Wer weiß, ob es diese Mehrheit für Erdoğan tatsächlich gibt. In den Tagen vor der Wahl waren Millionen Menschen auf den Straßen, um Muharrem İnce zuzujubeln, dem Kandidaten der CHP, der Partei Atatürks. Riesig auch die Kundgebungen der HDP, der Partei der Völker, die dann offiziell auf 11,7 Prozent kommt. Die

Auszählungen laufen noch, als in den sozialen Medien (und nicht nur dort) bereits von Wahlbetrug gesprochen wird.[3] Die Indizien: Bewaffnete in den Wahllokalen (vor allem in den kurdischen Gebieten), Behinderungen von internationalen Beobachtern, Abweichungen vom gesetzlich vorgeschriebenen Ablauf. Hier werden die Ergebnisse nicht öffentlich ausgehängt, dort zählen Menschen die Stimmen, die das eigentlich gar nicht dürfen. Nach dem Studium des OSZE-Berichts[4] spricht der Politikwissenschaftler Axel Gehring auf Facebook von einem »massiven Eingriff in den Wahlverlauf« und sagt, dass »die Unregelmäßigkeiten weit größer« gewesen seien, als er gedacht habe.[5]

Der Wahltag selbst ist das eine. Das andere ist das, was im Wahlkampf passiert ist. Im Staatsfernsehen gibt es keine HDP-Kundgebungen.[6] Selahattin Demirtaş, der Spitzenkandidat der Partei, sitzt genauso im Gefängnis wie Tausende andere HDP-Politiker. Und dann ist da der Ausnahmezustand, in Kraft seit dem Sommer 2016. Ausnahmezustand ist ein Wort, an das sich das Publikum der *Tagesschau* gewöhnt hat. Für die Menschen vor Ort ist der staatliche Terror unerträglich. Massenentlassungen in Verwaltungen, bei der Polizei und in Gerichten, in Schulen und an Universitäten.[7] Kampf gegen alles, was nach Zivilgesellschaft aussieht. Vielleicht etwas übertrieben, aber wirklich nur etwas: Wenn im Osten der Türkei drei Menschen auf der Straße stehen und miteinander reden, dann schießt die Polizei mit Tränengas. Man kann ja nie wissen. Diese Terroristen.[8]

Wie gesagt: Ein Buch ist keine Zeitung und erst recht nicht das Internet. Wer kann schon sagen, was alles passiert, bis Sie diese Zeilen lesen. Sitzt Recep Tayyip Erdoğan jetzt fest im Sattel bis in alle Ewigkeit? Sicher nicht. Die Zweifel am Wahlergebnis. Die Spaltung der Gesellschaft. Die Wirtschaftskrise, für die Inflation und Lira-Absturz nur Symptome sind. Jede Regierung braucht zufriedene Untertanen. Wenigstens ein paar. Der Präsident setzt auf Stärke. Er schickt Truppen in den Nordirak und bombardiert die Kandil-Berge. Er lässt seine Ortsvorsteher in den kurdischen Gebieten mit Kalaschnikows üben und bereitet die Jugendorganisation der AKP auf Schlägereien und Straßenkämpfe vor.[9] Man kennt das von Herrschern in Not: Ein Krieg muss her, damit meine Schäflein bei mir bleiben. Nach Demokratie klingt das alles jedenfalls nicht.

Vielleicht kann man sich darauf einigen: Demokratie ist der Schlüssel, um die Probleme dieses Landes zu lösen. In der Türkei leben mehr als 50 Minderheiten. Ein Staat, eine Sprache, eine Nation: Diese Formel kann nicht funktionieren. Die Kurden sind die größte Minderheit im Land. Dieses Volk lässt sich weder türkifizieren noch sonst irgendwie auf die Knie zwingen – nicht mit Feldzügen im Osten Anatoliens, in Rojava oder im Irak und auch nicht mit der Hilfe von Verbündeten wie Deutschland, die rigoros gegen alles vorgehen, was nach kurdischer Freiheitsbewegung aussieht und dabei auch die eigenen Werte vergessen. Demokratie ist etwas anderes als ein kurdischer Staat. Demokratie kann zunächst einfach nur ein bisschen weniger Zentralregierung heißen und ein bisschen mehr Autonomie. Die Menschen vor Ort selbst entscheiden lassen, wie sie ihr Leben organisieren wollen. Und diesen Menschen vor allem das erlauben, was der Anfang von allem ist – schreiben und sagen zu dürfen, was man denkt, und dafür auch auf die Straße zu gehen, ohne Angst haben zu müssen vor der Polizei, vor Geheimdiensten, vor Paramilitärs. Für die Türkei können wir das schlecht verfügen. Aber hier bei uns zu Hause: Da sollte das schon möglich sein.

Anmerkungen

Vorwort

1 Tim Neshitov: Spur nach Ankara. In: *Süddeutsche Zeitung* vom 22. Dezember 2016
2 Beide haben die Bilder ohne Honorar zur Verfügung gestellt. Flo Smith: http://www.flosmithphotographic.com/, Willi Effenberger: http://www.effenbergerphoto.com/

1. Auftakt in Kassel. Oder: Was gehen uns die Kurden an? Und was will dieses Buch?

1 Abdullah Öcalan: *Jenseits von Staat, Macht und Gewalt*. 2. Auflage. Köln 2015
2 Anja Flach, Ercan Ayboğa, Michael Knapp: *Revolution in Rojava. Frauenbefreiung und Kommunalismus zwischen Krieg und Embargo*. 3. Auflage. Hamburg 2016
3 Mely Kiyak: Westliche Werte gefunden! Kiyaks Theater Kolumne vom 7. September 2017. Online: http://kolumne.gorki.de/kolumne-76/ (7. September 2017)
4 Kauder schließt Waffenlieferungen an PKK nicht mehr aus. Spiegel Online vom 16. Oktober 2014. Online: http://www.spiegel.de/politik/deutschland/frauenquote-kauder-stellt-bedingungen-schwarze-null-nicht-in-gefahr-a-997263.html (5. September 2017)
5 Köken Ergun: I, solider. Online: https://www.youtube.com/watch?-v=6B-AKStkIto (4. Juni 2018)
6 Vgl. Fabian Scheidler: *Das Ende der Megamaschine. Geschichte einer scheiternden Zivilisation*. Wien 2016
7 Kardo Bokani: *Social Communication and Kurdish Political Mobilization in Turkey*. Balti 2017
8 Benedict Anderson: *Die Erfindung der Nation. Zur Karriere eines erfolgreichen Konzepts*. Frankfurt/Main 1988, S. 41

9 Eric J. Hobsbawm: *Nations and Nationalism since 1780. Programme, Myth, Reality*. Cambridge, UK 1990, Karl Deutsch: *Nationalism and Social Communication*. Cambridge, MA 1953
10 Martin Strohmeier, Lale Yalçin-Heckmann: *Die Kurden. Geschichte, Politik, Kultur*. 4. Auflage. München 2016, S. 31 f.
11 Bokani, *Social Communication*, S. 155
12 Vgl. Kerem Schamberger: Die lange Geschichte der Verfolgung kurdischer Medien – in Europa. In: Michael Meyen (Hrsg.): *Medienrealität* 2017. Online: https://medienblog.hypotheses.org/234 (4. Juni 2018)
13 Bokani, *Social Communication*, S. 136–138, 151 f.

2. Die kurdische Frage, von Duisburg aus gesehen

1 Martin Strohmeier, Lale Yalçin-Heckmann: *Die Kurden. Geschichte, Politik, Kultur*. 4. Auflage. München 2016, S. 26 f.
2 Kardo Bokani: *Social Communication and Kurdish Political Mobilization in Turkey*. Balti 2017, S. 53
3 Benedict Anderson: *Die Erfindung der Nation. Zur Karriere eines erfolgreichen Konzepts*. Frankfurt/Main 1988, S. 142
4 Eric J. Hobsbawm: *Nations and Nationalism since 1780. Programme, Myth, Reality*. Cambridge, UK 1990, S. 10
5 Bokani, *Social Communication*, S. 40 f.
6 Strohmeier, Yalçin-Heckmann, *Die Kurden*, S. 20
7 Bokani, *Social Communication*, S. 40 f., 56
8 Ebd., S. 45–57
9 Ebd., S. 50
10 Ebd., S. 60
11 Nikolaus Brauns, Brigitte Kiechle: *PKK. Perspektiven des kurdischen Freiheitskampfes: Zwischen Selbstbestimmung, EU und Islam*. Stuttgart 2010, S. 16
12 Ismail Küpeli: *Nelkenrevolution reloaded? Krise und soziale Kämpfe in Portugal*. Münster 2012
13 Vgl. Für die folgenden Absätze Strohmeier, Yalçin-Heckmann, S. 90–94, 123, 171; Brauns, Kiechle, S. 19–27; Bokani, S. 67–70; Veli Yadirgi: *The Political Economy of the Kurds of Turkey. From the Ottoman Empire to the Turkish Republic*. Cambridge, UK, S. 161–164; Volker Perthes: *Das Ende des Nahen Ostens, wie wir ihn kennen. Ein Essay*. Berlin 2015, S. 16 f.; Michael Lüders: *Die den Sturm ernten. Wie der Westen Syrien ins Chaos stürzte*. München 2017, S. 18–21
14 Strohmeier, Yalçin-Heckmann, *Die Kurden*, S. 42
15 Ebd., S. 88
16 Brauns, Kiechle, *PKK*, S. 20
17 Bokani, *Social Communication*, S. 67

18 Vgl. Jürgen Gottschlich: *Beihilfe zum Völkermord. Deutschlands Rolle bei der Vernichtung der Armenier*. Berlin 2015. – Gottschlich erzählt die Geschichte dieses Völkermordes im Detail und zeigt dabei vor allem, dass »die deutschen Verantwortlichen das Morden an den Armeniern nicht nur passiv geschehen« ließen: »Sie deckten es, nahmen die Mörder in Schutz und machten durch die Unterstützung ihrer türkischen Verbündeten den Völkermord letztlich erst möglich« (S. 11).
19 Strohmeier, Yalçin-Heckmann, *Die Kurden*, S. 77
20 Anderson, *Die Erfindung der Nation*, S. 115
21 Cihan Tuğal: *Das Scheitern des Türkischen Modells. Wie der Arabische Frühling den islamischen Liberalismus zu Fall brachte*. München 2017, S. 52
22 Bokani, S. 74
23 Ismail Küpeli: Die kurdischen Aufstände in der Türkei in den 1920er und 1930er Jahren. Juli 2017. Online: http://kupeli.blogsport.eu/files/2017/07/disstuerkeistaatnationkurz-juli2017-1.pdf (13. September 2017)
24 Bokani, *Social Communication*, S. 76
25 Strohmeier, Yalçin-Heckmann, *Die Kurden*, S. 102–104
26 Bokani, *Social Communication*, S. 77 f.
27 Ebd., S. 137
28 Strohmeier, Yalçin-Heckmann, *Die Kurden*, S. 30
29 Bokani, *Social Communication*, S. 78 f., 134–137
30 Emine Ayna: YXK-Newroz-Broschüre 2013, S. 14 f. Online: https://issuu.com/thorsten_h/docs/newroz2013_erfahrungsbericht_einer_ (6. Juni 2018)
31 Strohmeier, Yalçin-Heckmann, *Die Kurden*, S. 96 f., 105
32 Anja Flach, Ercan Ayboğa, Michael Knapp: *Revolution in Rojava. Frauenbefreiung und Kommunalismus zwischen Krieg und Embargo*. 3. Auflage. Hamburg 2016, S. 57
33 Bokani, *Social Communication*, S. 134–137
34 Ebd., S. 134
35 Strohmeier, Yalçin-Heckmann, *Die Kurden*, S. 172 f.
36 Ebd., S. 140

3. Erdoğans Türkei, durch die Brille von Rosa Burç

1 Interview am 10. Juli 2017 in Bonn
2 Vgl. Kardo Bokani: *Social Communication and Kurdish Political Mobilization in Turkey*. Balti 2017, S. 154–157
3 Vgl. Volker Perthes: *Das Ende des Nahen Ostens, wie wir ihn kennen. Ein Essay*. Berlin 2015; Cihan Tuğal: *Das Scheitern des Türkischen Mo-*

dells. Wie der Arabische Frühling den islamischen Liberalismus zu Fall brachte. München 2017

4 Müslüm Yücel: *Abdullah Öcalan*. Istanbul 2014 – Der Autor ist Jahrgang 1969 (genau 20 Jahre jünger als Öcalan) und in der gleichen Region geboren.

5 Vgl. Sevim Dagdelen: *Der Fall Erdoğan. Wie uns Merkel an einen Autokraten verkauft*. Frankfurt/Main 2016

4. Die PKK, Abdullah Öcalan und mehr als eine Spur, die nach Deutschland führt

1 Köln, 16. September 2017

2 Martin Schäfer, Sprecher des Auswärtigen Amtes, sagt am 18. September 2017, dass das Einbestellen von Botschaftern unter Nato-Partner »unüblich« sei. Das Vorgehen des türkischen Außenministeriums werfe folglich ein »ganz bemerkenswertes Schlaglicht auf den Zustand der deutsch-türkischen Beziehungen«. Vgl. die entsprechende dpa-Meldung vom gleichen Tag, die in vielen Zeitungen abgedruckt wurde.

3 Vgl. das Gründungsprogramm in Nikolaus Brauns, Brigitte Kiechle: *PKK. Perspektiven des kurdischen Freiheitskampfes: Zwischen Selbstbestimmung, EU und Islam*. Stuttgart 2010, S. 46f.

4 Michael Meyen: Erdoğan-Propaganda in der SZ. In: Michael Meyen (Hrsg.): *Medienrealität 2017*. Online: https://medienblog.hypotheses.org/552 (19. September 2017)

5 Ernstes Zeichen an der Wand. In: *Der Spiegel* Nr. 36/1992, S. 18–29, hier 28

6 Interview am 16. August 2017 in Berlin

7 Vgl. Michael Meyen, Anke Fiedler: *Wer jung ist, liest die* Junge Welt. *Die Geschichte der auflagenstärksten DDR-Zeitung*. Berlin 2013

8 fro: Protest und Prügel: So eskalierte der G7_Gipfel 1992 in München. In: *tz* vom 5. Juni 2015. Online: https://www.tz.de/muenchen/stadt/g7-gipfel-elmau-ere164127/g7-gipfel-2015-so-eskalierte-g7-gipfel-1992-in-muenchen-5049869.html (21. September 2017)

9 Vgl. zum Beispiel Ernest Mandel: *Marxistische Wirtschaftstheorie*. Köln 2007

10 Brauns, Kiechle, *PKK*, S. 392f.

11 Yok etme. In: *Der Spiegel* Nr. 28/1989, S. 40f.

12 Brauns, Kiechle, *PKK*, S. 393

13 Ebd., S. 394

14 Ebd., S. 395

15 Paul Rohrbach: *Die Bagdadbahn*. Köln 1902

16 Brauns, Kiechle, *PKK*, S. 383 f.
17 Ebd., S. 44–47
18 Ebd., S. 48–51
19 Ebd., S. 36–38
20 Vgl. Abdullah Öcalan: *Urfa – Segen und Fluch einer Stadt*. Köln 2009
21 Brauns, Kiechle, *PKK*, S. 39 f. – Vgl. Abdullah Öcalan: *Gilgameschs Erben*. 2 Bände. Hamburg 2003
22 Brauns, Kiechle, *PKK*, S. 42 f.
23 Hella Schlumberger: Der letzte Kampf der Kurden. In: *Die Zeit* vom 22. Februar 1991. Online: http://www.zeit.de/1991/09/der-letzte-kampf-der-kurden/komplettansicht (22. September 2017)
24 Hasnain Kazim: *Krisenstaat Türkei. Erdoğan und das Ende der Demokratie am Bosporus*. München 2017, S. 120
25 Brauns, Kiechle, *PKK*, S. 54–56
26 Ebd., S. 60 f.
27 Murat Türk: *Zeit der Brombeeren*. Neuss 2016, S. 70, 182
28 Brauns, Kiechle, *PKK*, S. 87–91
29 Vgl. Öcalan, *Urfa*
30 Brauns, Kiechle, *PKK*, S. 66 f.
31 Vgl. Michael Billig: *Banal Nationalism*. London 1995
32 Kazim, *Krisenstaat Türkei*, S. 45
33 Interview am 18. August 2017 in München
34 Abdullah Öcalan: *Zivilisation und Wahrheit. Maskierte Götter und verhüllte Könige. Manifest der demokratischen Zivilisation*. Band 1. Köln 2017
35 Vortrag am 17. August 2017 in München
36 Abdullah Öcalan: *Krieg und Frieden in Kurdistan*. Köln 2008, Abdullah Öcalan: *Befreiung des Lebens: Revolution der Frau*. Köln 2014, Abdullah Öcalan: *Demokratischer Konföderalismus*. Köln 2012
37 Vgl. Fabian Scheidler: *Das Ende der Megamaschine. Geschichte einer scheiternden Zivilisation*. Wien 2016
38 Öcalan, *Demokratischer Konföderalismus*, S. 21
39 Nikolaus Brauns: *Schafft Rote Hilfe! Geschichte und Aktivitäten der proletarischen Hilfsorganisation für politische Gefangene in Deutschland (1919–1938)*. Bonn 2003

5. Eine Reise in den Irak, storniert und doch ertragreich

1 Martin Weiss: Kurdistan-Irak: Regionalpolitischer Bedeutungszuwachs durch den Kampf gegen den »Islamischen Staat«. In: Günter Seufert (Hrsg.): *Der Aufschwung kurdischer Politik. Zur Lage der Kurden in Irak, Syrien und der Türkei*. Berlin: Stiftung Wissenschaft und Politik 2015, S. 7–23, hier 11.

2 Mani Cudi: Volksaufstand in Kurdistan-Irak. Kommunisten.de, 30. Dezember 2017. Online: http://www.kommunisten.de/index.php?option=com_content&view=article&id=7053:volksaufstand-in-kurdistan-irak&catid=44:internationales&Itemid=92 (7. Juni 2018)
3 Civaka Azad: Hintergründe zur aktuellen Protestwelle in Südkurdistan. 21. Dezember 2017. Online: http://civaka-azad.org/hintergruende-zur-aktuellen-protestwelle-in-suedkurdistan/ (4. Juni 2018)
4 Interview mit Sirwan Abbas am 30. September 2017
5 Ulrich Beck: *Die Metamorphose der Welt*. Berlin: Suhrkamp 2017, S. 19, 32
6 Interview mit Cornelius Huppertz am 4. Oktober 2017 in München
7 Vgl. Shakhawan Shorsh: »Anfal«. The Iraqi State's Genocide against the Kurds. The Center of Halabja against Anfalization and Genocide of the Kurds (CHAK), Februar 2007, S. 8f. Online: http://www.genocidewatch.org/images/Iraq_07_02_Anfal_The_Iraqi_State_s_Genocide_against_the_Kurds.pdf (7. Juni 2018)
8 Ebd., S. 19–27
9 Ebd., S. 76
10 Weiss, Kurdistan-Irak, S. 20
11 Ebd., S. 10f.
12 Vgl. Kerem Schamberger: Die Kurden als neuer alter Akteur im Machtgefüge des Nahen Ostens. In: *Pulverfass Nahost*. ISW-Report Nr. 107/108 vom Februar 2017, S. 35–43, hier 37
13 Vgl. Nick Brauns: Die Kurden im Irak. Vom Bürgerkrieg über die Autonomie zur Unabhängigkeit? In: Tyma Kraitt (Hrsg.): *Irak. Ein Staat zerfällt. Hintergründe, Analysen, Berichte*. Wien: Promedia 2015, S. 129–150
14 Weiss, Kurdistan-Irak, S. 7, 9
15 Ebd., S. 19
16 Vgl. Peter Schaber: Deutsche Waffen gegen Ezid*innen. In: Lower Class Magazine (Hrsg.): *Konkrete Utopie. Die Berge Kurdistans und die Revolution in Rojava. Ein Reisetagebuch. Mit einem Vorwort von Anja Flach*. Münster: Unrast 2017, S. 63–66
17 Vgl. Kapitel 3
18 Vgl. Kapitel 4
19 Vgl. Nick Brauns: Aus eigener Kraft. Vor 65 Jahren wurde die kurdische Republik von Mahabad ausgerufen. In: *junge Welt* vom 22. Januar 2011. Online: http://www.die-linke-weissenburg.de/politik/presse/detail/zurueck/geschichte/artikel/aus-eigener-kraft/ (4. Juni 2018)
20 Ebd.
21 Vgl. Dastan Jasim: Kirkuks Lehre über das Recht, Geschichte schreiben zu können. Kommunisten.de, 18. Oktober 2017. Online: http://kommunisten.de/index.php?option=com_content&view=ar

ticle&id=6976:kirkus-lehre-ueber-das-recht-geschichte-schreiben-zu-koennen&catid=77:analysen&Itemid=154 (4. Juni 2018)

22 Vgl. Brauns, Aus eigener Kraft

23 Anina Jendreyko: Das Referendum in Südkurdistan hat zu beeindruckenden Entwicklungen geführt. Augenzeugenbericht vom 2. Oktober 2017. Manuskript im Besitz der Verfasser

24 Vgl. Peter Schaber: Deutsche Panzerfahrzeuge, Türkische Bomber: Der Krieg gegen die Ezid*innen im Irak. In: Lower Class Magazine (Hrsg.): *Konkrete Utopie. Die Berge Kurdistans und die Revolution in Rojava. Ein Reisetagebuch*. Mit einem Vorwort von Anja Flach. Münster: Unrast 2017, S. 111–124, hier 111 f.; Michael Knapp: Türkische Luftwaffe greift Şengal und Rojava an. Telepolis vom 25. April 2017. Online: https://www.heise.de/tp/features/Tuerkische-Luftwaffe-greift-engal-und-Rojava-an-3693163.html (7. Juni 2018)

25 Peter Schaber: Deutsche Panzerfahrzeuge, Türkische Bomber, S. 119

26 Weiss, Kurdistan-Irak, S. 23

27 Interview am 5. Oktober 2017 in Edingen-Neckarhausen

28 Abdullah Öcalan: *Gilgameschs Erben*. 2 Bände. Hamburg 2003

29 Dastan Jasim: Das Unabhängigkeitsreferendum der Autonomen Region Kurdistan. Kommunisten.de, 14. August 2017. Online: http://kommunisten.de/index.php?option=com_content&view=article&id=6930:das-unabhangigkeitsreferendum-der-autonomen-region-kurdistan&catid=77:analysen&Itemid=154 (4. Juni 2018)

6. Eine Revolution, aus der Not geboren, bekämpft und doch noch da

1 Kamal Sido: Der türkische Angriffskrieg gegen die nordsyrische Region Afrin. In: Telepolis vom 29. Januar 2018. Online: https://www.heise.de/tp/features/Der-tuerkische-Angriffskrieg-gegen-die-nordsyrische-Region-Afrin-3952936.html?seite=all (6. Februar 2018); Vgl. Rosa Burç, Kerem Schamberger: Defending Afrin. In: Jacobin vom 10. Februar 2018. Online: https://jacobinmag.com/2018/02/afrin-kurdistan-syria-turkey-erdogan-is-war (7. Juni 2018)

2 Michael Lüders: *Die den Sturm ernten. Wie der Westen Syrien ins Chaos stürzte*. 3. Auflage. München 2017, S. 139

3 Anja Flach, Ercan Ayboğa, Michael Knapp: *Revolution in Rojava. Frauenbefreiung und Kommunalismus zwischen Krieg und Embargo*. 3. Auflage. Hamburg 2016; vgl. Oso Sabio: *Rojava. Die Alternative zu Imperialismus, Nationalismus und Islamismus im Nahen Osten. Eine Einführung*. Münster 2016

4 Interview am 16. August 2017 in Berlin

5 Ezgi Başaran: *Frontline Turkey. The conflict at the heart of the Middle East*. London 2017, S. 164
6 Salvatore Engel-Di Mauro: Rojava. In: *Capitalism Nature Socialism* 26. Jg. (2015), Nr. 1, S. 1–15, hier 1
7 Başaran, *Frontline Turkey*, S. 124
8 Interview am 28. August 2017 in Marburg
9 Vgl. exemplarisch Martin Gehlen: Bombe trifft Assads Führungszirkel. In: *Die Zeit* vom 18. Juli 2012. Online: http://www.zeit.de/politik/ausland/2012-07/assad-vertraute-tot (6. Februar 2018)
10 Başaran, *Frontline Turkey*, S. 11, 164 f.
11 Flach, Ayboğa, Knapp, *Revolution*, S. 194, 197
12 Ebd., S. 138–141
13 Başaran, *Frontline Turkey*, S. 107, 168–170
14 UN: YPG and SDF have not committed ethnic cleansing. In: Rudaw, 14. März 2017. Online: http://www.rudaw.net/english/middleeast/syria/14032017 (7. Juni 2018). – Interessant ist hier die Quelle: Rudaw gehört Barzanis KDP und hätte folglich eher ein Interesse, die PYD und ihre Anhänger schlecht aussehen zu lassen.
15 Flach, Ayboğa, Knapp, *Revolution*, S. 240–249
16 Interview am 5. Oktober 2017 in Edingen-Neckarhausen
17 Flach, Ayboğa, Knapp, *Revolution*, S. 47
18 Lüders, *Sturm*, S. 139
19 Martin Strohmeier, Lale Yalçin-Heckmann: *Die Kurden. Geschichte, Politik, Kultur*. 4. Auflage. München 2016, S. 171–175
20 Flach, Ayboğa, Knapp, *Revolution*, S. 50, 259 f.
21 Ebd., S. 232–237
22 Vgl. Bahadır Altan: Wahlbeobachtungsbericht – Wahlen in Nordsyrien oder die Entstehung einer neuen Art des Lebens. In: Civaka Azad, 23. Dezember 2017. Online: http://civaka-azad.org/wahlbeobachtungsbericht-wahlen-in-nordsyrien-oder-die-entstehung-einer-neuen-art-des-lebens/ (9. Februar 2018)
23 Flach, Ayboğa, Knapp, *Revolution*, S. 238 f.
24 Der Gesellschaftsvertrag der Demokratischen Föderation von Nordsyrien, verabschiedet am 29. Dezember 2016. In: Civaka Azad, 25. November 2017. Online: http://civaka-azad.org/der-gesellschaftsvertrag-der-demokratischen-foederation-von-nordsyrien/ (9. Februar 2018)
25 Das Projekt der Föderation in Nordsyrien ist ein Lichtblick für Syrien und die gesamte Region. Interview mit Foza Yûsif. In: Civaka Azad, 19. Dezember 2017. Online: http://civaka-azad.org/das-projekt-der-foederation-in-nordsyrien-ist-ein-lichtblick-fuer-syrien-und-die-gesamte-region/ (9. Februar 2018)
26 Michael Meyen, Anke Fiedler: *Wer jung ist, liest die* Junge Welt. *Die Geschichte der auflagenstärksten DDR-Zeitung*. Berlin 2013

27 http://lowerclassmag.com/

28 Vgl. Stephen E. Hunt: Prospects for Kurdish Ecology Initiatives in Syria and Turkey: Democratic Confederalism and Social Ecology. In: *Capitalism Nature Socialism* 28. Jg. (2017). Online: https://doi.org/10.1080/10455752.2017.1413120 (7. Juni 2018)

29 Anspielung auf Christian Haller: *Sie nannten mich »Held«. Wie ich als Deutscher in Syrien gegen den Islamischen Staat kämpfte*. München 2016

7. Recep Tayyip Erdoğan und ein Volk, das sich nicht türkifizieren lässt

1 Interview am 25. November 2017 in der Wohnung von Leyla Imret in der Nähe von Bremen

2 Vgl. das Kapitel zu Rojava (»Eine Revolution, aus der Not geboren, bekämpft und doch noch da«)

3 Ezgi Başaran: *Frontline Turkey. The conflict at the heart of the Middle East*. London 2017, S. 13, 207. Zur Kurdenpolitik von Recep Tayyip Erdoğan vgl. auch Hasnain Kazim: *Krisenstaat Türkei*. München 2017, S. 117–152; Sevim Dagdelen: *Der Fall Erdoğan. Wie uns Merkel an einen Autokraten verkauft*. Frankfurt am Main 2016, S. 59–90; Amed Dicle: 2005–2015. *PKK-Türkiye Görüşmeleri*. Neuss 2017

4 Ebd., S. 85–94

5 Ebd., Preface

6 Vgl. Kapitel 6 zu Rojava: Eine Revolution, aus der Not geboren, bekämpft und doch noch da

7 Başaran, *Frontline Turkey*, S. 81 f., 171–195

8 Cihan Tuğal: *Das Scheitern des Türkischen Modells. Wie der Arabische Frühling den islamischen Liberalismus zu Fall brachte*. München 2017, S. 214, 302

9 Vgl. Kapitel 5: Eine Reise in den Irak, storniert und doch ertragreich

10 Vgl. Onur Açar: The deadlock of Justice and Develeopment Party's recognition politics: Kurdish question and the problem of agonistic politics. In: Ayhan Bilgin, Armagan Öztürk (eds.): *Political culture of Turkey in the rule of the AKP*. Baden-Baden 2016, S. 161–199, hier 161

11 Vgl. Cemal Ozkahraman: Failure of Peace Talks between Turkey and the PKK: Victim of traditional Turkish Policy or of Geopolitical Shifts in the Middle East? In: *Contemporary Review of the Middle East* 4. Jg. (2017), Nr. 1, S. 50–66, hier 55

12 Vgl. Açar, Deadlock, S. 173

13 Ebd., S. 175

14 Vgl. Kapitel 3: Erdoğans Türkei, durch die Brille von Rosa Burç

15 Vgl. Gülistan Gürbey: Die türkische Kurdenpolitik unter der AKP-Regierung: alter Wein in neuen Schläuchen? In: *Giga Focus Nr. 11* (2012). German Institute of Global and area Studies, Institut für Nahost-Studien, S. 4
16 Gülistan Gürbey: Erneute Gewalteskalation im türkisch-kurdischen Konflikt. In: *Aus Politik und Zeitgeschichte*. Beilage zur Wochenzeitung *Das Parlament*. Nr. 9–10/2017, S. 10–17, hier 11
17 Vgl. Açar, Deadlock, S. 176 f.
18 Nationalismus-Welle in der Türkei. In: *Neue Zürcher Zeitung* vom 14. April 2005. Online: https://www.nzz.ch/articleCQEWH-1.120582 (16. Februar 2018)
19 Açar, Deadlock, S. 175
20 Ebd., S. 178 f.
21 Ozkahraman, Failure, S. 55
22 Vgl. Cenk Saraçoğlu, Özhan Demirkol: Nationalism and Foreign Policy Discourse in Turkey under the AKP rule: Geography, History and National Identity. In: *British Journal of Middle Eastern Studies 42*. Jg. (2015), S. 301–319, hier 309
23 Açar, Deadlock, S. 194
24 Vgl. Gürbey, Die türkische Kurdenpolitik, S. 4 f.
25 Vgl. Tuğal, *Türkisches Modell*, S. 146–148
26 Ebd., S. 168
27 Ebd., S. 17, 23
28 Ebd., S. 117
29 Ebd., S. 114
30 Zur Kampagne gegen DTP-Bürgermeister 2009, die schließlich im Verbot der Partei gipfelte, vgl. Açar: Deadlock, S. 178 f., 185
31 Vgl. Gürbey, Die türkische Kurdenpolitik, S. 1–3, Gürbey: Gewalteskalation
32 Vgl. Ozkahraman, Failure, S. 57
33 Vgl. Tuğal, *Türkisches Modell*, S. 115 f.
34 Gürbey: Die türkische Kurdenpolitik, S. 5; Açar: Deadlock, S. 178 f. Auf Türkisch vgl. auch Cenk Saracoglu: Islami-Muhafazakar Milliyetciligin Millet Tasarimi: AKP Döneminde Kürt Politikasi. In: *Praksis* 26. Jg. (2011), S. 31–54
35 Açar, Deadlock, S. 178 f.
36 Ozkahraman, Failure, S. 57 f.
37 Interview am 28. August 2017 in Marburg
38 Vgl. Tuğal, *Türkisches Modell*, S. 115, Açar, Deadlock, S. 178
39 Vgl. Axel Gehring: *Wider den Staatsmythos – Europäisierte Regulation in der Türkei. Dissertation*. Universität Marburg 2017
40 Martin Strohmeier, Lale Yalçin-Heckmann: *Die Kurden. Geschichte, Politik, Kultur*. 4. Auflage. München 2016, S. 198–204

41 Kardo Bokani: *Social Communication and Kurdish Political Mobilization in Turkey*. Balti 2017, S. 134–137. Vgl. Kapitel 2: Die kurdische Frage, von Duisburg aus gesehen
42 https://de.wikipedia.org/wiki/Erdo%C4%9Fan (19. Februar 2018)
43 Interview am 16. August 2017 in Berlin
44 Vgl. Strohmeier, Yalçin-Heckmann, *Die Kurden*, S. 115–118
45 Deniz Yücel: Auf den Spuren der »Verschwundenen«. In: *Die Welt* vom 25. September 2016. Online: https://www.welt.de/politik/ausland/article158364554/Auf-den-Spuren-der-Verschwundenen.html (7. Juni 2018)
46 Başaran: Frontline Turkey, S. 31
47 Murat Türk: *Zeit der Brombeeren*. Neuss 2016
48 Burhan Sönmez: *Istanbul Istanbul*. München 2017
49 Yavuz Ekinci: *Der Tag, an dem ein Mann vom Berg Amar kam*. München 2017
50 Vgl. Tony Cliff: *Lenin 1. Building the Party (1893–1914)*. London 1975; Tony Cliff: *Lenin 2. All Power to the Sowjets*. London 1976
51 Interview am 25. November 2017 in der Nähe von Bremen
52 Ozkahraman, Failure, S. 61
53 Zur türkischen Unterstützung für den IS vgl. ebd., S. 61–63
54 Açar, Deadlock, S. 194
55 Gürbey, Gewalteskalation, S. 12
56 Ebd., S. 12–14
57 Başaran, Frontline Turkey, S. 158
58 Ebd., S. 63, 157
59 Ebd., S. 157 f.
60 Vgl. Tuğal, *Türkisches Modell*, S. 303
61 Gürbey, Gewalteskalation, S. 11
62 Başaran, Frontline Turkey, S. 97
63 Ebd., S. 143
64 Ebd., S. 10
65 Ebd., S. 141
66 Ebd., S. 141–145
67 Gürbey, Gewalteskalation, S. 12
68 Feine Sahne Fischfilet: Suruç. Sturm und Dreck, 2018
69 Vgl. Civaka Azad: Präsidialsystem in der Türkei. Ein Blick auf die geplanten Verfassungsänderungen. 19. Januar 2017. Online: http://civaka-azad.org/praesidialsystem-in-der-tuerkei-ein-blick-auf-die-geplanten-verfassungsaenderungen/ (20. Februar 2018)
70 Başaran, Frontline Turkey, S. 150
71 Gürbey, Gewalteskalation, S. 16
72 Vgl. Kapitel 1: Auftakt in Kassel
73 Interview am 29. August 2017 in Kassel

74 Vgl. Diyarbakir: Kulturerbe betreten verboten. In: Medico vom 28. Juli 2017. Online: https://www.medico.de/abriss-*altstadt*-diyarbakir-16814/ (21. Februar 2018)

75 Vgl. »Frieden in der Türkei wird es nur mit Öcalan geben«. Interview mit Leyla Imret von Lars Langenau. In: sueddeutsche.de vom 3. Februar 2018. Online: http://www.sueddeutsche.de/politik/kurden-konflikt-frieden-in-der-tuerkei-wird-es-nur-mit-oecalan-geben-1.3851295 (4. Juni 2018)

76 Vgl. Başaran, Frontline Turkey, S. 185

77 https://turkeypurge.com/ (24. Juli 2018)

78 https://www.facebook.com/kerem.schamberger/videos/10211746292558195/ (22. Februar 2018)

79 Ebd.

80 Vgl. https://www.facebook.com/story.php?story_fbid=10211524455292402&id=1394905422 (4. Juni 2018)

81 Vgl. zu dieser Einschätzung zum Beispiel Cem Özdemir: Freiheit für den »kleinen Kanarienvogel« – Aslı Erdoğan und die Türkei. In: Aslı Erdoğan: *Nicht einmal das Schweigen gehört uns noch.* Essays. München 2016, S. 7–27, hier14f.

82 Ebd., S. 15

83 Vgl. »List of State Commissioners« und »Imprisoned Co-Mayors from the Kurdish Region, Turkey«. Dokumente der HDP vom 13. Mai 2017, im Besitz der Autoren

84 Opfer werden. In: Aslı Erdoğan, *Schweigen*, S. 51–55, hier 53f.

85 Kemal Bozay, Hasan Kaygısız: *Der neue Sultan. Die Türkei zwischen Repression und Widerstand*. Köln 2017

86 Am Fuße einer Mauer. In: Aslı Erdoğan, *Schweigen*, S. 29–39, hier 29

87 In: Ebd., S. 61–67, hier 62

88 Krieg und Krieg. In: Ebd., S. 81–93, hier 81, 83

89 Erster Text, erstes Schweigen. Ebd., S. 175–179, hier 178

90 Başaran, Frontline Turkey, S. 152–156

8. Noch einmal Rojava, aus aktuellem Anlass

1 Karin Leukefeld: Kriegsschauplätze in Syrien – Was wir über die östliche Ghouta, Afrin und das Euphrat-Tal wissen sollten. NachDenkSeiten vom 2. März 2018. Online: https://www.nachdenkseiten.de/?p=42716 (4. Juni 2018)

2 Ausführlicher (fast im Tagestakt) nachzulesen ist der Reisebericht auf Schambergers Blog: https://kerem-schamberger.de

3 Vgl. Kapitel 4: Die PKK, Abdullah Öcalan und mehr als eine Spur, die nach Deutschland führt

4 Vgl. Kapitel 7: Recep Tayyip Erdoğan und ein Volk, das sich nicht türkifizieren lässt
5 Vgl. ebd. die Abschnitte zu Diyarbakir

9. Deutschland und die Türkei: Brüder für immer, nicht nur des Geldes wegen

1 Mely Kiyak: Hitler erlaubt, kurdisches Grammatikbuch verboten. Kiyaks Theater Kolumne, Nr. 88 (2018). Online: http://kolumne.gorki.de/kolumne-88/ (18. Juni 2018)
2 Arbeiterpartei Kurdistans: Ermittlungen gegen Firmen wegen mutmaßlicher Unterstützung der PKK. Zeit Online, 8. März 2018. Online: https://www.zeit.de/gesellschaft/zeitgeschehen/2018-03/arbeiterpartei-kurdistans-ermittlungen-firmen-nrw-unterstuetzung-pkk (18. Juni 2018)
3 Vgl. zum Beispiel Elke Dangeleit: Keine Pressefreiheit für Kurden: Türkische Zustände in Deutschland. In: Telepolis vom 13. März 2018. Online: https://www.heise.de/tp/features/Keine-Pressefreiheit-fuer-Kurden-Tuerkische-Zustaende-in-Deutschland-3992073.html (19. Juni 2018)
4 Solidaritätsaktion für Mezopotamien Verlag. In: boersenblatt.net vom 19. März 2018. Online: https://www.boersenblatt.net/artikel-hausdurchsuchung_in_neuss.1443374.html (18. Juni 2018)
5 Börsenverein und PEN fordern Transparenz im Vorgehen gegen Mezopotamien Verlag und MiR Multimedia. PEN-Zentrum Deutschland, Pressemitteilung vom 9. April 2018. Online: https://www.pen-deutschland.de/de/2018/04/09/boersenverein-und-pen-fordern-transparenz-im-vorgehen-gegen-mezopotamien-verlag-und-mir-multimedia/ (18. Juni 2018)
6 Kiyak, Hitler erlaubt
7 Vgl. Elke Dangeleit: Deutsche Wahlkampfhilfe für Erdoğan in Berlin? In: Telepolis vom 13. Juni 2018. Online: https://www.heise.de/tp/features/Deutsche-Wahlkampfhilfe-fuer-Erdogan-in-Berlin-4077928.html (19. Juni 2018)
8 Hausdurchsuchung ohne Richterbeschluss – Angriff auf Pressefreiheit. Pressemitteilung von Civaka Azad vom 15. Juni 2018. Online: http://civaka-azad.org/civaka-azad-hausdurchsuchung-ohne-richterbeschluss-angriff-auf-pressefreiheit/ (19. Juni 2018)
9 Vgl. Dangeleit, Wahlkampfhilfe
10 Vgl. Kapitel 4: Die PKK, Abdullah Öcalan und mehr als eine Spur, die nach Deutschland führt
11 Vgl. Aktuelle Entwicklungen bei der Umsetzung des Betätigungsverbots gegen die PKK. Antwort der Bundesregierung auf die Kleine An-

frage der Abgeordneten Ulla Jelpke, Dr. André Hahn, Gökay Akbulut, weiterer Abgeordneter und der Fraktion DIE LINKE. Bundestags-Drucksache 19/1364. Online: https://kleineanfragen.de/bundestag/19/1576-aktuelle-entwicklungen-bei-der-umsetzung-des-betaetigungsverbots-gegen-die-pkk (19. Juni 2018)

12 Beschluss des Amtsgerichts München vom 15. September 2017. Im Besitz der Verfasser

13 Aktuelle Entwicklungen, S. 2

14 Andreas Krasselt: Hannover: Tauziehen um zentrales Neujahrsfest. In: *Neue Presse* Hannover vom 11. März 2018. Online: http://www.neuepresse.de/Hannover/Meine-Stadt/Hannover-Tauziehen-um-zentrales-Neujahrsfest (19. Juni 2018)

15 Vgl. Peer Hellering: Nach Öcalan-Bild: Keine Ermittlungen gegen Linken-Politiker Dehm. In: *Göttinger Tageblatt* vom 5. Mai 2018. Online: http://www.goettinger-tageblatt.de/Nachrichten/Hannover/Hannover-Keine-Ermittlungen-gegen-Diether-Dehm-nach-Zeigen-von-Oecalan-Bild (19. Juni 2018)

16 Interview am 16. August 2017 in Berlin

17 Nikolaus Brauns, Brigitte Kiechle: *PKK. Perspektiven des kurdischen Freiheitskampfes: Zwischen Selbstbestimmung, EU und Islam*. Stuttgart 2010

18 Vgl. Michael Meyen: Rainer Mausfeld und der öffentliche Debattenraum. In: Michael Meyen (Hrsg.): *Medienrealität 2018*. https://medienblog.hypotheses.org/1510 (20. Juni 2018). Neu von Rainer Mausfeld im Westend-Verlag: *Warum schweigen die Lämmer? Wie Elitendemokratie und Neoliberalismus unsere Gesellschaft und unsere Lebensgrundlagen bedrohen*. Frankfurt/Main 2018

19 Türkei fordert PKK-Verbot in der Schweiz. In: *Blick* vom 4. November 2016. Online: https://www.blick.ch/news/schweiz/aussenminister-cavusoglu-in-bern-tuerkei-fordert-pkk-verbot-in-der-schweiz-id5705010.html (20. Juni 2018)

20 Vgl. zum Beispiel Österreichs »Sympathien« für die PKK. AKP-Politiker wirft Wien laxen Umgang mit PKK vor. In: *Die Presse* vom 30. Oktober 2016. Online: https://diepresse.com/home/politik/aussenpolitik/5110399/Oesterreichs-Sympathien-fuer-die-PKK (20. Juni 2018)

21 Vgl. A. Kockartz: Belgisches Urteil: »PKK ist keine Terrororganisation«. In: VRT News vom 16. September 2017. Online: http://deredactie.be/cm/vrtnieuws.deutsch/EU/1.3066571 (20. Juni 2018)

22 Murat Çakır: Wenn das Kapital seine Zähne zeigt … In: Murat Çakır 2017. Online: http://www.murat-cakir.de/wenn-das-kapital-seine-zaehne-zeigt/#more-412 (20. Juni 2018)

23 Vgl. Jürgen Gottschlich: *Beihilfe zum Völkermord. Deutschlands Rolle bei der Vernichtung der Armenier*. Berlin 2015

24 Vgl. Sevim Dagdelen: *Der Fall Erdoğan. Wie uns Merkel an einen Autokraten verkauft.* Frankfurt/Main 2016

25 Vgl. Forscher: Deshalb strömen deutsche Urlauber in die Türkei, als wäre nie etwas gewesen. In: Focus online vom 9. März 2018. Online: https://www.focus.de/reisen/service/alle-gefahr-vergessen-ferien forscher-erklaert-deshalb-stuermen-urlauber-die-tuerkei-als-waere-nie-etwas-gewesen_id_8582111.html (20. Juni 2018)

26 Dagdelen, *Erdoğan*, S. 119–128

27 Ebd., S. 124

28 Vgl. Export-Bürgschaften für die Türkei trotz Krise deutlich gestiegen. In: *Frankfurter Allgemeine Zeitung* vom 26. Februar 2018. Online: http://www.faz.net/aktuell/wirtschaft/tuerkei-sanktionen-zei gen-kaum-auswirkung-auf-exporte-15468516.html?GEPC=s3 (20. Juni 2018)

29 Matthias Gebauer, Christoph Schult, Gerald Traufetter: Regierung genehmigte bis zuletzt Waffenexporte in die Türkei. In: Spiegel Online vom 2. Februar 2018. Online: http://www.spiegel.de/politik/deutschland/tuerkei-bundesregierung-genehmigte-bis-zuletzt-waf fenexporte-a-1191162.html (20. Juni 2018)

30 Für Deutschland spielen, für Erdoğan kämpfen. In: *Bildzeitung* vom 14. Mai 2018. Online: https://www.bild.de/sport/fussball/fifa-wm-2018/schaebige-propaganda-fuer-erdogan-55697458.bild.html (20. Juni 2018)

31 Vgl. Johannes Aumüller, Thomas Kistner: Wer zog die Drähte für die Erdoğan-Fotos? In: *Süddeutsche Zeitung* vom 19. Mai 2018. Online: http://www.sueddeutsche.de/sport/oezil-und-guendoan-wer-zog-die-draehte-fuer-die-erdoan-fotos-1.3985775 (20. Juni)

32 Operation Olivenzweig: Krieg gegen die Kurden – Made in Germany. *Monitor* vom 1. Februar 2018. Online: https://www.ardmediathek.de/tv/Monitor/Operation-Olivenzweig-Krieg-gegen-die-K/Das-Erste/Video?bcastId=438224&documentId=49699474 (20. Juni 2018)

33 Vgl. Michael Meyen: Sigmar Gabriel, Deniz Yücel und die SZ. In: Michael Meyen (Hrsg.): *Medienrealität 2018*. https://medienblog.hypo theses.org/1304 (20. Juni 2018)

34 Vgl. Deniz Yücel ist frei – ohne «schmutzige Deals»? In: *Die Welt* vom 16. Februar 2018. Online: https://www.welt.de/newsticker/dpa_nt/afxline/topthemen/hintergruende/article173677932/Deniz-Yuecel-ist-frei-ohne-schmutzige-Deals.html (20. Juni 2018)

35 Vgl. Axel Gehring: *Wider den Staatsmythos – Europäisierte Regulation in der Türkei.* Dissertation. Universität Marburg 2017

36 Kiyak, Hitler erlaubt

Epilog

1 Online: www.die-kurden.de
2 Vgl. Kapitel 7
3 Vgl. Florian Ernst Kirchner: Wahlbetrug am Bosporus. Ein Interview mit Kerem Schamberger. In: Rubikon vom 25. Juni 2018. Online: https://www.rubikon.news/artikel/wahlbetrug-am-bosporus
4 Online: https://www.osce.org/odihr/elections/turkey/385671?download=true (4. Juli 2018)
5 Online: https://www.facebook.com/axel.gehring.7/posts/874618376067626 (4. Juli 2018)
6 Vgl. So kämpfen Erdogan und İnce um die Stimmen der Kurden. In: Focus online vom 14. Juni 2018. Online: https://www.focus.de/politik/ausland/tuerkei-wahl-so-kaempfen-erdogan-und-ince-um-die-stimmen-der-kurden_id_9088797.html (4. Juli 2018)
7 Vgl. Kapitel 7
8 Kirchner, Wahlbetrug
9 Ebd.